前　言

　　必需设施理论是反垄断法中一项旨在治理瓶颈垄断、疏通竞争通道、保障市场竞争可参与性的重要制度工具。根据该理论，如果垄断企业无正当理由拒绝开放其控制的某种关键性设施，导致相邻市场的竞争被封锁，并向终端消费者榨取超过合理限度的利润，那么监管者可以要求该垄断企业承担以合理条件开放设施的分享义务。如果这种拒绝交易行为不受监管，那么必需设施控制者可以通过拒绝行为在相当一段时间内让自己不受竞争的影响。很多国家的竞争监管机构在涉及关键实体设施的领域积极适用必需设施理论（如通信设施、电力网络、隧道、天然气管网、机场港口等），打破市场封锁和梗阻，矫正非对称性影响，让消费者从开放设施产生的外溢效应中获益。2023 年我国有关部门发布的《禁止滥用市场支配地位行为规定》也引入了该理论，第十六条规定禁止具有市场支配地位的经营者没有正当理由，拒绝交易相对人在生产经营活动中，以合理条件使用其必需设施。更值得一提的是，第十六条还规定了适用标准：应当综合考虑以合理的投入另行投资建设或者另行开发建造该设施的可行性、交易相对人有效开展生产经营活动对该设施的依赖程度、该经营者提供该设施的可能性以及对自身生产经营活动造成的影响等因素。该标准一定程度上参考和借鉴了美国法院在 MCI 案[①]确定的标准，即必需设施被垄断者控制、竞争对手几乎不能复制或合理复制必需设施、拒绝竞争对手使用必需设施以及提供该设施具有可行性。[②]

计算机技术的出现推动社会系统深刻变革并进入信息产业主导的新技术时代[③]，以"砖和水泥"为代表的物理基础设施，逐渐转向以"光和芯片"为代表的数字基础设施。[④] 不可否认，一些控制重要数字虚拟设施（如安卓系统、4G 通讯专利、视窗操作系统）的垄断企业可以通过拒绝交易、关闭相关设施对下游市场形成封锁，扼杀后续创新，带来比垄断关键实体设施更为严重的危害。这就要求反垄断执法机构应当在新兴非实体设施领域妥当适用必需设施理论，打开竞争和创新的必经通道，保障相关市场的开放性。因此，2015 年我国发布的《关于禁止滥用知识产权排除、限制竞争行为的规定》第七条规定，具有市场支配地位的经营者没有正当理由，不得在其知识产权构成生产经营活动必需设施的情况下，拒绝许可其他经营者以合理条件使用该知识产权，排除、限制竞争。2021 年我国发布的《国务院反垄断委员会关于平台经济领域的反垄断指南》明确规定必需设施理论适用于平台经营者的拒绝交易分析，而且提出了判断相关平台是否构成必需设施的标准（第十四条）。即认定相关平台是否构成必需设施，一般需要综合考虑该平台占有数

---

① MIC 案中，AT&T 公司禁止 MCI 公司以合理条件接入其控制的本地电信传输网络，上诉法院认为该网络构成必需设施，若竞争者无法访问该设施，那么就无法提供 FX 和 CCSA 长途通话服务。

② See MCI Communications Corp. v. AT&T Co., 708 F. 2d 1081(7th Cir. 1983).

③ 参见［美］罗伯特·P. 墨杰斯等：《新技术时代的知识产权法》，齐筠等译，中国政法大学出版社 2003 年版，第 1 页。

④ 参见刘权：《网络平台的公共性及其实现——以电商平台的法律规制为视角》，载《法学研究》2020 年第 2 期，第 42—56 页。

数字时代反垄断法必需设施理论的区分适用研究

孙瑜晨 —— 著

教育部人文社会科学研究青年基金项目『数字经济时代反垄断法必需设施理论的类型化适用研究』（21YJC820036）资助

SPM 南方传媒　广东人民出版社
·广州·

图书在版编目（CIP）数据

数字时代反垄断法必需设施理论的区分适用研究／孙瑜晨著. —广州：
广东人民出版社，2023. 8

ISBN 978-7-218-16788-6

Ⅰ. ①数…　Ⅱ. ①孙…　Ⅲ. ①反垄断法—研究—中国　Ⅳ. ①D922. 294. 4

中国国家版本馆 CIP 数据核字（2023）第 147570 号

SHUZI SHIDAI FANLONGDUANFA BIXU SHESHI LILUN DE QUFEN SHIYONG YANJIU

数字时代反垄断法必需设施理论的区分适用研究

孙瑜晨　著

版权所有　翻印必究

出 版 人：肖风华

责任编辑：李沙沙　傅　扬
装帧设计：书窗设计
责任技编：吴彦斌　周星奎

出版发行：广东人民出版社
地　　址：广州市越秀区大沙头四马路 10 号（邮政编码：510199）
电　　话：（020）85716809（总编室）
传　　真：（020）83289585
网　　址：http://www.gdpph.com
印　　刷：广州市豪威彩色印务有限公司
开　　本：890mm×1240mm　1/32
印　　张：9. 125　字　　数：215 千
版　　次：2023 年 8 月第 1 版
印　　次：2023 年 8 月第 1 次印刷
定　　价：59. 80 元

如发现印装质量问题，影响阅读，请与出版社（020 - 85716849）联系调换。
售书热线：（020）87716172

据情况、其他平台的可替代性、是否存在潜在可用平台、发展竞争性平台的可行性、交易相对人对该平台的依赖程度、开放平台对该平台经营者可能造成的影响等因素。上述规定充分彰显立法者试图在非实体必需设施领域重振这项理论工具的决心。

但是，我国现有规范体系所建构的必需设施分析框架仍沿循工业经济时代美国 MCI 案提出的针对传统实体设施的逻辑进路，即分析相关设施是否不可替代、是否构成下游环节必不可少的投入品、提供该设施是否可行，这忽视了传统实体实施和新兴非实体设施之间存在的下述区隔：（1）判断相关设施是否不可替代时，实体设施需要从供给侧角度分析该设施在物理性质、地理位置、资源投入等方面是否不可替代，但是数字平台、大数据、关键数字技术等非实体设施边界模糊不清，范围也变化难测，确权存在困难。（2）判断提供相关设施是否有可行性时，共享实体设施存在容量限制和折旧问题，而非实体设施容量无限并在使用上具有非竞争性，下游竞争者可以同时使用而不会相互妨碍。（3）在分析开放访问对相关设施控制者的影响时，前者需要考虑对一般投资、市场内竞争（competition in markets）和静态竞争利益的保护，而后者需要考虑的是创新投资、为市场竞争（competition for markets）和长期动态竞争利益。（4）不同于传统设施，新兴非实体必需设施的分析常常需要进行竞争政策目标与创新政策、隐私保护政策等其他政策目标的复杂权衡。

正如埃里克·霍温坎普所言，将拒绝交易行为都放在一个共同标准下进行评估，实际上是不可能的。[①] 知识经济时代和数

---

① See Erik Hovenkamp, "The Antitrust Duty to Deal in the Age of Big Tech," *Yale Law Journal*, Vol. 131, 2022, p. 1483.

字经济时代，不断涌现的知识产权、数据设施、平台设施、无形技术设施等都与传统的物理设施存在本质区别，我们无法对迥然不同的必需设施机械适用单一标准，也无法用产生于电信经济学的必需设施界定标准（MCI 标准）对知识经济学和数字经济学设施进行通约。在必需设施理论的适用范围由物理设施向数字设施领域不断扩展的过程中，我们可能需要坚持量体裁衣的区分逻辑，根据不同设施的性质特征和适用场景建构不同的认定标准。实际上，必需实体设施到必需知识产权的分化中，欧盟相关法院提出新产品要件①，对 MCI 标准进行了修正，较好解决竞争政策和知识产权政策的协调问题，同时也意味着欧盟判例法对必需物理设施和必需知识产权设施进行了区分适用。而区分适用可能是在数字经济领域振兴必需设施经济学的破局点。

必需设施理论蕴含开放市场和打破封锁、强调参与式竞争的理念，这与建构统一大市场、实现共同富裕等中国特色社会主义市场经济的伦理精神是高度契合的。尤其是当前我国正在大力推进 5G 网络、人工智能、大数据、数字平台、区块链、云计算、星链等新基建的发展，必需设施理论无疑具有广阔研究前景和重要实践价值。不光对于我国如此，当前美国、欧洲大陆等世界主要的反垄断司法辖区都纷纷呼吁在数字经济领域振兴必需设施理论，呈现出"全球共识性"。② 更值得关注的是，

---

① See Case C – 7/97 Bronner v. Mediaset [1998] ECR 1 – 7791, at paras. 38 – 41; Case T – 374/94, European Night Services [1998] ECR II – 3141; Case C – 241/91P RTE and ITP [1995] ECR 1 – 743, at para. 56.

② 如 2020 年美国众议院司法委员会呼吁在平台经济中恢复必需设施理论分析。See Jerrold Nadler & David N. Cicilline, Investigation of Competition in the Digital Markets: Majority Staff Report and Recommendations, Subcommittee on Antitrust, Commercial and Administrative Law of the Committee on the Judiciary, 2020.

一些域外学者已经开始为必需设施理论在新兴经济领域的适用建构新标准。本书的核心观点为，必需实体设施到必需知识产权的第一次类型分化中，欧盟法院坚持了区分适用的做法，在必需知识产权到必需数字设施的第二次类型分化过程中，我们同样应当坚持区分精神。在迈向知识产权的第一次分化中，新产品要件的提出解决了 MCI 标准与知识产权设施凿枘不合的问题；在走向数字经济的第二次分化中，应当用新市场要件对MCI 标准进行调适。新市场要件要求在判断数字平台、搜索引擎、大数据、云基础架构等是否构成必需设施时，应该去研判拒绝开放相关设施是否会封锁下游市场、二级市场、相邻市场、衍生市场、外围市场、次生市场、配件市场、服务市场、售后市场等新市场的竞争。传统必需设施的分析更倚重供给端对设施性质的权利分析，而新市场要件倡导在需求端聚焦相关设施对新市场的封锁效应分析。总之，本书拟重构体现区分原理的必需设施理论体系以解决传统标准无法通约的问题，又同时强调不同的设施类型和而不同，通过必需物理设施、必需知识设施和必需数字设施的三分，建构具有整体融贯性的分析框架。未来对不同必需设施的区别还需要投入更多的研究，从而让必需设施理论在以数字设施主导的新基建时代能够获得持久的理论生命力。

目　录

第一章

必需设施理论的思想渊源与区分逻辑

第一节　必需设施理论的思想缘起

一、法学系统内的缘起：从财产法到竞争法的移植

在经典财产法中，存在一种公共性财产理论。在古罗马时期，对于道路、桥梁、河道等公共性财产，法律会赋予其对公众开放的义务。一般性财产负担广泛的开放义务就会发生"公地悲剧"（the tragedy of the commons），但是这类特殊的公共财产具有部分的非竞争性，越多的人使用，社会就能享受更多的福利增进，具有"公地喜剧"（the comedy of the commons）效应。著名财产法学者耶鲁大学卡罗尔·罗斯指出这种具有非竞争性、能够支持生产率的财产适合开放获取通道，而且对这些公共性资源进行普遍开放会产生广泛的协同效应，这种现象可以被称为必需设施效应。① 亦有论者指出必需设施是盎格鲁－撒

---

① See Carol M. Rose, "The Comedy of the Commons: Custom, Commerce, and Inherently Public Property," *The University of Chicago Law Review*, Vol. 53, No. 3, 1986, pp. 711 – 720; Carol M. Rose, "Romans, Roads, and Romantic Creators: Traditions of Public Property in the Information Age," *Law and Contemporary Problems*, Vol. 66, Issue 1&2, 2003, pp. 96 – 100.

克逊法律中一项古老原则的另一种表达，该原则主张对受公共利益影响的某些设施、资产和财产实行开放获取。① 即使有一些学术观点能提供蛛丝马迹，要精准确定必需设施理论在财产法中的思想源头依然是一项艰巨任务，不过就本书主题而言，我们可以大致确定这一来自财产法的具有衡平功能的理论第一次被反垄断法所移植是在 1912 年美国的 Terminal Railroad 案中。②

二、竞争法系统内的起源：Terminal Railroad 案

在 Terminal Railroad 案中，尽管联邦最高法院并未使用任何与必需设施有关的名称，但实质上基本遵循了必需设施的逻辑理路，因此该案也往往被视为涉及必需设施理论的反垄断第一案。作为被告的 Terminal 公司计划收购联结密西西比河两岸的所有可行设施，包括一座铁路桥。这导致该公司完全控制了所有的跨河通道，如果不使用由 Terminal 公司控制的通道设施，所有铁路运输公司都不可能链接到圣路易斯市，除非自己花费巨资在宽阔浩荡的密西西比河上架设一座新铁路桥。而现实是几乎没有运输公司有能力自己独立建造跨河设施。尽管法院重申了标准石油案中的先例③——反托拉斯法的一个根本目的是保护财产权而不是相反，进而拒绝了司法部提出的解散枢纽公司合并的救济请求，但是法院也认为禁止其他企业以任何合理方

---

① See Walton H. Hamilton, "Affectation with Public Interest,"*The Yale Law Journal*, Vol. 39, No. 8, 1930, pp. 1100 – 1112.

② 李剑教授所著的国内较早系统性研究必需设施理论的著作《反垄断法核心设施理论研究》一书中也指出 1912 年的 Terminal Railroad 案被认为是核心设施理论的源头。参见李剑：《反垄断法核心设施理论研究》，上海交通大学出版社 2015 年版，第 2 页。

③ See Standard Oil Co. of New Jersey v. United States, 221 U. S. 1, 78(1911).

式进入城市的做法违反了《谢尔曼法》①，进而设置了允许任何在位者或后来者能够以公平合理条件进入并共同控制关键设施的通道救济。② Terminal Railroad 案已经过去一个世纪之久，皮托夫斯基、帕特森等学者指出，作为美国反托拉斯法一部分的必需设施理论有着悠久而受尊重的历史。③ 不过 Terminal Railroad 案确定的判例法只是展示了必需设施理论的逻辑轮廓，并未对其内涵元素及构成要件进行任何勾勒，可操作性的缺乏也使得该理论没有成为一项影响后续法院裁判的正式先例。因此，美国也有学者认为，1983 年的 MCI 诉 AT&T 案才是第一次真正意义上正式阐明必需设施理论，可视为现代必需设施理论的起源。④

三、判例法上的里程碑：MCI 标准的提出

在 MCI 诉 AT&T 案中，AT&T 公司控制了连接长途电话传输两端的本地电话传输和转换设施，不能接入这些设施就无法为本地商业用户提供 FX、CCSA 等电话服务。由于 AT&T 拒绝 MCI 接入这些转换传输设施，进而完全剥夺了其参与本地电话服务竞争的机会，被后者根据《谢尔曼法》提起反垄断诉讼。地区法院认为 AT&T 控制的本地交换网络（local switching network）构成了一项必需设施，反垄断法对控制必需设施的企业施加了一项在无歧视条件下提供该设施的开放义务。⑤ AT&T 公司对地

---

① 《谢尔曼法》是美国国会制定的第一部反托拉斯法，其授权联邦政府规制限制贸易和垄断行为，也被称为全球反垄断法之母。

② See United States v. Terminal Railroad Association of St. Louis, 224 U. S. 383, 32 S. Ct. 507.

③ See Robert Pitofsky, Donna Patterson & Jonathan Hooks, "The Essential Facilities Doctrine under United States Antitrust Law," *Antitrust Law Journal*, Vol. 70, Issue 2, 2002, p. 445.

④ See MCI Communications Corp. v. AT&T Co. , 708 F. 2d 1081(7th Cir. 1983) .

⑤ See MCI Communications Corp. v. AT&T Co. , 708 F. 2d 1081(7th Cir. 1983) .

区法院这套关于必需设施的理论框架提出了质疑，在上诉中其辩称：地区法院并没有说明到底什么才可以构成一项必需设施，而且即便存在所谓的必需设施概念，其也只适用于联合拒绝交易案件，并不适用于本案。但是上诉法院认为必需设施理论的适用并不需要以存在联合拒绝交易行为为必要条件，并为必需设施理论确立了极为著名的四个违法性判定标准，即：（1）必需设施被垄断者控制。（2）竞争对手几乎不能复制或合理复制该必需设施。（3）拒绝竞争对手使用该必需设施。（4）提供该必需设施具有可行性。这其中，第 2 项不可复制性是较为核心的要素。理论上只要投入足够多的投资，绝大部分必需设施应该都是可复制的，但是如果投资支出过重，已经使得投资者进入下游市场完全无利可图，那么此种经济上的不可合理复制同样满足不可复制性的要求。由于 MCI 诉 AT&T 案提出了具有可行性和可操性的分析标准，必需设施理论也自此开始在美国下级法院中传播，并扩散到欧洲大陆、东亚等其他法域，因而可以说该案提出的设施界定标准构成了必需设施理论的基石，也被称为 MCI 标准。① 但是即便 MCI 标准作出了巨大理论贡献，必需设施理论仍然引发了诸多的争议，特别是在面对知识产权、无形技术、商业模式、数字设施等新兴设施时更捉襟见肘，其让本就以"不确定"而著称的反垄断分析更加不确定。一些学者直言，从来没有一个精确的定义可以说明什么是必需设施;② 在定义什么是"必需"的含义方面，执法者和司法者有很大的

---

① 参见李剑：《反垄断法中核心设施的界定标准——相关市场的视角》，载《现代法学》2009 年第 3 期，第 69—81 页。

② Allen Kezsbom & Alan V. Goldman, "No Shortcut to Antitrust Analysis: The Twisted Journey of the 'Essential Facilities' Doctrine," *Columbia Business Law Review*, Vol. 1996, Issue 1, 1996, pp. 1 – 36.

自由裁量权①。

第二节　必需设施理论在西方国家的演变

一、必需设施理论在美国的式微

　　尽管美国对必需设施理论的发展作出重要贡献，但是总体来说该理论在美国的发展却饱受挫折，一个力证就是美国联邦最高法院至今仍未正式承认该理论的地位。在 Trinko 案中，联邦最高法院直接拒绝适用必需设施理论，以致阿瑞达、霍温坎普、弗里希曼等学者认为该案宣告了必需设施理论在美国反垄断诉讼中基本走向终结。Trinko 案的基本案情为：控制本地通信网络设施的 Verizon 公司实施了歧视竞争对手的行为，损害了竞争对手进入本地通信服务市场的能力，被原告 Trinko 提起了反垄断控诉。值得关注的是，联邦最高法院在该案中提及了必需设施理论，不过拒绝适用该理论，也不愿意对该理论进行进一步的评价。最高法院指出："即使我们考虑了一些下级法院建立的必需设施理论，本案结论也不会改变……我们从未承认这样的理论，而且我们也没有必要在本案承认或者否定它。要激活该理论，一项必不可少的要件是无法进入必需设施；当接口存在时，该理论就丧失了任何意义。因此当州或联邦机构有强大的职权强制分享和规范分享的范围和条件时，必需设施请求应当被……驳回。……1996 年电信法案中的大量接入条款使得引

---

　　① See Christopher M. Seelen, "The Essential Facilities Doctrine: What Does It Mean to Be Essential,"*Marquette Law Review*, Vol. 80, No. 4, 1997, pp. 1117 – 1134.

入强制接入的司法原则已无必要。"① 从中可以看出，必需设施理论的适用被联邦最高法院予以进一步的限制，不过一些学者认为必需设施理论已经被宣判死刑的观点多少有些言过其实，属于对 Trinko 案的过度解读。例如，布雷特·弗里希曼在其论文中就写道：必需设施理论已被凌迟处死（Death by a Thousand Cuts）。② 阿曼多·奥尔蒂斯写道：必需设施原则是美国反托拉斯法中一项经常被误解，目前实际上处于休眠状态的原则。③ 事实上，联邦最高法院从来没有彻底否定该理论，只是拒绝进行进一步的说明，并排除了该理论在那些已经拥有关于接入监管规定的管制行业的适用可能性（如该案中的电信行业）。除了最高法院层面，在很多美国巡回上诉法院、地方下级法院的判决中，我们仍能看到法官对必需设施理论的应用。皮托夫斯基等学者指出，美国法院实际上早已承认必需设施原则可以作为一种判断相关事业违反竞争法的标准。④ 艾米·雷切尔·大卫指出，虽然联邦最高法院从未援引过"必需设施"的标签，但 Terminal Railroad 案、Associated Press 案、Otter Tail 案中，最高法院都使用了该原则的基本原理来强制开放那些被认为对相关

---

① Verizon Commc'ns Inc. v. Law Offices of Curtis V. Trinko LLP, 540 U. S. 398, 410 –411(2004).

② Brett Frischmann & Spencer Weber Waller, "Revitalizing Essential Facilities, "*Antitrust Law Journal*, Vol. 75, No. 1, 2008, p. 8.

③ See Armando A. Ortiz, "Old Lessons Die Hard: Why the Essential Facilities Doctrine Provides Courts the Ability to Effectuate Competitive Balance in High Technology Markets, "*Journal of High Technology Law*, Vol. 13, No. 1, 2012, p. 183.

④ See Robert Pitofsky, Donna Patterson & Jonathan Hooks, "The Essential Facilities Doctrine under United States Antitrust Law, "*Antitrust Law Journal*, Vol. 70, Issue 2, 2002, pp. 446 –448.

市场的竞争至关重要的设施。①

　　除了 MCI 案、Aspen 案等传统案件，在 HiQ 诉 LinkedIn 案中，地区法院分析了 LinkedIn 持有的数据是否构成职业社交网络的必需设施；② 在 Sumotext 诉 Zoove 案中，必需设施的构成因素成为该案事实争议的主题。③ KinderStart 诉谷歌案中，法院认为当控制相关设施使得控制者拥有排除下游市场竞争的能力时，该项设施才能被称为必需设施。④

　　不过，从美国学术文献的有限管窥中发现，大多数学者对必需设施理论确实持否定立场。阿瑞达和霍温坎普两位学者最具代表性，他们指责必需设施理论是有害的和无必要性的，应当被抛弃。⑤ 托马斯·科特则认为应当放弃必需设施原则这一充满诱惑性的、轮廓模糊不清的原则，通过修改相关法律（如知识产权法）来施加必需设施控制者的共享义务才是一种更合适的进路。⑥ 在支持该理论的学者中，有相当比例的学者认为应当采纳一种被严格限制的必需设施理论。例如，詹姆斯·拉特纳认为必需设施理论应当受到限制，可能唯一合适的救济方法就

---

①　See Amy Rachel Davis, "Patented Embryonic Stem Cells: The Quintessential Essential Facility," *Georgetown Law Journal*, Vol. 94, No. 1, 2005, p. 230.

②　See HiQ Labs, Inc. v. LinkedIn, Corp., 273 F. Supp. 3d 1099, 1117 (N. D. Cal. 2017), aff'd, 938 F. 3d 985 (9th Cir. 2019).

③　See Sumotext Corp. v. Zoove, Inc., No. 16 - CV - 01370, 2020 WL 127671 (N. D. Cal. Jan. 10, 2020).

④　参见张素伦：《竞争法必需设施原理在互联网行业的适用》，载《河南师范大学学报（哲学社会科学版）》2017 年第 1 期，第 49—56 页。

⑤　Phillip E. Areeda & Herbert Hovenkamp, *Antitrust Law: An Analysis of Antitrust Principles* (2d ed.), New York: Kluwer/Aspen, 2002, § 771c.

⑥　See Thomas F. Cotter, "Intellectual Property and the Essential Facilities Doctrine," *Antitrust Bulletin*, Vol. 44, No. 1, 1999, pp. 211 - 250.

是让司法机构对必需设施的"接入价格"进行密切监管。① 苏利文和格里姆斯则支持对被多人联合控制的必需设施适用该理论，但是主张对单人控制的必需设施适用该理论的一个更加谦抑的版本。② 马奎特和莱迪认为只有在一些特殊的场合，必需设施理论才能适用于无形财产，即当权利持有人试图用知识产权固有的权利去限制相邻市场（adjacent market）的竞争时，法律才允许适用该原则。③

二、必需设施理论在欧洲大陆的勃兴

不同于必需设施理论在美国司法的式微，欧盟对这项来自财产法的移植理论的态度更为积极，不仅在有体设施领域积极适用必需设施理论，还将该理论拓展到知识产权领域。学者黄武双认为，欧盟的必需设施理论是从 1994 年的 Sea Containers 诉 Stena Sealink 案发展起来的。④ 该案中涉讼的港口被认定为必需设施，欧盟委员会采取了临时措施，确保那些希望在该港口开展业务的公司能合理、非歧视性地使用该港口。⑤ 实际上，笔者认为必需设施理论在欧盟的理论肇端可能还要早得多。尽管必需设施理论由美国首次提出，但是 20 世纪 70 年代与之具有功能

① See James R. Ratner, "Should There Be an Essential Facility Doctrine," *U. C. Davis Law Review*, Vol. 21, No. 2, 1988, pp. 327 – 382.

② See Lawrence A. Sullivan & Warren S. Grimes, *The Law of Antitrust: An Integrated Handbook*, West Publishing Company, 2006, pp. 124 – 130.

③ Paul D. Marquardt & Mark Leddy, "The Essential Facilities Doctrine and Intellectual Property Rights: A Response to Pitofsky, Patterson, and Hooks," *Antitrust Law Journal*, Vol. 70, Issue 3, 2003, pp. 847 – 849.

④ 参见黄武双：《竞争法视野下的关键设施规则在知识产权领域的运用——以欧盟判例为主线》，载《电子知识产权》2008 年第 7 期，第 18—21 页。

⑤ Sea Containers v Stena Sealink O. J. No L 15/ 8 Jan. 18, 1994, at para. 67.

等值性的拒绝供应理论就已经被欧盟采纳并付诸实践。[①] 在 1974
年的 Commercial Solvents 案中，具有市场支配地位的 CSC 公司拒
绝供应一种工业生产不可缺少的原料（乙氨丁醇），导致处在下
游的 Zoja 公司难以生存。欧洲法院同意欧盟委员会的看法，认
为该案中的拒绝供应构成了触犯竞争法的滥用行为。[②] 在 British
Sugar 案中，欧洲法院和欧盟委员会再次重申了可能构成滥用的
拒绝供应行为的理论轮廓，但是欧洲法院认为该案中减少原油
供应的行为并不构成违反竞争法的拒绝供应。[③] 拒绝供应型滥用
不仅仅存在于有长期供应关系的上下游企业之间；对于不存在
供应关系的购买商，如果具有支配地位的上游企业无合理理由
拒绝供应下游企业正常生存所必不可少的投入品，而且产生了
扭曲市场的排斥效果，则同样构成拒绝供应型滥用。[④] 拒绝供应
型滥用语境下所谓必不可少的投入品包括原材料、零配件、基
础设施等有体财产以及知识产权、信息等无体物。由此可见，
拒绝供应行为理论与必需设施理论具有高度的功能等值性，二
者的界分已经非常模糊。实际上，在 1998 年的 Bronner 案之前，
欧洲法院也一直没有将拒绝开放必需设施单独作为一种独立的
滥用行为类型，而是将其相关内容纳入拒绝供应的竞争法分析

---

①　Donna M. Gitter, "The Conflict in the European Community between Competition
Law and Intellectual Property Rights: A Call for Legislative Clarification of the Essential Fa-
cilities Doctrine,"*American Business Law Journal*, Vol. 40, No. 2, 2003, p. 222.

②　See Istituto Chemioterapico Italiano and Commercial Solvents Corporation v. Com-
mission Cases 6–7/73 [1974] ECR 223:1 CMLR 309.

③　See Napier Brown & Co. Ltd. v. British Sugar PLC, [1990] 4 CMLR 196.

④　许光耀：《欧共体竞争法通论》，武汉大学出版社 2006 年版，第 408—415
页。

架构中。①

　　不过，在20世纪90年代初的一系列与共同体港口、机场等关键设施有关的案件中，欧盟委员会已经正式采纳"必需设施"的表述。② 据学者约翰·朗考证，在1992年的B&I – Sealink案中，欧盟委员会首次提到了"必需设施"的术语。③ 在1994年的Sea Containers – Stena Sealink案中，欧盟委员会对"必需设施"进行了粗线条的描述："一个在提供必需设施方面具有市场支配地位的实体，其自身也使用该设施（如一个设备或设施，其不向竞争者提供通道，后者就无法向他们的消费者提供服务），如果该实体无正当理由拒绝向其他竞争者提供通道或者以比其他企业更差的条件授予竞争者接入的权利，那么一旦满足86条的其他要件就被视为侵犯了该条款。"④ 在随后几年的Magill案、European Night Services案、Bronner案等判例中，欧洲法院不断引用必需设施的分析框架并对违法判定标准进行了较为清晰的勾勒：（1）企业必须在供应端具有市场支配地位。（2）拒绝竞争者的接入很可能消除其所寻求的所有竞争。（3）不存在客观的正当化理由。（4）拒绝接入设施可能会阻止一个具有潜在消费者需求的新产品出现或者让支配性企业能够控制

　　① 参见吴白丁：《必需设施理论研究》，对外经济贸易大学博士学位论文，2017年，第67页。

　　② See Case C – 7/97 Bronner v. Mediaset [1998] ECR 1 – 7791, at paras. 38 – 41.

　　③ See John Temple Lang, "The Principle of Essential Facilities in European Community Competition Law – The Position since Bronner," *Journal of Network Industries*, Vol. 1, No. 4, 2000, p. 378, note 6.

　　④ The Commission's decision in Sea Containers – Stena Sealink, O. J. No L 15/8, 18 January, 1994.

下游市场。①

　　欧盟委员会和欧洲法院不仅在关键的有体设施领域积极执法（包括通信设施、电力网络、隧道、石油天然气管网、机场港口、支付系统、航空运输协议、机票预定系统等②），通过启动必需设施分析保障竞争通道的顺畅和维护统一市场，还将该理论引入了知识产权拒绝许可领域。相较而言，美国法院、执法机构和相关学者都一直拒绝尝试以欧盟委员会的方式在知识产权领域适用必需设施理论。③ 我国很多学者认为 Magill 案是欧盟将必需设施理论延伸至知识产权领域的第一案。④ 但是，唐娜·M. 吉特认为在更早发生的 Volvo 案中，欧洲法院已经将必需设施分析应用于知识产权领域，并称该案为里程碑式的判决（a landmark judgment）⑤。Volvo 案中，欧洲法院认为在特定情形下，拒绝许可知识产权有可能构成一种对市场支配地位的滥用

---

① See Case C‒7/97 Bronner v. Mediaset [1998] ECR 1‒7791, at paras. 38‒41; Case T‒374/94, European Night Services [1998] ECR II‒3141; Case C‒241/91P RTE and ITP [1995] ECR 1‒743, at para. 56.

② 参见相关案例：Commission Decision （EEC） No. 88/589, London European Airways PLC v. Sabena, Belgian World Airlines, 1988 O. J. （L 317） 47, 1989 4 C. M. L. R. 662; Joined Cases T‒374, T‒375, T‒384 & T‒388/94, European Night Servs. Ltd. v. Comm'n, 1998 E. C. R. 11‒3141。

③ See Paul D. Marquardt & Mark Leddy, "The Essential Facilities Doctrine and Intellectual Property Rights: A Response to Pitofsky, Patterson, and Hooks," *Antitrust Law Journal*, Vol. 70, Issue 3, 2003, p. 872.

④ 参见刘彤：《欧美对于拒绝知识产权许可的反垄断审查标准及其对我国的启示》，载《学术交流》2009 年第 11 期，第 66—68 页；黄武双：《竞争法视野下的关键设施规则在知识产权领域的运用——以欧盟判例为主线》，载《电子知识产权》2008 年第 7 期，第 18—21 页。

⑤ See Donna M. Gitter, "The Conflict in the European Community between Competition Law and Intellectual Property Rights: A Call for Legislative Clarification of the Essential Facilities Doctrine," *American Business Law Journal*, Vol. 40, No. 2, 2003, p. 240.

行为；而 Volvo 公司拒绝许可某汽车零配件外观设计专利的行为，可能会封锁下游汽车修理市场的竞争。欧洲法院进一步指出欧共体条约第 82 条禁止持有排他权的主体实施如下行使该权利的行为：随意拒绝向独立的修理厂商提供替换零件，将备用零件价格固定在不公平的水平或者不再为尚处于流通的汽车型号提供备用零件。① 欧洲法院认为这些行为将损害消费者，因为无法获得已有车型修理配件的消费者只得被迫购买新车型。不过，欧洲法院并没有发现足够的证据证明 Volvo 公司实施了上述滥用行为，因此并未按照欧共体条约第 82 条追究竞争法责任。不过，尽管 Volvo 案未形成任何有约束力的先例，但是不应否认该案中欧洲法院试图在知识产权领域应用必需设施理论的努力。

对比 Volvo 案而言，Magill 案的知名度和影响力无疑要大得多。该案中成为必需设施的是受版权保护的每周电视节目计划表。英国的 RTE、ITV 和 BBC 三家电视台拒绝向 Magill 公司授予覆盖制作周节目安排所必需信息的版权许可，这导致综合性每周电视指南这一新产品的市场竞争被封锁，而且有证据表明该产品在爱尔兰和北爱尔兰地区有稳定的消费需求。② 欧洲法院拒绝了这些英国电视台的如下抗辩："一家公司在行使其版权时不受反垄断法的约束"③，而是认为在例外情况（exceptional circumstance）下相关企业不当行使排他权的行为可能违反欧共体条约第 82 条。④ 法院主张应当围绕每一个拒绝许可行为进行个案化的具体分析，并对符合例外情况的若干条件进行了界定，

---

① See Volvo, 1988 E. C. R. at 6235, [1989] 4 C. M. L. R. at 135 – 36.

② 法院在判决中写道：消费者对于该产品具有一种特殊的、持续的和经常性的需求（a specific, constant and regular potential demand）。

③ Magill, 1995 E. C. R. at 1 – 822, [1995] 4 C. M. L. R. at 790.

④ Magill, 1995 E. C. R. at 1 – 822, [1995] 4 C. M. L. R. at 790.

"这是欧共体竞争法第一次阐明应当按照哪些标准来判明著作权拒绝许可行为是否构成支配地位的滥用"①。这些条件或标准包括：拒绝许可阻碍了一种具有潜在消费需求的新产品出现，拒绝行为缺乏合理的正当化理由，拒绝许可行为人消除了二级市场上的所有竞争，拒绝许可行为人将二级市场控制在自己手中。Magill 案之后，欧盟竞争执法者和司法者还在 Ladbroke 案、Bronner 案、IMS 案、微软案等一系列涉及知识产权拒绝许可的案件中积极应用必需设施理论。

　　必需设施理论在欧洲大陆不仅在解释论的路向上发展，还被吸纳入相关立法。例如，德国《反限制竞争法》（1998 年修改）第 19 条规定，如果一个占市场支配地位的企业，以对市场竞争产生重大影响的方式且无重大合理性，损害其他企业参与市场竞争的可能性，或者拒绝竞争对手以适当的报酬进入自己的网络或者其他基础设施，这些就构成滥用市场支配地位的行为。2020 年，德国联邦经济与能源部公布了关于《反限制竞争法》第十次修订的专家草案。② 2021 年 1 月，德国《反限制竞争法》第十修正案正式生效，以因应数字经济时代对竞争法的挑战。第十修正案的一个修法亮点就是拓展了必需设施理论的适用范围。按照第 19 条第 2 款第 4 项的规定，如果对在上游或下游市场上经营有必要，而且拒绝提供数据可能会消除该市场上的有效竞争，那么具有市场支配地位企业必须允许以合理的

---

　　①　许光耀：《著作权拒绝许可行为的竞争法分析——欧洲法院 IMS 案判决研究》，载《环球法律评论》2007 年第 6 期，第 110—118 页。

　　②　该草案的全称为"德国联邦经济与能源部专家草案——为制定具有聚焦性、主动性、数字性的 4.0 版本竞争法而提出的关于《反限制竞争法》第十次修订的草案"。

费用获取数据，除非拒绝理由在客观上是合理的。[①] 申言之，必需设施理论的适用范围被扩大到数据设施领域。此外，日本、韩国、意大利、澳大利亚等国也在竞争法中吸纳或尝试引进必需设施理论。[②] 例如，韩国在《有关独占规制及公正交易法》规定"没有正当的理由而拒绝、中断或者限制其他企业或者新进竞争者在商品或者服务的生产、供给、销售中利用或解除必需设备的行为"视为市场支配地位的滥用行为。澳大利亚的《贸易行为法》为特定设施经营者规定了"特定条件下必须开放给竞争者使用"的义务，这个"特定条件"包括开放使用或增加使用服务至少可以提升一个自身以外的市场竞争、新设施不经济、该设施具有公共性、开放设施使用不会对人体健康安全造成危险、不违反公共利益、未被当前有效运行使用机制所规制等要件。[③]

表 1　欧盟必需设施案件的大致梳理[④]

编号	案件名称	涉案设施	主要内容
1	Sealink/B&I – Holyhead 案	港口	欧盟委员会正式使用"必需设施"的表达
2	Frankfurt Airport 案	机场	欧盟委员会要求机场管理机构终止其对地勤服务的垄断，允许第三方进入

---

① 参见杨东、周鑫：《数字经济反垄断国际最新发展与理论重构》，载《中国应用法学》2021 年第 3 期，第 97—111 页。

② 参见吴白丁：《必需设施理论研究》，对外经济贸易大学博士学位论文，2017 年，第 4—5 页。

③ 参见何国华：《论平台必需设施的认定标准》，载《西北工业大学学报（社会科学版）》2022 年第 4 期，第 114—123 页。

④ 相关资料主要引自吴白丁：《必需设施理论研究》，对外经济贸易大学博士学位论文，2017 年，第 74—75 页。

续表

编号	案件名称	涉案设施	主要内容
3	GVG/FS 案	铁路网络	欧盟委员会认为意大利国有铁路公司 Ferrovie dello Stato 拒绝开放意大利铁路基础设施、拒绝提供驱动力服务（机车头、驾驶员服务等）等行为构成滥用市场支配地位
4	Gas de France 案、E. ON 案、ENI 案	天然气管道	欧盟委员会接受了具有法律约束力的承诺，采取部分结构性救济，以缓解可能的拒绝交易滥用的担忧
5	Disma 案	石油储存	欧盟委员会要求开放存储航油并转接至供应米兰 Maplensa 机场的设备
6	Telekomunikacja Polska 案、Slovak Telecom 案	通信电缆	欧盟委员会认为必需设施理论可以适用于电信网络
7	BSkyB/KirchPay TV 案	机顶盒	本案中获得提供交互电视服务所必需的机顶盒的接口可能涉及必需设施理论
8	London European – Sabena 案	电子航班预订系统	欧盟委员会要求提供在航空运输领域提供计算机预订服务的接入
9	British Midland/Aer Lingus 案	航班联程服务	欧盟委员会要求 Aer Lingus 公司提供联程设施给一个竞争性航空公司

续表

编号	案件名称	涉案设施	主要内容
10	SWIFT 案	跨境支付系统	欧盟委员会认为 SWIFT 控制的支付网络本身构成一个必需设施。设置不合理的进入标准和歧视性的适用标准构成滥用市场支配地位
11	Clearstream 案	跨境证券清算和结算系统	欧盟委员会认为 Clearstream 通过拒绝与 Euroclear Bank 交易的方法滥用了市场支配地位
12	Magill 案、IMS 案	知识产权	欧盟委员会和法院在知识产权领域适用必需设施理论
13	微软案	互操作性信息	欧盟委员会依据必需设施理论处罚了微软拒绝向太阳公司提供互操作性信息的行为
14	Hugin Kassaregister 案	汽车零部件	维修特定产品的零部件可能满足必需设施理论中必不可少的要求

第三节　必需设施理论在中国的发展脉络

对于必需设施理论在欧洲的发展动因，学者达克尔认为是因为欧盟受到了德国秩序自由主义经济思想的影响，因此必需设施理论受到了更少的批判和更广泛的运用。① 不同于芝加哥学

①　See Rok Dacar, "Is the Essential Facilities Doctrine Fit for Access to Data Cases? The Data Protection Aspect," *Croatian Yearbook of European Law and Policy*, Vol. 18, 2022, p. 65.

派自由主义者对政府干预的惧怕，秩序自由主义者提倡政府对竞争秩序和过程的谦抑谨慎维护。中国竞争法所秉承的竞争观念更亲近受秩序自由主义影响的欧盟竞争法，而与谢尔曼反托拉斯法的放任式自由主义保持一定的距离，"竞争过程的维护"而非"自由效率的追求"被置于更核心的位置。[①] 中国市场语境下，竞争法也不再是静态经济效率的维护机器，而是承载了建立统一开放市场[②]、保障参与式竞争、追求共同富裕和公平分配[③]、促进创新[④]、保护中小企业和消费者权益等多元价值目标[⑤]。而必需设施理论具有提供竞争通道、梳理秩序梗阻、破除市场壁垒等秩序疏通功能，这与上述竞争法的多元化价值目标是高度契合的，这也决定了该理论在中国具有较高应用价值。

一、演化的特殊性：从行业监管法到竞争法的移植

需要注意的是，不同于西方国家主要在竞争法系统中发展必需设施理论的进路，中国首先是在行业监管法中出现该理论的雏形的，这种演变路径的异质性常被国内学者忽略。早在1996年中国施行的《电力法》中就对电网这一必需设施作出规定：具有独立法人资格的电力生产企业要求将生产的电力并网

①　参见叶卫平：《反垄断法分析模式的中国选择》，载《中国社会科学》2017年第3期，第96—115页。

②　参见王先林：《略论统一市场监管格局下的知识产权保护和反垄断执法》，载《中国市场监管研究》2018年第7期，第14—18页。

③　参见卢均晓：《共同富裕视角下公平竞争制度的作用机理与优化路径》，载《价格理论与实践》2022年第10期，第52—59页；王健、李星：《论反垄断法与共同富裕的实现》，载《法治社会》2022年第3期，第33—44页。

④　参见方翔：《论数字经济时代反垄断法的创新价值目标》，载《法学》2021年第12期，第162—176页。

⑤　参见张江莉、张镭：《平台经济领域的消费者保护——基于反垄断法理论和实践的分析》，载《电子政务》2021年第5期，第21—32页。

运行的，电网经营企业应当接受。2014 年，中国国家能源局出台了《油气管网设施公平开放监管办法（试行）》，提出在有剩余能力的情况下，油气管网运营企业应以合同签订次序，无歧视地对第三方开放管道设施。近年来，中国又陆续出台《电网公平开放监管办法》《油气管网设施公平开放监管办法》等规定，保障管网型必需设施的开放性。

无独有偶，有印度学者指出与美欧不同的是，必需设施理论在印度的应用不是通过竞争法框架而是通过部门监管机构的干预法。1997 年的《印度电信管理局法》、2003 年的《电力法》以及 2006 年的《石油和天然气管理委员会法》都有让控制运输管网的公共承运人负担无歧视开放设施的义务。[①]《印度电信管理局法》第 11（1）条规定了不同服务提供商之间的互通互联和技术兼容性。2003 年出台的《电信互联使用费率规定》鼓励利益相关者定期协商，以保持设施互联制度的一致性。2006 年的《石油和天然气管理委员会法》在共同承运人或合同承运人（common carrier or contract carrier）中提出了"必需设施"的概念。2008 年，印度石油和天然气部发布了一项草案，指出一旦某项设施被认定为公共用户设施，具备分享能力的机构必须与其他用户共享设施。这说明必需设施理论在发展中国家的发展存在一些共性，且存在有别西方国家的一些异质性。

二、必需设施理论在竞争法系统内的发展

印度在行业监管法中发展起来的必需设施理论并没有进入竞争法系统，在 Reliance Industries 案等一系列案件中法院坚持

---

① See Ashish Bharadwaj, Vishwas H. Devaiah & Indranath Gupta, *Multi - dementional Approaches Towards New Technology: Insights on Innovations, Patents and Competition*, SpringerOpen, 2018, pp. 290 - 292.

认为相比竞争执法机构，行业监管者才是更有胜任能力的必需设施管理机构。[①]"在管理复杂的准入安排方面，监管机构拥有比竞争法庭更高的权限和信息。"[②] 印度也反对把必需设施理论引入知识产权领域，迄今为止也尚未发现援引必需设施理论的知识产权拒绝交易诉讼。中国的情况则不同，必需设施理论在竞争法框架下获得了显著发展。早在 2010 年中国发布的《工商行政管理机关禁止滥用市场支配地位行为的规定》就将"拒绝交易相对人在生产经营活动中以合理条件使用其必需设施"列为被禁止的拒绝交易行为之一。2022 年中国最新修改的《禁止滥用市场支配地位行为暂行规定》第十六条规定："禁止具有市场支配地位的经营者没有正当理由，通过下列方式拒绝与交易相对人进行交易：……（五）拒绝交易相对人在生产经营活动中，以合理条件使用其必需设施。"在 2023 年公布的《禁止滥用市场支配地位行为规定》中，上述规范被原样保留。更引人瞩目的是，中国将必需设施引入了知识产权、数字平台、大数据等前沿领域。2017 年国务院反垄断委员会公布的《关于滥用知识产权的反垄断指南（征求意见稿）》第十五条规定：具有市场支配地位的经营者，尤其是其知识产权构成生产经营活动的必需设施时，其没有正当理由拒绝许可知识产权，可能构成滥用市场支配地位，排除、限制竞争。2020 年国家市场监督管理总局发布的《关于平台经济领域的反垄断指南（征求意见稿）》第十四条规定："认定相关平台是否构成必需设施，一般需要综

---

① See Ashish Bharadwaj, Vishwas H. Devaiah & Indranath Gupta, *Multi – dementional Approaches Towards New Technology: Insights on Innovations, Patents and Competition*, SpringerOpen, 2018, p. 294.

② Philip J. Weise, "The Relationship of Antitrust and Regulation in a Deregulatory Era, "*Antitrust Bulletin*, Vol. 50, Issue 4, 2005, pp. 549 – 588.

合考虑其他平台的可替代性、是否存在潜在可用平台、发展竞争性平台的可行性、交易相对人对该平台的依赖程度、开放平台对该平台经营者可能造成的影响等因素。认定相关数据是否构成必需设施，一般需要综合考虑数据对于参与市场竞争是否不可或缺，数据是否存在其他获取渠道，数据开放的技术可行性，以及开放数据对占有数据的经营者可能造成的影响等因素。"这不仅引入了必需平台设施的概念，还规定了必需数据设施，引发了中国学界的热切关注。① 尽管最终正式生效的《国务院反垄断委员会关于平台经济领域的反垄断指南》删除了必需数据设施的表述，但仍然保留了必需平台设施的框架，第十四条细致勾勒了相关平台构成必需设施的认定标准。

三、支持必需设施理论发展演化的理由

相比印度让必需设施理论停留在行业监管法而拒绝其向竞争法领域扩展的做法，中国这种不断发展必需设施理论的做法是值得肯定的，这是因为竞争法有很多管制法并不具有的优势，这使得竞争监管机关更适合应用必需设施理论。

第一，相比行业监管法中事前的一刀切式管制，竞争法强调事后更为灵活的逐案分析，这种个案分析对于必需设施理论至关重要。因为不同案件中的必需设施可能千差万别，需要从

---

① 《关于平台经济领域的反垄断指南（征求意见稿）》公布后，很多学者围绕必需平台设施和必需数据设施进行讨论，形成了一系列研究成果。参见王帅：《作为必需设施的超级平台及其反垄断准入治理》，载《北方法学》2021 年第 5 期，第148—160 页；李世佳：《论数据构成必需设施的标准——兼评〈关于平台经济领域的反垄断指南〉第十四条之修改》，载《河南财经政法大学学报》2021 年第 5 期，第75—85 页；陈永伟：《数据是否应适用必需设施原则？——基于"两种错误"的分析》，载《竞争政策研究》2021 年第 4 期，第5—17 页；王健、吴宗泽：《论数据作为反垄断法中的必要设施》，载《法治研究》2021 年第 2 期，第102—114 页。

个案分析中获得大量的信息，需要结合具体案件事实判断该设施是否必不可少、是否具有复制可能性、对下游市场的竞争有何种影响等问题。即使确定了涉案设施构成必需设施，如何确定救济方案和通道开放费率，也需要到个案中去权衡评估。一刀切的法律家父主义只会让必需设施理论极大挫伤市场上的财产投资和创新激励。"监管机构旨在'建立'市场，而竞争委员会期望'修复'这些市场。"[1]

第二，行业监管法的必需设施分享规则往往指向一些国家创造的关系国民经济命脉的重大公共设施（如电网、油气管网），但是现实中还存在大量通过市场机制筛选出来的必需商业设施，这些商业设施比公共设施可能会引发更多的竞争问题。在规制五花八门的商业设施方面，竞争法无疑更具优势。

第三，行业监管法上的回应（如确定一项接入管制规定）往往因为不同利益的复杂博弈、冗长的立法程序而旷日持久，一些新兴、复杂、技术性的必需设施不得不寄望于竞争法提供的个案分析。特别是数字经济时代，很多互联网市场极具动态性，要求竞争监管者及时实现互通互联，保障兼容性，这些高频率、高强度的治理作业可能不是行业监管法能够胜任的。

第四，我国的监管机构虽然取得瞩目的治理成就，但是总体而言依然是比较年轻的。改革开放以来，我国进行了若干次规模较大的政府机构改革，行业监管机构仍处在不断学习、变化和发展的进程中。但是伴随监管能力成长的是，我国市场的体量和范围都在快速膨胀和扩张，同时也出现了大量的市场梗阻和封锁，有较大的修复期待和治理需求。竞争法提供的事后

---

[1]　Ashish Bharadwaj, Vishwas H. Devaiah & Indranath Gupta, *Multi-demential Approaches Towards New Technology: Insights on Innovations, Patents and Competition*, SpringerOpen, 2018, p. 293.

监管可以为管制机构的事前监管提供非常重要的支撑，而且在机构改革中，我国竞争执法机构的能力得到了强化。2018 年党和国家机构改革中组建国家市场监督管理总局，整合国家发展改革委、商务部和原工商总局的反垄断职能，负责反垄断统一执法。2021 年，国家反垄断局正式挂牌。因此，不应当忽视竞争执法机构的巨大作用。耶鲁大学学者尼古拉斯·古根伯格指出，复兴、更新和扩展竞争法下的必需设施理论至关重要，它将灵活填补事前监管留下的空白。[1]

美国和欧盟的学理和实务界也发生过必需设施理论属于监管立法问题还是法学适用教义的争论。哈佐普洛斯指出，尽管必需设施理论存在于行业管制立法中，但是欧盟的跨境传输指令、计算机预定系统的集体豁免条例等法规中都存在必需设施的概念，该理论也被其他机构引向实践并为立法者提供灵感。因此，必需设施理论不能仅仅作为立法者的"专利"，而是欧盟所有行政、司法和立法机构之间循环互动的结果。在竞争执法中，欧盟委员会也会经常运用必需设施理论。[2]

四、国内已涌现以必需设施理论为直接裁判依据的案件

尽管我国立法文本中已经出现了必需设施理论[3]，但是一般认为在司法裁判中尚未出现以必需设施理论作为法律依据处理

---

① See Nikolas Guggenberger, "Essential Platforms, "*Stanford Technology Law Review*, Vol. 24, Issue 2, 2021, pp. 237 – 343.

② Vassilis Hatzopoulos, "The EU Essential Facilities Doctrine, "http://aei. pitt. edu/ 44287/1/researchpaper_ 6_ 2006_ hatzopoulos. pdf, last visited on 2023 – 01 – 30.

③ 例如，国家市场监督管理总局《关于禁止滥用知识产权排除、限制竞争行为的规定》第七条规定，具有市场支配地位的经营者没有正当理由，不得在其知识产权构成生产经营活动必需设施的情况下，拒绝许可其他经营者以合理条件使用该知识产权，排除、限制竞争。

的垄断纠纷案件。① 在海能达诉摩托罗拉滥用市场支配地位案中，原告海能达公司诉称，摩托罗拉公司在特定城市地铁专网通信市场上具有市场支配地位。摩托罗拉公司无正当理由，拒绝向海能达公司开放必需接口、拒绝实现系统级互联互通，排除、限制了地铁专网通信市场的竞争，属于反垄断法禁止的滥用市场支配地位的垄断行为。被告摩托罗拉公司辩称，海能达公司主张开放的接口不是互联互通的必需设施，摩托罗拉公司拒绝开放接口是正当行使知识产权合法权利且具有合理理由。摩托罗拉公司本身不具有限定交易的能力，客观上也不存在交易被限定的事实。不过，法院未直接依据必需设施理论进行分析，而是指出判断被诉拒绝开放 API 端口的行为是否构成拒绝交易行为，至少需要同时考虑摩托罗拉系统（中国）有限公司是否拒绝了原告开放 API 端口的要求、该拒绝行为是否产生了排除或限制竞争的后果、被告是否不存在正当理由等因素。该案中，在案证据不能证明 API 端口互联方式已直接用于不同厂家设备在各地铁通信线路之间的互联互通，故拒绝向原告提供 API 端口不会造成排除或限制竞争的结果。据此，法院裁定相关被诉行为不构成拒绝交易行为。

但在 2021 年，我国尚无直接将必需设施理论作为法律依据的垄断案的空白被填补。在宁波科田磁业有限公司与日立金属株式会社垄断纠纷案中，宁波市中级人民法院认定被告的必要专利构成反垄断法意义下的必需设施。② 该案中，原告宁波科田磁业有限公司为专业从事烧结钕铁硼生产和销售的企业，被告

---

① 参见袁波：《大数据领域的反垄断问题研究》，上海交通大学博士学位论文，2019 年，第 174 页。

② 参见宁波科田磁业有限公司与日立金属株式会社滥用市场支配地位纠纷案（2014）浙甬知初字第 579 号。

为在相关市场具有市场支配地位、拥有大量与烧结钕铁硼相关的专利（包括必要专利）的企业，也是全球最大的生产、销售烧结钕铁硼企业。该案中相关下游市场为烧结钕铁硼市场，上游市场为烧结钕铁硼基本专利许可市场，相关地域市场为全球市场。2014年，原告宁波科田磁业有限公司向宁波市中级人民法院提起诉讼，主张日立金属株式会社滥用市场支配地位，并指控日立金属株式会社实施拒绝交易的行为。宁波市中级人民法院于2021年4月23日作出判决。

法院认为被告通过拒绝交易滥用其市场支配地位，认定相关专利为必要设施，并确认被告存在拒绝原告使用必要设施的事实，被告拒绝交易的行为没有正当理由且限制、排除了竞争。法院指出与积极交易相同，拒绝交易也是经营者行使知识产权的一种表现形式，它是经营者基于自身知识产权的独占权、排他权所作的市场安排。一般情况下，经营者不承担与竞争对手或交易相对人进行交易的义务。但是，具有市场支配地位的经营者没有正当理由拒绝许可知识产权，产生排除、限制竞争效果的，可能依法构成滥用市场支配地位行为。更为重要的是，当知识产权成为下游商品市场的必需设施，拒绝许可将有可能实质性地限制或者排除下游市场的竞争，进而可能损害消费者利益或者社会公共利益。法院指出该案中被告涉案专利在技术上具有不可替代性，且被告长期在商业活动中宣称其专利为生产烧结钕铁硼所必需，这导致的市场认知固化更强化了这种市场力量，此情况下法院认为此案可适用必需设施原则作为分析工具。

第四节　理论演变史中不可忽略的区分基因

尽管必需设施理论向知识产权、数字经济等领域不断扩展

（这种趋势在欧盟、中国较为明显），但是该过程并非一帆风顺，因为无体设施和有体设施之间始终存在一条不可忽视的界限。而解开不同类型设施间相关标准不可通约之困惑的方法实际上已经内嵌在必需设施理论的演变发展史中。

必需设施理论在我国产生伊始，就面临重要公共设施和一般商业设施的区分问题。国家为解决管网类型公共企业的开放互通问题，对一些重要公共设施采取管制措施以打开接口、实现规模效应，这种将必需设施分为受管制型必需设施和商业竞争型必需设施的做法较好地解决了非市场化运作的公共物品高效供应问题。因此，将区分原则引入必需设施理论具有一定的历史基础和正当性基础。而必需设施理论被植入竞争法领域后，在应对知识产权这一特殊的设施场景时，再次依靠区分原则实现了发展。如果不考虑竞争法系统外的受管制型必需设施和商业竞争型必需设施的区分，那么在竞争法系统内第一次真正意义的区分始于必需知识产权设施的出现。欧盟判例法贯彻区分原则，对知识产权设施单独提出了新产品要件，妥当解决了竞争政策和创新保护政策的协调问题。在上文提及的宁波科田磁业有限公司与日立金属株式会社垄断纠纷案中，宁波市中级人民法院指出因知识产权的专有性与排他性天然使之具有瓶颈效应，且知识产权广义上具有促进创新、增进公共福利作用，故在知识产权领域应非常谨慎适用必需设施原则，除了经典的几个要件之外，还应同时考虑拒绝许可该知识产权是否将会导致相关市场上的竞争或者创新受到不利影响，并损害消费者利益或者公共利益。[1] 这种区分适用的逻辑是非常值得肯定的，有助

---

[1]　参见宁波科田磁业有限公司与日立金属株式会社滥用市场支配地位纠纷案（2014）浙甬知初字第 579 号。

于必需设施理论在知识产权领域的成长和发展。

数字经济时代，超级平台、大数据、搜索引擎、云计算基础架构设施、区块链、应用商店等各种类型的数字设施不断深入市场竞争活动和日常社会秩序。但是，这些数字设施并不能等同于知识产权设施。欲要在不损伤竞争和创新的前提下妥适应用必需设施理论这一政策杠杆打开数字市场的通道，关键就在于监管者需要贯彻根植在必需设施理论渊源脉络的区分理念，对数字虚拟设施建构有针对性且不同于必需知识产权设施的判定标准。2020 年国家市场监督管理总局发布的《关于平台经济领域的反垄断指南（征求意见稿）》第十四条就贯彻了区分逻辑，对必需平台设施和必需数据设施建构了并不一致的认定标准，如认定相关平台是否构成必需设施需要考虑"发展竞争性平台的可行性、交易相对人对该平台的依赖程度"，而认定相关数据是否构成必需设施需要综合考虑"数据开放的技术可行性"。2021 年发布的《国务院反垄断委员会关于平台经济领域的反垄断指南》对必需平台设施作出针对性规定：认定相关平台是否构成必需设施一般需要综合考虑"该平台占有数据情况等因素"。

2022 年国家市场监督管理总局发布的《禁止滥用知识产权排除、限制竞争行为规定（征求意见稿）》第七条规定："具有市场支配地位的经营者没有正当理由，不得在其知识产权构成生产经营活动必需设施的情况下，拒绝许可其他经营者以合理条件使用该知识产权，排除、限制竞争。认定前款行为，应当考虑下列因素：（一）该项知识产权在相关市场上不能被合理替代，为其他经营者参与相关市场的竞争所必需；（二）拒绝许可该知识产权将会导致相关市场上的竞争或者创新受到不利影响，损害消费者利益或者公共利益；（三）许可该知识产权对该经营者不会造成不合理的损害。"对比《国务院反垄断委员会关于平台经济领域的反垄断指南》第十四条之规定，不难发现立法者对必需知识产权设施和必需数字平台设施的认定标准进行了区分设置。总之，上述这些贯彻区分原则的立法技术是值得肯定的，因为区分理念贯穿于必需设施理论从产生到发展的整个生命周期，具有厚重的正当性基础。在数字时代、信息时代、新技术时代，面对不断涌现的能对市场竞争产生致瘫性影响的新型关键设施，我们唯有坚持区分理念，才能正确适用必需设施理论这个理论杠杆，才能在威慑过度和威慑不足之间找到科学的平衡。

第二章

必需设施理论的相关理论争议及廓清

第一节　工商业时代围绕必需设施理论的典型争议

必需设施理论在欧盟、中国与美国所遭遇的不同境遇实际上折射出不同竞争法辖区对竞争过程和竞争理念的理解存在差异。与中国、欧洲大陆一些地区已经实现对必需设施理论立法转化的成熟做法相比，深受芝加哥学派思想影响的美国至今未在联邦最高法院层面正式承认必需设施理论，围绕该理论仍然存在诸多争议。以霍温坎普为代表的学者直言："在适用《谢尔曼法》第 2 条来追究责任的各种根据中，所谓关键设施原则是最麻烦的、最无条理的、最难操作的。几乎可以肯定，如果把它抛弃掉，而把关于拒绝交易的理论协调得好一点，以之填补所有的缺口，则对反托拉斯事业会更好一些。"[①]

一、单一垄断利润理论的质疑及回应

芝加哥学派认为控制必需设施的垄断者拒绝开放设施通道

---

① ［美］赫伯特·霍温坎普：《联邦反托拉斯政策：竞争法律及其实践》（第 3 版），许光耀、江山、王晨译，法律出版社 2009 年版，第 338 页。

并不会对竞争产生更多的损害，因为一项必需设施在市场上所能形成的垄断力量及影响都是固定的，开放该设施的通道并不会增加必需设施的容量。不管是开放通道还是封闭通道，终端消费者支付的价格都是固定的；竞争者即使被允许进入必需设施，也需要向垄断者支付垄断价格，而这部分价值最终也会被转移给终端消费者。换言之，必需设施理论的适用似乎并不能带来福利的正增进，反而会引起一系列负效应。"不清楚保障所有参与者能够平等接入的特定必需设施理论是否会让消费者的处境变得更好。"① 例如，假设某铁路枢纽构成了一项必需设施，监管者强制让该铁路设施控制者打开通道可能会增加接入该设施的铁路数量，但是这只会导致乘客分散在更多的铁路上，而乘客数量和支付的价格都是固定的。② 因此，开放相关设施似乎并不会带来福利增进。芝加哥学派的上述发难都是基于一个被称为单一垄断利润（Single Monopoly Profit）理论的帮助。③ 该理论指某个产品或某种服务的垄断利润是单一的，支配性企业不可能通过排斥、封锁等策略将它一分为二，从而在两个产品市场上都能收取垄断利润。垄断者关闭设施或开放设施所获得的垄断利润都是大体相等的。职是之故，路易斯·卡普洛也将单一垄断利润理论称为总额固定理论。④

但是，真实商业世界要比单一垄断利润理论拥护者想象的

---

① Thomas F. Cotter, "Intellectual Property and the Essential Facilities Doctrine," *Antitrust Bulletin*, Vol. 44, No. 1, 1999, p. 241.

② See Thomas Sullivan & Herbert J. Hovenkamp, *Antitrust Law – Policy and Procedure: Cases and Materials*(5th ed.), LexisNexis, 2003, p. 703.

③ See Keith K. Wollenberg, "An Economic Analysis of Tie – In Sales: Re – Examining the Leverage Theory," *Stanford Law Review*, Vol. 39, No. 3, 1987, pp. 737 – 760.

④ Louis Kaplow, "Extension of Monopoly Power through Leverage," *Columbia Law Review*, Vol. 85, No. 3, 1985, p. 516.

复杂得多。在上述这个铁路运输服务当中，静态的票价只是消费者看重的众多因素之一，当设施开放后消费者可能更看重多样化和便利化的乘车选择。市场竞争不仅仅只是价格竞争，还包括质量竞争，芝加哥学派的价格中心主义也受到了新布兰代斯学派的质疑。[①] 一旦下游市场的企业能够公平地获得接入必需设施的机会，那么在竞争压力的逼迫下一些有创新能力或效率更高的企业会增加产出、丰富服务方案、提高服务质量。如此对消费者而言，除了价格竞争带来的效率外，还会带来一些非竞争性的福祉增进。即使相关企业不进行价格竞争，也可以在乘车选择、乘车服务、乘车环境等质量维度展开竞争。因此，尽管消费者可能支付了同样的垄断价格，但是却对下游产品拥有广泛的选择权，能获得更好的消费体验。"在单一垄断利润理论下，垄断者获得的租可能保持不变；但是消费者可能享受更广泛的下游产出多样化，这是因为垄断者无法限制、偏向或歧视下游使用者；从而让社会能够从使用者产生的外部溢出中获益。"[②] 市场力量的存在本身并不会分配资源，但是市场力量的不当运用会造成资源的不当配置，进而产生福利损失，因此合法、合理、适度的外部干预是必要的。如果按照单一垄断利润理论的解释，反垄断法的目的只是控制和维持市场力量，使其不超过当前范围，那么必需设施理论可能并无用武之地。但是，反垄断法的执法目标还在于防止由于不当行使市场力量造成的资源配置效率低下，可以运用必需设施理论减少对社会福利有害的拒绝接入。应当铭记反垄断法不是关注权力本身大小的

---

① 参见 Lina Khan：《亚马逊的反垄断悖论》，朱悦译，载《网络信息法学研究》2019 年第 1 期，第 9—64 页。

② Brett Frischmann & Spencer Weber Waller, "Revitalizing Essential Facilities," *Antitrust Law Journal*, Vol. 75, No. 1, 2008, p. 31.

"控权法"，而是关注权力对竞争过程影响的"秩序法"。

二、对挫伤市场投资激励的担忧及回应

挫伤投资激励是芝加哥学派学者对必需设施理论的第二个质疑。他们认为如果某一生产性投入能够产生巨大的价值，带来显著的竞争优势，那么就需要承担被认定为必需设施并被没收的风险，这无疑会严重挫伤市场上的投资激励，变相鼓励搭便车行为。耶鲁大学的伊恩·艾尔斯指出："如果我们强迫必需设施所有人收取低于垄断价格的价格，那么我们将冒着首先就不会产生必需设施的风险。"[①] 劳伦斯·苏利文则直言，在市场环境中主体从自己控制的资源提取尽可能多的财富是人的天性，反这种天性的规则令人不安。[②] 然而，这些学者的观点言过其实，甚至站不住脚，理由如下。

第一，必需设施理论从来都不是剥夺财产权和没收财富的财产征收或征用规则，而是一种保证接口分享和通道疏通的秩序维护机制，其适用要满足一系列限制性标准，而如何根据不同设施类型区分建构这些标准正是本书的研究主题。必需设施理论确实要求关键性设施的控制者承担共享义务，但是从未要求其免费、无偿开放接口通道，而是要求以公平、合理且非歧视性的价格提供设施接入机会。在作为必需设施起源的 Terminal Railroad 案中，法院已经指出其初衷并不是破坏涉案公司对关键铁路连接设施的控制，而是旨在让设施控制者和其他非成员企业置于平等的层面。因此，平等原则是一直被嵌入在必需设施

---

① Ian Ayres, "Pushing the Envelope: Antitrust Implications of the Envelope Theorem," *Mississippi College Law Review*, Vol. 17, Issue 1, 1996, p. 102.

② See Lawrence A. Sullivan, *Antitrust*, West Publishing(St Paul, MN), 1977, § 47, p. 117.

理论的基因里的。

第二，必需设施开放通道往往涉及的是打开下游市场的通路，让下游市场的竞争者能够接入设施，通常并不会影响上游市场的回报和对应的激励。著名反垄断法学者埃里克·霍温坎普认为拒绝交易行为应当进行区分，出于保护投资激励的需要，初级市场的拒绝交易并无干预的必要，但是面向次级市场的拒绝交易可能会产生反竞争排斥效果。① 必需设施理论的适用往往发生在封锁次级市场的场合，设施控制者在初级市场的垄断收益并不受影响。此外，一些设施成长为必需设施往往需要一段较长的时间，在这个设施成长的区间阶段，在位者有可能已经收取了能够填平投资的足额回报。"只有当所谓的必需设施掌握在相关市场的垄断者手中时，该理论才会被适用，垄断者很可能已经在该市场获得了足够的利润来证明创新的合理性。"② 因此，施加开放通道的义务以及承担反托拉斯责任的威慑不一定就会损伤后续的投资激励。即使必需设施理论的适用会对投资有一些负面影响，这种影响比一些芝加哥学派学者所想象的要小得多，相较之下滥用必需设施封堵下游市场的必经通道所造成的福利减损要严重得多，监管者需要在对市场投资的有限影响和关闭设施封锁下游通道的严重影响之间作出理性的抉择。

第三，并不是所有的必需设施都如一些芝加哥学派学者想象的那样价值巨大，对社会进步弥足珍贵，似乎任何对其形成的外部干预都会造成不容忽视的福利损失。实际上现有社会条件和技术条件下，大部分必需设施都不是完美的。必需设施并

---

① See Erik Hovenkamp, "The Antitrust Duty to Deal in the Age of Big Tech," *Yale Law Journal*, Vol. 131, 2022, p. 1483.

② Marina Lao, "Networks, Access, and Essential Facilities: From Terminal Railroad to Microsoft," *SMU Law Review*, Vol. 62, No. 2, 2009, p. 594.

不一定需要经由大量的投资和承担巨大的风险才能建成，实际上它们经常是政府批准的设施或者薄弱的知识产权。[1] 更甚者，一些关键设施根本就没有生产能力或创新价值，但却充当着限制竞争的看门人或"瓶颈"，向下游用户实施劫持和勒索（如一些低价值的商业方法专利）。[2] 在动态互联网市场中，一些数字平台企业可能就是因为在无序资本的支持下抢占市场、不断获得用户流量，形成滚雪球般的正反馈循环，逐渐成为一项必需设施。此时，更需要监管者在保护设施控制者的财产性私益和开放设施带来的巨大公益之间进行权衡，明显丧失比例性感受的拒绝行为就具有反垄断监管介入的必要性和正当性。

三、动态市场的自我调节可能性及回应

芝加哥学派学者攻击必需设施理论的第三个理由是必需设施的必需性、必不可少性都是暂时的，可以通过市场自行矫正，政府无干预的必要。必需设施较高的垄断价格会吸引逐利的挑战者，随着时间的流逝，市场上很可能会出现在位必需设施的替代品或者该设施变得不那么关键，届时市场竞争环境会得到极大改善。例如，曾经成为必需设施的技术标准（如匣式录音带、一些本地电话协议）在当时产生了严重的用户锁定效应，但是随着市场的发展和技术的改进而逐渐丧失必需性。虽然在一些案件中相关必需设施造成的秩序梗阻可以依靠市场自愈机制实现救济，但是在相当比例的案件中这种自发性更新换代的发生往往需要经年累月。在位的必需设施变得不那么关键之前，

---

[1]　Ashwin Van Rooijen, "The Role of Investments in Refusals to Deal," *World Competition*, Vol. 31, Issue 1, 2008, pp. 63 – 88.

[2]　See Amy Rachel Davis, "Note, Patented Embryonic Stem Cells: The Quintessential 'Essential Facility'?"*The Georgetown Law Journal*, Vol. 94, No. 1, 2005, pp. 209 – 215.

设施控制者可能已经剥夺了难以计量的消费者剩余。一项设施被定义为必需设施往往就意味着在相当长的一段时间内市场的必经通道已经被垄断，有害行为在相当长的时间内不会得到纠正。"除非这类情况得到处理，否则持续的经济性损害行为将扭曲竞争过程以及使用此设施作为投入品的相关产品和服务的资源分配。"[1] "尽管我们无法确认独占事业是否可永久独占相邻市场，但可以确定的是，独占事业可借此在相当长的期间内垄断整个相邻市场，减损消费者福利，而此类后果正是竞争法力求避免的。"[2]

更为严峻的是，在信息技术快速发展的今天，一些必需设施具有了网络外部性，即商品对于某用户的价值随着使用该商品的其他用户的数量增加而增加。[3] 如果产生网络效应，即使替代品有技术上的优势，消费者也因为过高的转换成本而被锁定[4]，这意味着必需设施的垄断地位将坚不可摧。当某个细分行业中相关设施的网络效应足够强，那么该设施甚至可能形成一种产业标准（如微软操作系统）。这种成为标准的可能性意味着接入该设施的通道对于竞争而言变得极为关键。让信息不完美的市场自动和自发地促进行业标准或其他具有网络外部性的必

---

① James R. Ratner, "Should There Be an Essential Facility Doctrine,"*U. C. Davis Law Review,* Vol. 21, No. 2, 1988, p. 370.

② 郭政雄：《关键设施原则在竞争法上之应有定位：以基础设施理论为中心》，国立交通大学科技法律研究所硕士论文，2014年，第60页。

③ See Michael L. Katz & Carl Shapiro, "Network Externalities, Competition, and Compatibility,"*The American Economic Review,* Vol. 75, No. 3, 1985, pp. 424 – 440; Mark A. Lemley & David McGowan, "Legal Implications of Network Economic Effects,"*California Law Review,* Vol. 86, No. 3, 1998, pp. 479 – 611.

④ See John E. Lopatka & William H. Page, "Microsoft, Monopolization, and Network Externalities: Some Uses and Abuses of Economic Theory in Antitrust Decisionmaking,"*Antitrust Bulletin,* Vol. 40, Issue 2, 1995, pp. 317 – 336.

需设施更新迭代显然异常困难。

四、对监管设施通道可操作性的质疑及回应

芝加哥学派学者攻击必需设施理论的第四个理由是必需设施理论不具有可操作性。什么是必需设施从未得到过准确定义，即使理论上能够对必需设施进行精确界定，也不可能制定出有助于承担开放通道责任的反垄断规则。有学者指出，确定垄断行业的竞争性价格水平实际上是不可能的。[1] 法院可以命令被告降低收费标准，但是这会使法院运用琐碎繁杂的反垄断审查手段去监管公司的许可价格。法院还必须裁定哪些设施可以共享以及以何种条件共享[2]，没有能力决定竞争性价格的法院将被转变为类似于公用事业价格监管机构一样的行政机构。[3] 外部介入还将不可避免地阻碍单个企业的定价决策和自由交易。因此，"如果在特定情况下没有好的方法来阐明适当的补救措施，那么干预可能是不适当的。如果被告以前从未向任何人出售其输入技术的使用权，则最有可能发生这种情况。在此情况下，法院必须提出协议的所有相关条款"[4]。

但是，这些学者显然大大低估了反垄断法院的计算能力。

---

[1]　See Lawrence A. Sullivan, *Antitrust*, West Publishing(St Paul, MN) , 1977, § 47, at 117.

[2]　[美] 赫伯特·霍温坎普：《反垄断事业：原理与执行》，吴绪亮、张兴、刘慷等译，东北财经大学出版社 2011 年版，第 248—249 页。

[3]　See Richard A. Posner, "A Statistical Study of Antitrust Enforcement, "*The Journal of Law & Economics*, Vol. 13, No. 2, 1970, pp. 365 – 388; [美] 赫伯特·霍温坎普：《联邦反托拉斯政策：竞争法律及其实践》（第 3 版），许光耀、江山、王晨译，法律出版社 2009 年版，第 333 页。

[4]　Erik Hovenkamp, "The Antitrust Duty to Deal in the Age of Big Tech, "*Yale Law Journal*, Vol. 131, 2022, p. 1530.

一方面，当法院不具备计算能力时，拉特纳指出，可以"任命一个在经济理论及相关行业方面具有专业知识的特殊负责人来协助处理复杂的必需设施案件"①。在涉及技术领域的复杂诉讼中，我国已经采用了聘请专业人士参与庭审、列席合议庭评议、对相关技术事实提出审查意见等做法，弥补法院的知识不足。例如，2022 年最高人民法院发布的《关于加强中医药知识产权司法保护的意见》明确提出：不断健全技术调查官、技术咨询专家、技术鉴定人员、专家辅助人员参与诉讼的多元技术事实查明机制。遴选中医药领域专业技术人员参与案件审理，推动建立专家陪审制度。对于必需设施案件，也可以采用同样的做法来克服监管必需设施通道的技术难题。

　　另一方面，法院自身其实也具备一定的计算能力。反垄断的分析从来没有捷径。② 现代反托拉斯案件的分析常常需要法院作出复杂的经济决定，进行复杂的经济分析。"法官常常被要求作出与评估一项必需设施的进入价格一样复杂或者更加复杂的经济计算。"③ 例如，合并案件中法院往往需要根据经济学模型，预测合并后企业在相当长的时间内是否有能力维持垄断价格，这涉及成本、价格、产品耐用性、产品同质性、进入市场的难度、效率增进、竞争损害的权衡等诸多因素的精思密虑。相较而言，大量的必需设施反托拉斯案件中，法官涉及的元问题更为简单：下游市场中的甲企业是否遭遇了比乙企业更差的待遇？

---

① James R. Ratner, "Should There Be an Essential Facility Doctrine,"*U. C. Davis Law Review*, Vol. 21, No. 2, 1988, p. 376.

② See Allen Kezsbom & Alan V. Goldman, "No Shortcut to Antitrust Analysis: The Twisted Journey of the 'Essential Facilities' Doctrine," *Columbia Business Law Review*, Vol. 1996, Issue 1, 1996, pp. 1 – 36.

③ James R. Ratner, "Should There Be an Essential Facility Doctrine,"*U. C. Davis Law Review*, Vol. 21, No. 2, 1988, p. 378.

这是基本的二元权衡问题，而反托拉斯法官经常需要处理大量更加复杂的多元权衡案件。因此，没有理由认为必需设施理论的适用超出了法官的能力范围①，相反应该对现代司法系统的通才型法官保持信心。

此外，大多数情况下，必需设施开放通道的价格可能已经存在于市场中或者有极为近似的参照价格，可能表现为管制机构的定价、市场价格、企业内部的价格等。法官不需要设定具体的接入条件或计算通道的访问价格，只需要去发现已存在的价格。申言之，法院要做的主要是"价格比较"而非"价格计算"，其目的是保证竞争通道能够公平、合理、无歧视地开放，而非像数学家一样计算通道的价格。即使在个别情况下需要裁判者具体计算价格，裁判者也可以委托专业人士提供辅助，如向行业管制机构、技术专家寻求帮助，或者设置仲裁条款。② 在美国判例法中，州际商业委员会③、联邦电力委员会④、联邦通信委员会⑤等都为具体必需设施的通道设定过价格。当事人如果无法就价格协商一致，还可以提请专业性的仲裁。

美国以芝加哥学派为代表的学者过度崇尚反托拉斯法的效率追求，过度倾向市场自我矫正，给政府干预都贴上"不必要"的标签，主张竞争法的非效率价值无涉（最重要的是政治价值

---

① Brett Frischmann & Spencer Weber Waller, "Revitalizing Essential Facilities," *Antitrust Law Journal*, Vol. 75, No. 1, 2008, pp. 41 – 42.

② 菲利普·威瑟指出，如果联邦法院需要超过自己的能力的资源和专业知识时，它应当让州或联邦管制者作为执行司法命令的具体负责人。See Philip J. Weiser, "The Relationship of Antitrust and Regulation in a Deregulatory Era," *Antitrust Bulletin*, Vol. 50, Issue 4, 2005, pp. 549 – 588.

③ See United States v. Terminal R. R Ass'n of St. Louis, 224 U. S. 383, 412(1912).

④ See Otter Tail Power Co. v. United States, 410 U. S. 366, 375 – 76(1973).

⑤ See Verizon Commc'ns Inc. v. FCC, 535 U. S. 467, 496(2002).

无涉），杜绝反托拉斯法成为企业平民主义的保护神，对必需设施理论这一不利于大企业效率的"财富没收工具"持有怀疑态度。尼古拉斯·古根伯格指出，芝加哥学派发起的法律运动几乎只关注如何最大化对动态创新的奖励，而不考虑保护相邻市场或未来市场的可能进入，而这正是必需设施原则的核心关切。① 但是，一项设施成为能够封锁下游市场竞争通道的必需设施这一事实就已经说明市场机制出现局部失灵，需要某种外部的疏导性介入，采取放任主义而等待市场自愈可能要历经漫长且成本高昂的等待期，造成更多的无谓损失。此时，"只有通过可靠的立法和司法协助，市场才能运作良好"②。"能够发现某一设施成为必需设施就意味着竞争过程已经成为一种在矫正重大短期福利损失方面并不可靠的机制。市场需要得到某种形式的干预，否则这些损失会持续存在。"③

尽管欧盟借鉴了大量的美国反托拉斯法的分析工具和方法，但是深受秩序自由主义影响的欧盟竞争法自始至终都与美式自由主义保持一定的距离，二者和而不同。相比于模糊的效率价值，竞争过程和竞争秩序的维护被欧盟竞争法置于更高和更核心的位置。秩序自由主义下，竞争法不只是经济效率的维护机器，还应承载多元的价值目标。除了保护竞争过程并建立竞争秩序这一元目标，还要兼顾效率和公平，实现对市场统一化、经济增长、促进就业、公平分配、消费者权益保护、中小企业

---

① See Nikolas Guggenberger, "The Essential Facilities Doctrine in the Digital Economy: Dispelling Persistent Myths," *Yale Journal of Law and Technology*, Vol. 23, No. 2, 2021, pp. 309 – 310.

② ［美］史蒂芬·霍尔姆斯、凯斯·R. 桑斯坦：《权利的成本——为什么自由依赖于税》，毕竞悦译，北京大学出版社 2004 年版，第 46—47 页。

③ James R. Ratner, "Should There Be an Essential Facility Doctrine," *U. C. Davis Law Review*, Vol. 21, No. 2, 1988, pp. 379 – 380.

利益保护等多元价值目标的统摄与整合。^① 不同于芝加哥学派自由主义者对政府干预的惧怕，秩序自由主义者反而提倡政府对竞争秩序和过程的谨慎维护，他们将可以作为干预手段的经济工具区分为过程政策和秩序政策，前者是指政府针对经济运行过程本身所采取的并能影响"价格—数量"关系变化的干预手段，后者是指政府为市场确定的框架或构成原则，包括私人产权、立约自由、开放市场、维持竞争等。这种理性的秩序思维和制度思维是欧盟竞争法核心理念的肯綮所在^②，领悟了这种思维也就不难理解必需设施理论这一内嵌提供竞争通道、梳理秩序阻塞、破除市场壁垒等秩序疏通功能的工具在欧盟得到信任和重用的因由。

第二节 知识产权场景中必需设施理论遇到的非难

从上文的梳理中可以看出，必需设施理论在传统有体财产

---

① 秩序自由主义（也称奥尔多自由主义）起源于弗赖堡学派，深刻影响了欧盟竞争法的形成，在国内也受到一些竞争法学者的推崇。该学派主张构建制度性的竞争秩序，这种秩序是以货币政策优先、市场开放、契约自由、责任、私有制等为核心的新型秩序。竞争法就是这个秩序建构和运行的核心，这也决定了其应当承载多元的价值目标。参见［美］戴维·格伯尔：《二十世纪欧洲的法律与竞争》，冯克利、魏志梅译，中国社会科学出版社 2004 年版；［德］何梦笔主编：《秩序自由主义》，董靖等译，中国社会科学出版社 2002 年版，第 4—9 页；［德］柯武刚、史漫飞：《制度经济学：社会秩序与公共政策》，韩朝华译，商务印书馆 2000 年版，第 386—387 页；［德］瓦尔特·欧肯：《经济政策的原则》，李道斌译，世纪出版集团、上海人民出版社 2001 年版，第 277—305 页。

② 参见张世明：《大道贵中：制度思维与竞争法学建构》，载《财经法学》2019 年第 6 期，第 36—50 页；张世明、孙瑜晨：《知识产权与竞争法贯通论》，中国政法大学出版社 2020 年版，第 6—38 页；孙瑜晨：《国企改革引入竞争中性的正当性及实现路径——以新兴经济体的实践经验为镜鉴》，载《北方法学》2019 年第 6 期，第 135—146 页。

领域饱受争议，但其在知识产权领域受到的非难更是无以复加。知识产权是对创造者在其创新活动中的道德和经济权利以及公众接近这些创造的权利给予的法定表达，具有天然的正当性。[1]美国第二巡回法院指出，从来没有法院认为反托拉斯法要求专利持有人在其专利赋予其对相关产品市场的垄断权时，立即放弃其专利固有的排除权。[2]而必需设施理论是一套关于强制性分享和强制性交易的法律规则，这与以排他性和独占性为核心特征的知识产权规则似乎存在激烈的冲突。玛丽娜·劳指出美国法院还没有正式用过必需设施理论来谴责不当的拒绝许可知识产权行为。[3]

一、挫伤更为宝贵的研发投资激励

首先面对的非难是：必需设施理论可能挫伤更为宝贵的研发投资激励。如果说在传统有体财产领域，批判者们担忧损伤普通投资，那么在知识产权领域受到威胁的是当今世界各国都倍加珍护的研发创新投资。研发投资需要的经济性和时间性投入更高，面临的失败风险更为严峻，但是带来的社会效益更加显著。一些成功的研发投资能够带来传统投资无法比拟的福利改善和增进。有学者指出，对竞争优势的追寻是一种健康、合理的动力，驱动着创新的发展。如果创新并没有任何带来经济回报的希望，或者研发活动生产性投资获得的知识产权（即创新的果实）仅仅因为它们可能为创新产品带来决定性的竞争优

---

[1] See Meenakshi KK & Hardik Jain, "IPR – Antitrust Crossroads: Is Essential Facility Doctrine a Solution." *NUALS Law Journal*, Vol. 11, 2017, pp. 123 – 146.

[2] See SCM Corp. v. Xerox Corp. , 645 F. 2d 1195, 1204(2d Cir. 1981).

[3] See Marina Lao, "Networks, Access, and Essential Facilities: From Terminal Railroad to Microsoft," *SMU Law Review*, Vol. 62, No. 2, 2009, p. 572.

势而被没收，那么创新将会止步不前，甚至变得稀缺。① 也有学者建议，出于对研发投资的保护，应当将拒绝许可专利视为一项绝对性的特权，一旦要求创新研发者负担帮助竞争对手的义务，将极大降低创新激励，造成巨大福利损失，这意味着必需设施这一强制分享规则在知识产权领域似乎没有任何功能空间。②

　　上述关于必需设施理论对研发投资的负面影响的评论有些过甚其词。"运用必需设施理论并不剥夺支配地位企业继续获得该投资回报的权利，哪怕是一种垄断回报。它仅仅要求以非歧视性的条件提供通道，避免下游生产者被窒息以及社会无法从溢出效应中受益。"③ 必需设施理论从未要求知识产权人免费许可，而是要求其以合理价格授予许可，很多案件中规制者的容忍度和知识产权关键设施控制者被允许的通道定价自由度都要高于有体关键设施情形。"强制许可并不完全剥夺许可人的任何收入……"④ 必需设施理论一般只是反对封锁通道的不合理价格，判例法中所谓的非歧视性通道价格也往往较为昂贵，能够让投资者收回成本并有利可图。启动必需设施理论，意味着"竞争者可能有权获得知识产权，但这并不意味着免费使用。竞

---

　　① 　Paul D. Marquardt & Mark Leddy, "The Essential Facilities Doctrine and Intellectual Property Rights: A Response to Pitofsky, Patterson, and Hooks, "*Antitrust Law Journal*, Vol. 70, Issue 3, 2003, p. 848.

　　② 　Phillip E. Areeda & Herbert Hovenkamp, *Antitrust Law: An Analysis of Antitrust Principles*(2d ed.), New York: Kluwer/Aspen, 2002, §772c2.

　　③ 　Brett Frischmann & Spencer Weber Waller, "Revitalizing Essential Facilities, "*Antitrust Law Journal*, Vol. 75, No. 1, 2008, p. 34.

　　④ 　Cyril Ritter, "Refusal to Deal and Essential Facilities: Does Intellectual Property Require Special Deference Compared to Tangible Property, "*World Competition*, Vol. 28, Issue 3, 2005, pp. 281 – 298.

争者必须向权利持有人支付许可费。这些使用费甚至可以增加知识产权所有者在某项发明上的利润"①。

退一步讲，正如学者科恩所言，在很多产业中对于很多创新者而言，知识产权许可并非那么重要，专利只是公司用以从创新中获得回报的众多工具之一，先发优势、市场营销、商业秘密、快速降低学习曲线的能力、更好的服务、网络效应等都可能构成潜在的工具选择。② 专利溢价可能并不像其他成功因素或者学者想象的那么重要。历史经验也表明，即使申请专利的通道被完全堵塞，创造性活动也不会停止。例如，19 世纪荷兰曾一度取消专利制度，但在这段历史分期创新仍然是可持续的。③

"荷兰实验"也不是极端个例，专利废除论的探讨从 19 世纪后半叶就未曾停止过。④ 当然，知识产权制度的重要价值不容否认，其是成就现代创新繁荣与发展的基石，尤其是对医药、半导体等复杂创新领域具有举足轻重的价值；但是我们也应该认识到知识产权制度存在一些需要修复的瑕疵，也不能否定在一些技术更新较快的行业，需要漫长行政性等待的知识产权申

---

① Inge Graef, "Tailoring the Essential Facilities Doctrine to the IT Sector: Compulsory Licensing of Intellectual Property Rights after Microsoft," *Cambridge Student Law Review*, Vol. 7, No. 1, 2011, p. 15.

② See Wesley M. Cohen, Richard R. Nelson & John P. Walsh, "Protecting Their Intellectual Assets: Appropriability Conditions and Why U. S. Manufacturing Firms Patent(Or Not) ,"NBER Working Paper Series No. 7552, 2000; Inge Graef, "Tailoring the Essential Facilities Doctrine to the IT Sector: Compulsory Licensing of Intellectual Property Rights after Microsoft,"*Cambridge Student Law Review*, Vol. 7, No. 1, 2011, pp. 1 – 20.

③ See Eric Schiff, *Industrialization Without National Patents: The Netherlands* 1869 – 1912, *Switzerland*, 1850 – 1907, Princeton University Press, 1971, pp. 3 – 16.

④ See Mark D. Janis, "Patent Abolitionism," *Berkeley Technology Law Journal*, Vol. 17, Issue 2, 2002, p. 899.

请变得不是那么重要了。[①] 以我国新兴的共享单车市场为例，尽管制造商发明了无固定点管理系统、定位和防盗系统等技术，但在这个商业机会转瞬即逝的行业，抢占市场、建立品牌效应、培养用户黏度更为重要，而申请专利保护、排除模仿竞争处在退而居次的地位。以下现象的产生就不难被理解：共享单车企业高达几百亿的品牌估值与非常稀少的专利量无法对应。[②] 因此，认为在知识产权领域适用必需设施理论就一定会挫伤创新激励的观点站不住脚。

有体关键设施囿于地理性或物理性因素而常常存在容量阈值限制和折旧问题，开放通道需要耗费一定的成本，过度承担分享义务会损害权利人利益以及损及关键设施本身。但是，无形知识产权是一种容量无限的资源，理论上可以无限次地进行许可。"容量无限的非竞争性资源，允许他人使用的边际成本为零。"[③] 当然，无限的开放许可会让知识产权的价值无限趋近于零，发明人为了规避分享义务更愿意选择商业秘密的形式保护自己的技术，这样整个社会的创新步伐就会变缓，知识产权法最底层的语法规则也遭到了破坏。因此，知识产权人当然应当从创造性活动中获得奖励，只不过这种奖励与创造发明的价值应当大致成比例。

当知识产权人控制的受知识产权法保护的知识设施完全封堵了下游市场竞争者的通道，破坏竞争机制，那么知识产权人

---

① 参见［美］丹·L. 伯克、马克·A. 莱姆利：《专利危机与应对之道》，马宁、余俊译，中国政法大学出版社 2013 年版，第 48—64 页。

② 参见陈子豪：《从专利数据看共享单车技术布局》，https://www.sohu.com/a/203709830_99970761，最后访问日期：2023 年 2 月 7 日。

③ Brett Frischmann & Spencer Weber Waller, "Revitalizing Essential Facilities," *Antitrust Law Journal*, Vol. 75, No. 1, 2008, pp. 13 – 15.

的创新贡献和其可能攫取的巨大回报之间就严重失比例，必需设施理论可以对这种严重失衡进行修正。知识产权的存在本身并没有理所当然地保证其所有者有权排除竞争对手使用其技术。[①]

二、形成高价值知识产权更易被惩罚的扭曲机制

质疑者认为，必需设施理论可能会形成更有价值的知识产权更容易被惩罚的扭曲机制。"对受保护的创新本身援引必需设施原则来创造竞争这一做法是特别有悖常理的：价值有限的创新仍然受到保护，但真正有价值的具有决定性竞争优势的创新却（因构成必需设施）不受保护。"[②] 传统有体设施可能因为地理位置、规模经济、投资难度等因素而成为必需设施，但是相当比例的知识产权是因为其巨大的创新价值而成为必需设施。例如，在医药行业中，创新价值巨大的活性物质都可能构成一项关键设施，下游产品的开发必须使用这一设施。因此，有学者指出将必需设施理论引入知识产权领域会导致价值低的创新获得豁免，而价值高的创新却不受保护，甚至被没收。"在必需设施理论下，一项发明越独特、越有价值和难以复制，就需要承担越重的分享义务。"[③] "对知识产权随意和不加约束地应用必需设施理论可能会因为那些最成功的创新取得了巨大成功而惩

---

① See Erik Hovenkamp, "The Antitrust Duty to Deal in the Age of Big Tech," *Yale Law Journal*, Vol. 131, 2022, p. 1551.

② Paul D. Marquardt & Mark Leddy, "The Essential Facilities Doctrine and Intellectual Property Rights: A Response to Pitofsky, Patterson, and Hooks," *Antitrust Law Journal*, Vol. 70, Issue 3, 2003, p. 860.

③ J. Gregory Sidak & Abbott B. Lipsky, "Essential Facilities," *Stanford Law Review*, Vol. 51, No. 5, 1999, p. 1219.

罚它们，这将用反垄断法剥夺最核心的知识产权保护和激励价值。"①

　　上述必需设施理论反对意见为必需知识产权控制者的拒绝许可行为进行了非常有说服力的辩护，但是他们似乎将知识产权想象得过于美好。并不是所有的知识产权都能带来巨大的创新价值，失灵的权利授予系统生产了很多低价值的知识产权，"小"权利能够产生"大"杠杆的现象屡见不鲜。一项知识产权之所以成为必需设施既可能因为发明人取得了巨大的创新价值，还可能由于一些常识性的技术被授予排他权。一些相关技术过于简单或只存在微不足道的改进而不存在于现有技术库中②，在纸面申请为特征的赋权系统中发明人用优美的文字对这些技术"加工修饰"，就很可能通过新颖性和创造性的审查进而获得排他权。"这些专利的保护客体顶多是对普通活动的微不足道的改进。之所以在现有技术中找不到它们，恰恰是因为大多数人都不会想到这种无聊的方法也值得申请专利。"③ 但是，正是因为过于接近常识，这些技术很可能成为一种下游企业生产

---

　　① Paul D. Marquardt & Mark Leddy, "The Essential Facilities Doctrine and Intellectual Property Rights: A Response to Pitofsky, Patterson, and Hooks, "*Antitrust Law Journal*, Vol. 70, Issue 3, 2003, p. 859.

　　② 尽管各国专利法普遍引入"公知常识"的筛查机制，但是专利审查员需要面对一个极为庞大的现有技术数据库，其审查时间、个人精力和知识能力都极为有限。在审查员较为熟知的技术领域，他可能较高效和准确地判断发明是否是公知常识；但在不熟悉的领域，他主要检索先前授予的专利、专利申请及相关出版物，一些落入常识范围的事物可能并不在其检索和考察范围内。这也导致在一些新兴行业中一些显而易见的专利申请也通过了审查。

　　③ ［美］克里斯蒂娜·博翰楠、赫伯特·霍温坎普：《创造无羁限：促进创新中的自由与竞争》，兰磊译，法律出版社 2016 年版，第 138—139 页。

经营必不可少的"原料"或"步骤"。① 专利史上就有很多臭名昭著的"常识性"专利，美国专利商标局授予的电子数据专利就是一个典型代表，其保护一种通过通讯线路远程传输电子文档并在一端下载、记录到存储装置上的方法。② 从事数据记录或储存装置（如打印机、移动存储器）的下游企业可能都无法绕开这一专利，进而构成了一种潜在的必需设施。如果为这种方法专利提供一个反垄断法必需设施分析无法涉足的安全港，那产生的福利损失难以估量，一些显而易见的专利在没有贡献任何实质性技术知识的前提下可能会获得难以想象的垄断回报。知识产权制度为创新者提供的激励不应明显超过激励创新所必需的限度，过度的激励是低效率和非正义的。③

在商业世界中，低价值专利能够成为必需设施并不只是一种非常罕见的意外，商业世界中类似的方法专利不在少数，诸如展示架上展示商品④、网上销售照片⑤、一键下单支付⑥等，它们都有可能构成一种在某些经营活动中必不可少的步骤。当然，我们不能否认相当比例的可能构成必需设施的知识产权具有重大的价值。但是，很多场合下这种关键的知识产权很可能是保障互通互联性的枢纽（如微软操作系统、4G 标准专利），可能需要依法为了社会福祉而负担一定的正当义务，授予权利

---

① 有评论者甚至直言，今天的知识产权制度已经失控。See Harry First, "Controlling the Intellectual Property Grab: Protect Innovation, Not Innovators," *Rutgers Law Journal*, Vol. 38, Issue 2, 2007, p. 591.

② U. S. Patents No. 4, 528, 643(issued Jan. 10, 1983) .

③ See Marina Lao, "Networks, Access, and Essential Facilities: From Terminal Railroad to Microsoft, "*SMU Law Review*, Vol. 62, No. 2, 2009, p. 590.

④ U. S. Patents No. 5, 494, 177(issued Feb. 27, 1996) .

⑤ U. S. Patents No. 6, 985, 875(issued Jan. 10, 2006) .

⑥ U. S. Patents No. 5, 960, 411(filed Sept. 12, 1997) .

人一种绝对性的、不受任何监管的拒绝许可特权的做法与数字经济时代对互通互联性的追求背道而驰。在一些互联网产业中，网络效应的存在以及伴随而来的消费者锁定效应导致涉及某些关键性、枢纽性知识产权的拒绝许可的竞争危害性骤然升高；不仅可以彻底封堵下游市场的静态竞争，而且动态竞争也会戛然而止。20 世纪 80 年代的思科公司拒绝交易知识产权的行为阻隔了路由器和交换机市场的互通互联，导致该市场长期被思科公司封锁。近年来，持有涉及无线通信领域技术的标准必要专利的高通公司在市场上唯我独尊、肆意妄为，攫取令人嗔目的垄断利润，让消费者不得不为这些关键专利支付不合理的高价。一起起案例向我们深刻展示，当构成必需设施的知识产权能够获得拒绝开放通道的绝对自由时，将对竞争过程造成严重的负面影响。"在知识产权迅速扩张的时期，竞争主管当局保留一些限制其在极端案件中的范围的最终手段必须是明智的。"①

三、监管知识产权许可价格不具有可行性

应当承认，不管是赞成者或者反对者都无法否认对知识产权拒绝许可进行反垄断事后审查成本高昂且较为复杂，缺乏专业知识的法官和执法者也不愿牵涉其中。然而，允许必需设施理论适用于知识产权领域虽并不会带来显著的成本节约或简化相关分析，但能够起到一种积极的事前威慑作用，对反垄断干预的恐惧会促使必需设施控制者以接近竞争水平的价格提供访问接口。必需设施理论从未自动推定所有以超竞争性水平收取通道价格的行为或其他拒绝行为非法，只有这种行为封堵了必

---

① William Cornish & David Llewellyn, *Intellectual Property: Patents, Copyright, Trademarks and Allied Rights*(5th ed.) , Sweet & Maxwell, London, 2003, p. 755.

不可少的通道，造成下游竞争市场被封锁才会招致惩罚，但是该理论的威慑功能和预防力量却能够节约巨大的司法成本。对此，詹姆斯·拉特纳指出如果不能指望市场是完美的，司法解决方案也不可能是完美的。如同其他的复杂决策，必需设施理论的运用会出现如下错误成本：让必需设施所有者以一个低效率的低价开放通道、错误地认定必需设施会造成资源错配、对司法错误的恐惧会扭曲一些投资决定，等等。但是，规避司法介入的动机可能导致一些具有市场支配地位的企业降低价格和增加产出。这种积极的事前威慑作用所能带来的福利增进可能超过司法错误造成的福利减损。①

更为重要的是，对知识产权型必需设施的通道价格进行监管不仅完全可行，而且相关实践已经比较成熟。围绕这一议题很多国家实施了 FRAND 承诺规则，其已成为监管标准必要专利开放价格的"黄金标准"。FRAND 承诺是一种存在于标准必要专利领域并由标准化组织自发创建的具有普适性的许可规则，要求在制定标准时持有被纳入标准的必要专利的权利人承诺以公平、合理、无歧视的条件（Fair, Reasonable and Non‐discriminatory）向使用人许可必要专利。② 专利持有人为了加入标准化组织，增加许可的机会，承诺自己不会过度使用排他权，FRAND 承诺是加入该组织的"入场券"；而标准化组织为了推广标准，避免出现劫持和锁定问题，往往也要求专利持有人遵循 FRAND 规则。③ 一些学者

---

① James R. Ratner, "Should There Be an Essential Facility Doctrine," *U. C. Davis Law Review*, Vol. 21, No. 2, 1988, pp. 381 – 382.

② See Mathias Dewatripont & Patrick Legros, "'Essential' Patents, FRAND Royalties and Technological Standards," *The Journal of Industrial Economics*, Vol. 61, Issue 4, 2013, pp. 913 – 937.

③ Jay P. Kesan & Carol M. Hayes, "FRAND's Forever: Standards, Patent Transfers, and Licensing Commitments," *Indiana Law Journal*, Vol. 89, 2014, pp. 233 – 235.

主张从合同法的角度为 FRAND 承诺定性，由此衍生合同说、要约说、要约邀请说等彰显私法理念的观点。在微软诉摩托罗拉案中，法官即持合同说，其认为美国电气和电子工程师协会、国际电信联盟与摩托罗拉存在的是合同关系，合同内容为摩托罗拉承诺以 FRAND 条件许可其控制的标准必要专利。[①] 但是，FRAND 承诺缺乏明确而具体的内容，甚至缺乏具体的相对人，这导致合同说窒碍难行。即使 FRAND 被认定为合同，也存在救济力不足的问题，合同法上的损害赔偿无法填补社会成本，衡平法上的默示许可和禁止反言抗辩都受到适用场景的束缚。如果理解成为第三人利益合同，李扬认为存在无请求权基础的问题，因为根据我国合同法及相关司法解释，作为标准实施者的第三人没有独立的请求权。[②] 这导致 FRAND 承诺为第三人利益合同的观点"无解释论上的价值，对司法并无实际指导作用"[③]。实际上，自治性的标准制定组织只是建立了 FRAND 承诺的形式文本，FRAND 承诺的实质渊源实际上来源于必需设施理论，其本质是一项保障通道正义开放的竞争政策而非保障许可人的权利政策。梅拉梅德和夏皮罗坦言，对于标准组织为阻止标准必要专利权人实施专利劫持行为而制定的规则而言，反垄断法能够确保其有效实施，但反垄断的这一角色未引起充分重视。[④] 在当下这个倡导万物互通互联的时代，标准必要专利的地位愈发显赫，其成为服膺于该标准的所有竞争者无法规避的设施，极

---

① Microsoft Corp. v. Motorola, Inc. , 854 F. Supp. 2d 993, 999(W. D. Wash. 2012) .

② 《最高人民法院关于适用〈中华人民共和国合同法〉若干问题的解释（二）》第16条明确规定，第三人无独立请求权。

③ 李扬:《FRAND 承诺的法律性质及其法律效果》，载《知识产权》2018年第11期，第3—9页。

④ ［美］A·道格拉斯·梅拉梅德、卡尔·夏皮罗:《提高 FRAND 承诺有效性的反垄断途径》，苏华译，载《竞争政策研究》2019年第1期，第49—67页。

易满足必需设施的特征。不同于享有高度许可自由的普通知识产权，被纳入标准的必要专利实际上已经具备必需设施地位，控制者负有开放通道的义务，这种强制义务的正当性理据在于维护竞争过程和保护竞争秩序的经济宪法和竞争法理念。FRAND 承诺的核心宗旨就是"确保标准必要专利可开放性"①，这与必需设施理论体系是一脉相承的。②

围绕 FRAND 框架，理论界发展出很多通道价格的估值工具，这其中肇于美国地区法院判例法的假想谈判和 Georgia – Pacific 因素法（包括各种优化改进版本）比较有影响力。③ 在 Georgia – Pacific 诉 United States Plywood 案中，美国法院提出在确定合理的专利许可费时，要考虑 15 个因素，包括其他类似谈判中专利权人收取的许可费、被许可人向类似标准支付的许可费、许可的范围和性质、专利技术自身的价值、专利对标准的技术层面的贡献、支付的许可费在利润或售价中的比例、许可人与被许可人的商业关系、专利之存续期间与授权期间、专利产品的盈利能力、商业前景、市场普及程度、专家证词之意见等。④ 此外，在微软诉摩托罗拉案中，微软公司提出了一种增值法，测算相对于市场中的替代性专利而言，标准必要专利对该

---

① 袁波：《标准必要专利禁令救济立法之反思与完善》，载《上海财经大学学报》2018 年第 3 期，第 125—141 页。

② 我国审理华为诉 IDC 案的法官认为，FRAND 原则是一种"普适性"原则，要求权利人按照这一原则许可任何市场竞争者使用其专利技术，如果权利人违背这一原则，利用其市场支配地位损害竞争，反垄断救济就不可缺位。

③ See Daralyn J. Durie & Mark A. Lemley, "A Structured Approach to Calculating Reasonable Royalties," *Lewis & Clark Law Review*, Vol. 14, Issue 2, 2010, pp. 628 – 629.

④ See Christopher B. Seaman, "Reconsidering the Georgia – Pacific Standard for Reasonable Royalty Patent Damages," *Brigham Young University Law Review*, Vol. 2010, Issue 5, 2010, pp. 1683 – 1685; Georgia – Pacific Corp. v. United States Plywood Corp, 318 F. Supp. 1116 (S. D. N. Y. 1970).

标准的价值增量，以明确具体的贡献。但是实践中标准的价值形成非常复杂，一些标准包含成百上千个专利，很难计算离散性专利对整体性标准的贡献；而且将替代性专利从标准中取出，放入另一个专利，其他专利的价值都会改变，导致估值失真。①罗巴特法官指出，由于许多标准制定组织并不支持明确的多边事前谈判，增值法对法院的执行来说不具有操作性，而且缺乏在现实世界中的适用性。②

相较而言，可对比许可费率法是一种更为理想的通道价格测度方法。在绝大多数案件中，法官要做的不是"创建"价格，而是"发现"价格。因为除了被强制推行的国家标准外，市场中形成的事实标准往往要经过激烈的竞争淘漉，因此该标准的通道价格在市场中已经存在。即使在特殊的新兴市场上，无法找到可对比的通道价格，控制标准的联合组织或相关企业内部也会存在一个关于开放通道的预期报价。在华为诉IDC案中，华为公司向IDC公司支付的通道价格是苹果公司的几十倍，深圳市中级人民法院就采用可对比许可费率法对这种歧视性价格进行矫正。法院推算出2007至2014年IDC公司向苹果公司收取的许可费率为相关产品实际销售价格的0.018%，于是裁定IDC公司向华为收取的许可费率不应超过0.019%。③

尽管在适用可对比许可费率法时，法官陷入了事后之明偏

① 参见李剑：《标准必要专利许可费确认与事后之明偏见 反思华为诉IDC案》，载《中外法学》2017年第1期，第230—249页。

② See Anne Layne – Farrar & Koren W. Wong – Ervin：《计算"公平、合理、无歧视"专利许可费损失办法》，崔毅、侯磊、杨晨译，载《竞争政策研究》2015年第3期，第89—100页。

③ 华为技术有限公司诉交互数字技术公司、交互数字通信有限公司、交互数字公司滥用市场支配地位纠纷上诉案［广东省高级人民法院（2013）粤高法民三终字第306号民事判决］。

见，没有妥切考虑到争议发生之前的交易环境与争议发生几年后的市场环境有一定的差异性，存在机械性和静态性类比的缺憾。① 但是，可对比许可费率法依然受到广泛认同，学界的共识也是渐进性优化该方法而非彻底推翻。除了体现市场理念、简化估值程序、为法院减轻负担以外，可对比许可费率法还可以起到一种倒逼激励功能。一方面，为了规避法院进行许可费率对比分析所带来的不确定性，当事人更有激励达成关于通道价格的自愿协议；② 另一方面，即便在诉前没有达成自愿协议，当事人也有巨大激励向法院提供估值参照物，而这也有利于法院更快发现价格，让估值更加准确。例如，在摩托罗拉和微软的纠纷中，当事人双方分别向法院提供了三个参照物，法院最终选择微软推荐的专利池作为参照物。③ 实际上，前文提及的若干方法或多或少都涉及比较的因素。例如，在 Georgia - Pacific 因素法中，第 1 和第 2 项因素也要求考虑市场中存在的类似许可费。④ 美国纽约南区地方法院更表示，只有在欠缺第 1 项因素的时候，才会考虑其他 14 项因素。⑤ 因此，可对比许可费率法可

---

① 参见李剑：《标准必要专利许可费确认与事后之明偏见 反思华为诉 IDC 案》，载《中外法学》2017 年第 1 期，第 230—249 页。

② See Peter Lee, "The Evolution of Intellectual Infrastructure," *Washington Law Review*, Vol. 83, Issue 1, 2008, p. 109.

③ 微软提出的参照物是 H. 264、802. 11 专利池、Marvell 芯片的授权协议和 Intecap 授权评估协议。摩托罗拉提出了三个参照物：2011 年与 VTech 之间的授权协议、2010 年与 RIM 之间的交叉许可、收购 Symbol 的三个授权协议。参见徐朝锋、秦乐、忻展红：《从微软与摩托罗拉案例看 RAND 许可费率计算方法》，载《电子知识产权》2014 年第 4 期，第 80—83 页。

④ 参见张吉豫：《标准必要专利"合理无歧视"许可费计算的原则与方法——美国"Microsoft Corp. v. Motorola Inc."案的启示》，载《知识产权》2013 年第 8 期，第 32 页。

⑤ 参见刘孔中：《论标准必要专利公平合理无歧视许可的亚洲标准》，载《知识产权》2019 年第 11 期，第 3—16 页。

谓是一种"帝王"方法。异议人士往往认为法官无法胜任通道的价格计算，迫使法官去计算权利价格会让其沦为价格管制机构，运用复杂的反垄断司法审判去规制和计算价格，这非明智之举。[①] 但是，可对比许可费率法的广泛运用已经证明，通道估值并不像异议人士假想的那样缺乏可操作性，因为绝大多数场合下通道价格已经存在于市场，法官要做的是发现、比较价格而非设定、计算价格。

总而言之，产生于标准必要专利规制场景的 FRAND 规则是一种保证通道公平、合理、无歧视开放的政策工具，可谓是必需设施救济路径建构的最佳实践范本之一。FRAND 规则的日臻成熟也说明监管知识产权型必需设施（如标准必要专利）的通道价格完全具备可行性。

表2　各种标准必要专利许可费估值方法的优劣分析

方法的名称	具体的做法	潜在的优点	存在的问题
事前基准法	把标准制定组织设想为拍卖组织者，各专利权人为竞拍者，提出关于许可费的报价，下游标准实施者选择纳入标准的专利	在竞拍中，报价者要面对较强的竞争压力，如果索要过高的要价，则可能被其他竞拍者击败	要求在标准制定的过程中一并解决许可费的计算问题，可能超出标准制定组织的能力范围，甚至影响标准制定过程，增加形成标准的成本

---

① ［美］赫伯特·霍温坎普：《反垄断事业：原理与执行》，吴绪亮、张兴、刘慷等译，东北财经大学出版社2011年版，第248—249页。

续表

方法的名称	具体的做法	潜在的优点	存在的问题
"莱姆利—夏皮罗"仲裁法	莱姆利和夏皮罗提出一种仲裁方法，标准必要专利权人和标准实施者向一个独立的仲裁员提交各自的报价，并由仲裁员从中确定一个	避免通过冗长的诉讼拉锯战来解决许可费价格争议，强制双方进入仲裁程序。任何一方都不敢主张不合理的价格，因为这会迫使仲裁员选择对方的价格	具有巨大的不确定性，双方可能产生赌博或冒险心理，主张不合理的价格。仲裁成本较高，完全排除诉讼的做法也充满争议
增值法	在微软诉摩托罗拉案中，微软公司提出了一种增值法，测算相对于市场中的替代性专利而言，标准必要专利对该标准的价值增量，以明确具体的贡献	通过事前审查，能够发现纳入标准的相关专利的客观价值，防止对专利权人的过度补偿	实践中标准的价值形成非常复杂，一些标准包含成百上千个专利，很难计算离散性专利对整体性标准的贡献；而且将目标专利从标准中取出，放入另一个替代专利，其他专利的价值都会改变，导致估值失真

续表

方法的名称	具体的做法	潜在的优点	存在的问题
最小可销售单元法	许可费的确定根据实施该标准的最小组成单元的销售价格来确定。例如，WIFI标准的许可费价格要根据WIFI芯片的价格而不是整台移动通信设备	能够客观、合理地反映标准必要专利的价值，为其明确了计价基础和计价单元	这种方法需要找出生产商从每一个最小销售单元中获得的平均利润，这在普遍以终端产品为销售单元的现实世界中几乎是不可能的，不具有可行性
假定专利池法	专利权人向标准制定组织申报希望被纳入的必要专利，后者根据申报假定出一个专利池并确定该池的总许可费。标准实施者应当缴纳总许可费，而专利权人则根据自己必要专利的数量或价值取得相应的份额	由于总许可费是固定的，这避免了许可费的堆积，能够带来商业确定性，避免标准实施者与专利权人一对一谈判所带来的巨大协商成本，还能避免专利权人在单独许可中索要过高的许可费	首先，总许可费的确定同样充满不确定性和争议性。其次，统一收取总许可费的做法加重了标准实施者的负担，不利于标准的普及化。最后，对专利权人的虚假申报或过度申报缺少有利的监督机制

续表

方法的名称	具体的做法	潜在的优点	存在的问题
假定双边谈判法	由法庭模拟一个假定的双方谈判过程，形成一个双方都可接受的合理价格	大多数许可协议的价格是在谈判中形成的，这种方法接近真实实践，也具有司法操作性	区别于自愿性买方和卖方之间的一般谈判，标准必要专利权人与标准实施者之间地位差距悬殊，假定双边谈判法难以考虑这种失衡
Georgia – Pacific 因素法（包括优化版本）	针对 Georgia – Pacific 案，美国法院提出确定专利许可费要考虑 15 个因素，包括其他类似谈判中专利权人收取的许可费、被许可人向类似标准支付的许可费、许可的范围和性质、专利技术自身的价值、专利对标准的技术层面的贡献、支付的许可费在利润或售价中的比例等	通过对各个因素的全面权衡和综合考虑，能够最大化保证估值的准确，减少裁判的错误成本	这类似于反垄断法上的全面合理原则的做法，需要法院对各个因素投入深思极虑，各个因素的权重如何分配也不甚明朗。尽管这种方法能减少裁判的错误成本，但是大幅增加了制度的交易成本

续表

方法的名称	具体的做法	潜在的优点	存在的问题
可对比许可费率法	参照技术标准形成之前该专利的许可实施记录，如果没有历史许可实施记录的，则参考市场上最接近的替代技术	具有较强的可操作性，通过比较分析也容易发现竞争性价格，得出的结果容易让普通理性人接受	少数场合可能不易找到可比较的参照物。选择合适的参照物时，容易产生分歧

第三节　必需设施理论与新兴数字设施之间的张力

从知识经济时代向数字经济时代的变迁中，以平台、大数据等为典型代表的新型数字设施获得了大幅发展，甚至成为一些数字细分市场的瓶颈。在权力和财富过度集中的数字经济中，作为一种打开市场工具的必需设施理论获得极高关注[①]，但是其与大数据、数字平台等数字设施之间的张力不容忽视。

一、大数据能否构成必需设施的争论

数据作为新型生产要素，是数字化、网络化、智能化的基础，已快速融入生产、分配、流通、消费和社会服务管理等各个环节，可谓是数字时代的"石油"。然而这一逐渐能够与人力、资本等要素并举的重要生产要素却不断向少数垄断者倾斜

---

① See Inge Graef, "Rethinking the Essential Facilities Doctrine for the EU Digital E-conomy, "*Revue Juridique Themis*, Vol. 53, No. 1, 2019, pp. 40－41.

性配置。尤其是凭借技术和算法优势，一些超级平台把自己打造成超级数据中心。海量的数据资源能够让平台准确预测大规模用户群体的未来行为，掌握强大的市场预测能力，谋定而后动；而高纬度的数据收集能够让平台更深入了解离散性用户的消费兴趣和需求，掌握每个个体的数据图谱。质高量大的数据能够让超级平台提供更精准化的产品或服务，进一步提高用户黏度。而且基于大数据的机器学习能够让超级平台针对用户的心理、情绪和兴趣设计选项框架、安排内容推送、选择投放时机，久而久之会建立某种成瘾机制，把消费者牢牢锁定。[1] 超级平台强大的数据能力不仅用于对普通消费者的剥削性滥用，还用于对新进入者的排他性滥用，其中就包括拒绝开放必需数据设施。一个最直观的表现就是国内外已经发生了多起涉及重要数据设施拒绝交易的反垄断纠纷。但是，在大数据领域适用必需设施理论存在诸多争点。

（一）减损继续开发原始数据的投资激励

首先，数据资源必须达到一定的规模并进行开发才会产生价值，而这需要成本投入，而必需数据设施的分析往往涉及有较大经济价值、需要大量开发投资的大数据。因此，一种异议意见认为，如果强制开放大数据资源可能会减损继续开发原始数据的投资激励。达伦·塔克和希尔·威尔福德指出，要求公司分享数据将减损公司开发自己数据源的动机。[2] 但是，研究者袁波指出上述激励理论在大数据领域很难成立，因为大多数商

---

① 参见孙瑜晨：《数字平台成瘾性技术的滥用与反垄断监管》，载《东方法学》2022年第6期，第58—71页。

② See Darren S. Tucker & Hill B. Wellford, "Big Mistakes Regarding Big Data," https://www. morganlewis. com/ - /media/antitrustsource_ bigmistakesregardingbigdata_ december2014. ashx, last visited on 2023 - 01 - 01.

业实践中，数据都是作为某一产品或服务的副产品而生成的。[①]
Facebook、微信、淘宝等超级平台的创始人显然不是为了获得数据而进行投资的，因此大数据领域似乎不需要太过担忧挫伤投资的问题。即使强制数据控制者开放数据，它依然有足够的激励进行投资，因为它追求的并不是数据的堆积，而是网络效应的形成。其次，数据具有价值不确定特征。一些数据对一部分消费者有价值，但是对另一部分消费者却无用处。申言之，同样的数据其价值在不同消费者之间具有巨大的差异性。[②] 因此，从事前眼光来看，大数据的投资预期、投资价值及投资激励影响问题其实是很难判定的。但不容忽视的是，超过一定程度的量变往往可能带来产生价值增进的质变，当这些不可预测价值的数据的规模不断增大、维度不断增加，逐渐形成大数据资源，那么数据控制者和处理者就能依靠算法技术从大数据中获得带来巨大竞争优势的关于消费者的商业洞察，这会给大数据设施控制者带来几何级数的价值增进，甚至引发垄断问题。因此，相关的反垄断审查不能缺位。

（二）具有高度可及性的数据无法限制竞争

一些反对者认为数据很难形成市场封锁，在大数据领域没有适用必需设施理论的正当性。网络世界中的离散数据是容易获得的，很多竞争者（包括 Facebook）都是在缺乏数据的情况

---

① 参见袁波：《大数据领域的反垄断问题研究》，上海交通大学博士学位论文，2019 年，第 183 页。

② See Catherine Tucker, "Digital Data, Platforms and the Usual [Antitrust] Suspects: Network Effects, Switching Costs, Essential Facility," *Review of Industrial Organization*, Vol. 54, 2019, pp. 683 – 694.

下，依靠自己对消费者需求的洞察而获得市场成功。① 上述观点依然是难以成立的，因为反对者只看到部分案例，而忽视相当比例的因为无法获得重要数据原料而被逐出市场的案例，Craigslist 诉 3Taps 案就是一个典型例子。Craigslist 运营着一个允许用户提交和浏览分类广告的网站，3Taps 是一家数据抓取和托管公司，PadMapper 是一个专门用于浏览住房广告的网站。2012年 6 月，Craigslist 向 PadMapper 发送了一封停止信函，要求 Pad-Mapper 停止抓取 Craigslist 的房地产列表数据，并且阻止 Pad-Mapper 和 3Taps 的 IP 地址访问其网站，这导致 PadMapper 的流量大幅下降。3Taps 继续通过代理访问网站从 Craigslist 收集数据，这允许它隐藏其 IP 地址并绕过 Craigslist 的拦截。2012 年 7月，PadMapper 通过从 3Taps 处获取数据而不是直接向 Craigslist 申请访问数据来恢复其网站。于是 Craigslist 向美国加利福尼亚北区联邦地区法院起诉了 PadMapper 和 3Taps，主张被告的行为侵犯了其列表的版权。随后，PadMapper 和 3Taps 提起了反托拉斯反诉，辩称 Craigslist 的拒绝开放数据行为违反了《谢尔曼法》。遗憾的是，该案还没有进入反垄断实体审判程序，3Taps 就因为无法直接或者间接从 Craigslist 处获取数据，不久便倒闭了。② 不难看出，重要数据控制者的拒绝交易行为会对竞争对手造成致瘫性影响，保留必需设施理论的适用端口确有必要。

（三）具有非排他性的数据难以构成必不可少的投入

数据构成必需设施第三个质疑就是数据因为具有广泛的

---

① See D. Daniel Sokol & Roisin E. Comerford, "Does Antitrust Have a Role to Play in Regulating Big Data?" *Cambridge Handbook of Antitrust, Intellectual Property and High Tech*, Cambridge University Press, Forthcoming, https://ssrn.com/abstract = 2723693, 2023 – 01 – 10.

② 相关案情事实，引自袁波：《大数据领域的反垄断问题研究》，上海交通大学博士学位论文，2019 年，第 179—181 页。

可及性而无法满足必需设施的必不可少要求。科朗吉洛和马吉利诺指出数据具有可得性、开放性，甚至是可以购买的，它不应当被认为是进入下游市场所必不可少的投入品。抛开从数据中间商处获取数据不谈，几乎任何公司都可以自行收集数据，大数据的获取渠道无处不在，数据并不是排他性的或者竞争性的，多宿主现象也是比较常见的。[①] 但是，两位学者的观点忽略了两个方面。其一，数据并不是随时都是可及的，尽管具有非排他性特征，但是一些企业可以依靠技术防御手段建立数字围栏，防止数据的访问和爬取。实践中已经涌现一些案例，竞争对手因为无法访问和抓取数据而破产。其二，一些离散用户的数据确实可以被收集和复制，但是量变引起质变，只有大型企业才有能力通过资本、技术、并购等方式聚合大规模数据，并根据这些原始数据开发出高价值衍生数据。很多下游竞争对手并无收集如此规模数据的能力，更无对海量数据的开发和计算能力，仍然必须依靠上游大型企业的数据资源才能生存。[②]

（四）必需设施理论的救济可能违反隐私保护政策

数据构成必需设施要面对的第四个质疑是可能违反隐私保护政策。一旦相关数据被认定构成必需设施，那么就需要承担开放义务，且这种开放数据的救济并不以消费者意愿为转移，可能引发隐私问题，有悖于个人信息保护的规定。学者丹尼尔·索科尔和罗伊森·科默福德直言，反垄断救济可能造成隐

---

① See Giuseppe Colangelo & Mariateresa Maggiolino, "Big Data as Misleading Facilities,"*European Competition Journal*, https://ssrn. com/abstract = 2978465, last visited on 2022 – 12 – 10.

② See Oscar Borgogno & Giuseppe Colangelo, "The Data Sharing Paradox: BigTechs in Finance,"*European Competition Journal*, Vol. 16, Issue 2 – 3, 2020, pp. 492 – 511.

私问题，因为它要求数据在竞争对手之间共享，即使消费者不同意以这种方式使用他们的数据，也无济于事。[①] 但需要指出的是，并不是构成必需设施的数据一定都是敏感的个人信息，相当比例的案件涉及的其实是商业数据或公共数据的开放。例如，2022 年发生的国内首例公共数据反垄断诉讼案中，可能构成必需数据设施的就是不涉及个人隐私问题的二手车车险数据。退一步讲，在现在强隐私监管的环境中，很多涉及交易的数据可能是经过匿名化处理的无法识别个人特征的信息，不会引发隐私利益问题。即使涉及隐私风险，反垄断执法者也具备在满足隐私保护前提下设计救济措施的能力。实际上，一些司法管辖区已经实施了数据可移植性要求。欧盟通用数据保护条例、加州消费者隐私法以及我国的个人信息保护法中都有相关的制度设计，能够实现数据的安全移植和转移。不可否认，个别案件中，强制数据控制者开放数据可能与用户利益存在冲突，但是这些案件可能只是一种极端情况，不能仅依凭这些疑难案件反对必需设施理论在大数据领域的适用。

二、数字平台能否构成必需设施的争论

随着平台经济在国民经济中的比重越来越大，数字平台也开始获得巨大的权力，以致有学者直言我们正在进入平台时代，平台作为数字经济的引擎和基础设施，带来了技术驱动的大规模社会化协作。[②] 在注意力经济时代，对于很多市场参与者而言，如果失去接入平台的机会，往往意味着交易机会的减少、

[①]　See Daniel Sokol & Roisin Comerford, "Antitrust and Regulating Big Data, " *George Mason Law Review*, Vol. 23, Issue 5, 2016, pp. 1129 – 1162.

[②]　参见方军、程明霞、徐思彦：《平台时代》，机械工业出版社出版 2018 年版，第 1—3 页。

流量的降低和利润的滑铁卢。特别是一些平台可能已经具有了
"瓶颈"特征，平台的拒绝交易行为可能直接导致大量市场参与
者的死亡。此种背景下，探讨数字平台场景中必需设施理论的
适用逻辑无疑具有重要的理论和应用价值。尼古拉斯·古根博
格指出，必需设施理论为制约大型科技公司的看门人权力提供
了有力工具，应当扩大该理论对平台的适用。[①] 但是，也有相当
数量的学者提出质疑。

（一）必需设施控制者的市场支配地位难以认定

启动必需设施理论分析的前提是相关设施控制者要具有市
场支配地位，而认定数字平台是否具有市场支配地位是数字竞
争法研究最大的理论难题之一。无论是界定两个市场、多个市
场，或是直接将平台整体模式视为一个相关市场，[②] 抑或依据直
接证据而跳过相关市场分析[③]的做法都聚讼纷纭。艾伦斯沃思直
言多边平台市场引发了"专家之战"，增大反垄断分析的复杂和
不确定性，给稀缺的司法资源带来沉重的负担。[④] 平台经济普遍
采取零价格模式，导致假定垄断者测试等经典市场界定方法失
灵。在市场支配地位的认定方面，以市场份额、边际利润为核
心的认定规则无法适用于能够长期亏损运营的平台。一些平台
即使拥有高市场份额，但在动态竞争环境中也很容易被创新者

① See Nikolas Guggenberger, "Essential Platforms," *Stanford Technology Law Review*, Vol. 24, Issue 2, 2021, pp. 237–343.

② 参见王先林、曹汇:《平台经济领域反垄断的三个关键问题》，载《探索与争鸣》2021年第9期，第54—65页。

③ 参见黄勇、蒋潇君:《互联网产业中"相关市场"之界定》，载《法学》2014年第6期，第92—99页。

④ See Rebecca Haw Allensworth, "Adversarial Economics in Antitrust Litigation: Losing Academic Consensus in the Battle of the Experts," *Northwestern University Law Review*, Vol. 106, Issue 3, 2012, pp. 1261–1306.

取代；反过来，一些平台打补贴大战导致营业额偏低，却因控制庞大的用户数量而对市场有举足轻重的影响，甚至一些技术巨头已经成为经济交互活动的中心，然而却常处在以价格分析为重心的监管雷达之外。但是，这些困难并非难以克服。除了基于价格上涨的假定垄断者测试（SSNIP），在执法和司法实践中已经出现基于质量下降的假定垄断者测试（SSNDQ）；除了传统相关产品、地理和时间市场之外，还应当引入相关技术、创新、注意力市场等概念。市场支配地位的认定，除考虑市场份额、边际利润等静态指标，还可以关注活跃用户数量、用户使用时长、数字广告收入、流量、用户对平台依赖性、用户转换成本（包括克服戒断等成瘾症状的心理成本）等因素。

值得一提的是，2022年11月我国最高人民法院起草了《关于审理垄断民事纠纷案件适用法律若干问题的规定（公开征求意见稿）》，并向社会公开征求意见。该征求意见稿体现了司法者理论认识的进步，第十七条规定人民法院界定相关商品市场和相关地域市场，可以采用假定垄断者测试的分析方法，一般选择使用价格上涨的假定垄断者测试方法；经营者之间的竞争主要表现为质量、多样性、创新等非价格竞争的，可以选择质量下降、成本上升等假定垄断者测试方法。不仅规定了基于质量下降的假定垄断者测试，还提到了基于成本上升的假定垄断者测试。在零价格时代，隐私保护、个人信息追踪、成瘾性、广告载荷、注意力付出等都可以换算为一种质量或成本指标。此外，该征求意见稿第三十条规定，人民法院认定互联网平台经营者在相关市场的市场份额时，可以采用能够反映相关市场实际竞争状况的商品交易金额、用户数量、用户使用时长、访问量、点击量、数据资产数量或者其他指标作为计算基准。国家市场监督管理总局于2022年发布的《禁止滥用市场支配地位行为规定（征求意见稿）》特别增加了关于认定平台经济领域经营者市场支配地位的考虑因素，包括交易金额、用户数量、网络效应、锁定效应、市场创新、掌握和处理相关数据的能力等。这些新指标的引入能够帮助裁判者更准确把握和测度平台设施控制者的市场力量。

（二）处在动态竞争的数字平台难以满足必需性要求

平台经济竞争具有高度的动态性，这导致平台设施似乎很难满足必不可少或必要性要求。一般认为，数字平台的竞争是竞争性垄断形态[1]，具有"赢者通吃"效应[2]，竞争形式从"市场内竞争"转向"为市场竞争"[3]。这些特殊的市场特征导致在平台经济领域，似乎任何垄断都是暂时性的，甚至是"短命的"[4]，并不存在真正意义的构成瓶颈的必需设施。即使存在这样的必需设施，它的存在也是转瞬即逝，造成的损害也很容易被市场的自愈机制救济。即使个别平台获得显著的市场支配地位也不足为惧，因为在技术具有动态性、创新具有破坏性、用户具有多归属性的环境中一切垄断者都是脆弱的垄断者，很容易被后来的技术创新者所取代[5]。是故，美国虽拥有整全和体系化的反垄断监管制度工具，但大多都被束之高阁。颁布于1890

---

① 参见苏敏、夏杰长：《数字经济中竞争性垄断与算法合谋的治理困境》，载《财经问题研究》2021年第11期，第37—46页。

② 参见孙瑜晨：《互联网共享经济监管模式的转型：迈向竞争导向型监管》，载《河北法学》2018年第10期，第16—33页。

③ 参见李停、陈家海：《从"市场内竞争"到"为市场竞争"：创新型行业的反垄断政策研究》，载《上海经济研究》2015年第2期，第68—76页。

④ IBM案例是一个常被用来说明平台垄断周期短暂的例子。在20世纪70年代初，美国司法部开始对IBM进行调查，因为其垄断市场份额过高而涉嫌违反反垄断法。然而，到了20世纪80年代，IBM的市场份额就急剧下降，迫使政府撤销了调查。

⑤ See David S. Evans & Richard Schmalensee, *Matchmakers: the New Economics of Multisided Platforms*, Harvard Business Review Press, 2016, p. 28.

年的《谢尔曼法》是美国历史上第一个授权联邦政府干预经济的法案，其授予监管机构规制垄断和限制贸易行为的广泛自由裁量权，但是联邦贸易委员会和司法部对《谢尔曼法》进行较为狭义的解释，在数字经济领域对国会建议的执法工具持保留态度。无论是 Facebook 通过一系列反竞争商业行为保持其在社交网络市场的绝对垄断地位，抑或是谷歌利用技术手段或排他性合约将在线搜索市场上的垄断势力传导到智能语音、物联网等领域，试图主宰未来技术并打造具有正反馈效应的垄断循环，美国监管者在执法过程中似乎总是选择视而不见。在放任主义式的监管氛围中，美国的数字平台经济已高度集中。学界和实务界信奉的颠覆在位者的熊彼特式破坏创新并没有出现，相反超级平台通过肆无忌惮的并购和不计其数的限制竞争行为，不断强化在主营业务市场上的支配地位，并将垄断势力延伸到相邻市场，打造牢牢锁定用户的商业生态大循环。不同于关注单边市场的第一代信息科技公司（典型如 IBM）和依靠双边市场的第二代信息科技公司（典型如微软公司），作为第三代信息科技公司的超级平台具有更为强大的技术力量及市场控制力，逐渐成为一类"小社会"或"小国家"行为体。① 超级平台垄断问题不仅仅波及经济领域，还如同"涟漪效应"一般，对我们的社会、政治、文化、言论自由、民主、隐私等诸方面产生影响。2020 年 9 月，美国著名的非营利组织"消费者报告"发布了一份调查，指出 85% 的美国公众担心在线平台存储的数据规模，79% 的公众表示大型科技公司的并购不公平地损害了竞争和消费者的选择，60% 的公众支持政府对在线平台采取更多的

---

① 参见刘云：《互联网平台反垄断的国际趋势及中国应对》，载《政法论坛》2020 年第 6 期，第 92—101 页。

监管。① 不可否认，一些超级平台已经成为链接消费者和第三方供应商的瓶颈，成为网络空间不可或缺的关键设施。② 如果离开Facebook 社交平台、谷歌搜索引擎等关键设施，一些数字细分市场上的竞争通道将被完全封锁，因此超级平台无正当理由的拒绝交易行为应当被禁止。

网络效应的存在③使得数字平台即使在高度动态的竞争环境中也很容易满足必需设施的要求，而且这种必需性并不是暂时的，而是可以变得非常持久，甚至坚不可摧。网络效应分为直接网络效应和间接网络效应，前者指产品或服务的价值与用户数量的增长正相关④，而后者指当产品或服务的用户越多，那么它的互补品会更丰富更廉价⑤。一些学者关注到直接网络效应，但是忽视了对于可能构成必需设施的超级平台而言，间接网络效应占主导地位。这种间接网络效应不仅能让平台设施成长为市场瓶颈，而且也是超级平台抽取垄断租的基础和对外构筑的进入壁垒。⑥ 超级平台与无序资本结合的目的也是为了获得这种

① See Consumer Reporters, "Platform Perceptions: Consumer Attitudes On Competition and Fairness In Online Platforms(2020) , "https://advocacy. consumerreports. org/wp – content/uploads/2020/09/FINAL – CR – survey – report. platform – perceptions – consumer – attitudes – september – 2020. pdf, last visited on 2021 – 10 – 20.

② See Zachary Abrahamson, "Essential Data, "*Yale Law Journal*, Vol. 124, Issue 3, 2014, pp. 867 – 880.

③ 超级平台早已熟知网络效应的巨大价值。随着围绕大型平台市场支配地位和反竞争行为的讨论不断升温，谷歌禁止公司内部文件出现"网络效应""进入壁垒"等词语。

④ 参见叶明：《互联网经济对反垄断法的挑战及对策》，法律出版社 2019 年版，第 20 页。

⑤ See Paul A. Johnson, "Indirect Network Effects, Usage Externalities, and Platform Competition, "*Journal of Competition Law and Economics*, Vol. 15, Issue 2 – 3, 2019, pp. 283 – 297.

⑥ See Nikolas Guggenberger, "Essential Platforms, "*Stanford Technology Law Review*, Vol. 24, 2021, pp. 237 – 343.

网络效应并把它货币化。为了增强间接网络效应，超级平台运用人工智能、大数据技术以普通公司难以企及的速率进入相邻市场，提供覆盖各种细分需求的产品或服务群，进行跨界竞争。这些产品或服务之间往往相互耦合依赖、彼此数据快速流通、功能高度互补，形成一个能够吸纳海量流量的具有正反馈效应的数字生态循环系统。超级平台还会采取捆绑或限定交易、"二选一"、排他性合约、策略性提高转换成本等限制行为，消除用户多宿主行为，强化锁定效应。这种生态系统竞争模式大大增加了消费者的转换成本，用户更换平台意味着要放弃整个生态系统。此外，已建构生态系统的超级平台必然也是拥有海量高纬度数据的超级数据中心，通过对这些数据资源的分析能准确预测大规模用户群体的未来行为，深入了解离散性用户的消费兴趣和需求，掌握每个个体的数据图谱并建立电子档案，进一步提高用户黏度。基于大数据的机器学习、情绪分析等技术还能够让超级平台根据用户的心理、情绪、意识、兴趣等建立某种诱导成瘾机制，形成生物霸权。[①] 成瘾的消费者将对价格和质量调整变得不敏感，对致瘾平台具有极强的黏度和依赖性，而牢牢控制成瘾消费者的平台将获得逃避竞争压力进行完全自由决策的垄断能力。

（三）平台的模糊复杂性导致难以认定必需设施边界

适用必需设施理论还存在一个理论障碍就是如何克服平台边界模糊性。Terminal Railroad 案中的铁路桥、Aspen 案中的滑雪场、Estate of Wirtz 案中的体育馆等设施的边界都是清晰的，或者至少我们能够感知设施的存在本身。但是对于数字平台而

---

① See Mason Marks, "Biosupremacy: Big Data, Antitrust, and Monopolistic Power Over Human Behavior," *Davis Law Review*, https://ssrn.com/abstract = 3695373, last visited on 2022 – 11 – 10.

言，这种认识上的清晰是可望而不可即的。平台本身的概念就具有模糊性，很难被定义。[①] 平台的组件或构成是不可见的。

　　有学者认为，平台是一种交易场所，既可以存在于虚拟网络世界，也可以存在于现实世界之中。[②] 有学者认为平台是一种使用技术协议和中心化控制来定义出来的网络空间，在该空间内用户可以进行各种各样的活动，并为了使用的便利而对这些空间结构化。[③] 有学者认为"平台是一种商业模式，它使得消费者和生产者之间的价值交易更为便利"[④]。还有学者认为平台是超越市场和交易的连接者、匹配者和市场设计者。[⑤]《国务院反垄断委员会关于平台经济领域的反垄断指南》第二条规定：本指南所称平台为互联网平台，是指通过网络信息技术，使相互依赖的双边或者多边主体在特定载体提供的规则下交互，以此共同创造价值的商业组织形态。五花八门的概念界定本身就反映了平台的抽象模糊性。更为复杂的是，平台往往并不是一个独立的市场，它还与二级市场密不透风地集成在一起，且集成程度因不同类型平台而迥然有异。平台也不是一种可以被分离的产品或服务，将平台界定为中介撮合服务提供者的观点，忽视了除个别早期的端对端的分享经济撮合平台外，现在支配数字经济的超级平台依

---

　　① See Lina M. Khan, "The Separation of Platforms and Commerce," *Columbia Law Review*, Vol. 119, Issue 4, 2019, pp. 1080 – 1081.

　　② 张江莉：《互联网平台竞争与反垄断规制——以 3Q 反垄断诉讼为视角》，载《中外法学》2015 年第 1 期，第 266 页。

　　③ See Julie E. Cohen, "Law for the Platform Economy," *U. C. Davis Law Review*, Vol. 51, Issue 1, 2017, pp. 133 – 204.

　　④ ［美］杰奥夫雷 G. 帕克、马歇尔 W. 范·埃尔斯泰恩、桑基特·保罗·邱达利：《平台革命》，志鹏译，机械工业出版社 2017 年版，第 15 页。

　　⑤ 参见方军、程明霞、徐思彦：《平台时代》，机械工业出版社 2018 年版，第 5 页。

托人工智能和大数据技术已经成为产品或服务的直接提供者、全程调度者和支配者，更严峻的是在网络世界很多产品和服务的边界越来越模糊、很多旧市场上还未出现的产品或服务不断涌现。

莉娜·可汗坦言，考虑到提供"支配平台"的有限定义的挑战，任何定义都可能不够全面或过于全面。① 这种平台的模糊复杂性导致适用必需设施理论存在极大的困难。因为要适用必需设施理论，我们需要先界定出相关设施，大致确定相关设施的边界，由此才能按图索骥确定相关设施的市场影响并选择符合比例性和公平性的开放救济措施。但是界定存在困难不应当成为拒绝适用必需设施理论的理由，事实上在数字经济之前我们就已经在知识产权领域遭遇到这种困难了。作为一种无形权利，知识产权诞生伊始就无时无刻不在为克服自身边界模糊性而努力。有经验研究甚至指出至少有40%的被授权专利在诉讼中被判定为无效，而且该比例仍在升高。② 职是之故，卡尔·夏皮罗等学者指出专利权是一种概率权、部分权利而非完整权利，是一种"试图排他"的权利而非"排他"的权利。③ 专利的模糊性甚至引出了专利废除论的极端观点。④ 当必需设施理论延伸到知识产权领域时，遇到适用困境也是在意料之中，但是以欧盟为代表的反垄断司法辖区通过区分适用逻辑，单独引入了新

① See Lina M. Khan, "The Separation of Platforms and Commerce," *Columbia Law Review*, Vol. 119, Issue 4, 2019, p. 1081.

② See Kimberly A. Moore, "Judges, Juries, and Patent Cases: An Empirical Peek inside the Black Box," *Michigan Law Review*, Vol. 99, No. 2, 2000, p. 385.

③ See Carl Shapiro, "Antitrust Limits to Patent Settlements," *RAND Journal of Economics*, Vol. 34, 2003, pp. 391 – 395; Mark A. Lemley & Carl Shapiro, "Probabilistic Patents," *The Journal of Economic Perspectives*, Vol. 19, No. 2, 2005, pp. 95 – 98.

④ See Mark D. Janis, "Patent Abolitionism," *Berkeley Technology Law Journal*, Vol. 17, Issue 2, 2002, p. 899.

产品要件，让必需设施理论较好地适配知识产权领域。新产品要件的功能有二：其一，较好地平衡知识产权封闭性和市场竞争开放性之间的冲突，避免为了打开市场而摧毁知识产权制度排除模仿竞争的价值基础；其二，该要件要考虑构成必需设施的知识产权是否会阻止一种有潜在消费者需求的新产品出现，这一定意义上要从需求端去考虑知识产权设施对市场和消费者的影响，从而一定程度上缓解了从供给端界定无形财产边界的技术困难。对于数字平台等新兴设施而言，知识产权领域这种向需求端转移的必需设施认定逻辑是值得借鉴的。值得一提的是，莉娜·可汗指出对数字平台的界定应当从技术细节转移到功能性理解，重点要去思考平台对用户的市场支配程度。[1]　总而言之，知识产权拒绝交易的分析启迪我们，在数字经济领域，也需要继续坚持区分适用逻辑，建构具有针对性、适配性、自洽性的认定标准，从而让必需设施理论能够在数字经济领域大放异彩。

第四节　小结：不存在无法克服的理论障碍

除了大数据、数字平台之外，一些学者也探讨了对云计算[2]、应用商店[3]等新兴数字设施适用必需设施理论的可能性，同样也引发了一些争议。但是，就如上文所析，如果我们对这

---

[1]　See Lina M. Khan, "The Separation of Platforms and Commerce," *Columbia Law Review*, Vol. 119, Issue 4, 2019, pp. 1080 – 1081.

[2]　See Kamila Benzina, "Cloud Infrastructure – as – a – Service as an Essential Facility: Market Structure, Competition, and the Need for Industry and Regulatory Solutions," *Berkeley Technology Law Journal*, Vol. 34, No. 1, 2019, pp. 119 – 142.

[3]　See John M. Yun, "App Stores, Aftermarkets & Antitrust," *Arizona State Law Journal*, Vol. 53, No. 4, 2021, pp. 1283 – 1328.

些争议进行抽丝剥茧地解构，就会发现并不存在无法克服的适用障碍。当前，我国数字经济在快速发展中也出现了一些失范、失序的苗头和趋势，以平台垄断和资本无序扩张为典型的逾矩问题不仅造成经济损害，还衍生一系列社会损害问题。行政罚款、民事赔偿等既存工具只能够实现损失的弥补和成本的补偿，难以实现对阻塞市场结构的疏通。相较而言，必需设施理论具有疏通市场通道、保存市场参与性的功能，这一优势决定了其蕴藏了巨大的适用价值。惟其如此，在当前的数字平台时代，必需设施理论又回到学界关注的理论前台，迎来了振兴浪潮。耶鲁大学学者尼古拉斯·古根伯格直言，必需设施理论正在重新觉醒，在经历几十年的否定和衰落后，该理论的方法已经得到一些支持，背后潜在原因在于能解决当下数字平台的守门人权力问题。① 2020 年美国众议院司法委员会发布《数字市场竞争调查报告》，建议恢复反垄断法的必需设施分析，即只要被认定为必需设施，那么该设施控制者要承担强制开放或共享访问通道的义务。② 沙希德·巴塔等的研究指出，在互联网平台反垄断领域引进必需设施理论，会激发竞争并推动创新。③ 德国《反限制竞争法》第十修正案也提出将必需设施理论这一传统经济理论适用于数字经济领域。我国发布的《国务院反垄断委员会

---

① See Nikolas Guggenberger, "The Essential Facilities Doctrine in the Digital Economy: Dispelling Persistent Myths," *Yale Journal of Law and Technology*, Vol. 23, No. 2, 2021, pp. 301 –359.

② Jerrold Nadler & David N. Cicilline, *Investigation of Competition in the Digital Markets: Majority Staff Report and Recommendations*, Subcommittee on Antitrust, Commercial and Administrative Law of the Committee on the Judiciary, 2020, p. 296.

③ Shahid Butta & Mitch Stoltz, "Antitrust Enforcement Needs to Evolve for the 21st Century," https://www. eff. org/deeplinks/2019/02/antitrust – enforcement – needs – evolve –21st – century, last visited on 2023 – 02 – 01.

关于平台经济领域的反垄断指南》同样引入了必需设施理论。

　　必需设施理论在新兴设施领域的科学适用能够促进新兴经济的健康、可持续发展，避免垄断和市场封锁，保障竞争活力。因为适用必需设施理论的前提是要首先承认必需设施的合法存在，先有了必需设施才会有后续的如何接入等问题，只有保障必需设施的完整性才能确保市场通道的顺畅。适用必需设施理论的出发点和落脚点也不是为了没收、拆分或破坏设施，而是追求在不损害必需设施控制者投资和创新激励的前提下以合理的条件向下游市场开放设施，避免下游市场因为拒绝行为而遭受毁灭性影响。"总体上，《反垄断法》修改导入适应数字经济特性的必要设施原则制度，不但不会削弱创新反而会刺激创新。"① 此外，在数字经济领域，适用必需设施理论的案件往往是一级市场的垄断者试图通过关闭必需设施去封锁相邻的或衍生的二级市场的竞争，因此施加开放义务只是保障二级市场竞争的可参与性，并不会损害该设施控制者在一级市场的投资回报。而且该理论的适用需要满足一系列严格要件，这本身就构成一种防止过度威慑的安全保险装置。总而言之，在数字时代继续应用和发展必需设施理论，不仅兼具可欲性和可行性，还具有必要性和合理性。

---

　　① 杨东：《论反垄断法的重构：应对数字经济的挑战》，载《中国法学》2020年第3期，第218页。

第三章
CHAPTER 3
必需设施认定标准在数字时代的适用困惑

　　尽管我们能找很多支持必需设施理论在数字时代发展的坚实理由，但是具体的适用却面临很多困难。美国地方法院在必需设施理论的适用问题上作出了重要贡献，特别是在 MCI 案中上诉法院勾勒了如何认定必需设施的四项标准。该标准体系内容清晰且具有连贯性，逐渐成为认定必需设施的黄金标准。在美国的 13 个巡回上诉法庭中已经有 10 个承认了该标准。[①] 然而，知识经济时代和数字经济时代下，面对知识产权、数字平台、大数据等新兴设施时，产生于电信经济学的 MCI 标准却显得不敷使用或是凿枘不合。倘若原封不动地将该标准引入数字

---

　　① 这些巡回法庭的案例，See Del. & Hudson Ry. Corp. v. Consol. Rail Corp. , 902 F. 2d 174, 179(2d Cir. 1990) ; Ideal Dairy Farms, Inc. v. John Labatt, Ltd. , 90 F. 2d 737, 748 (3d Cir. 1996) ; Advanced Health – Care Servs. , Inc. v. Radford Cmty. Hospital, 910 F. 2d 139, 150(4th Cir. 1990) ; Midwest Gas Servs. , Inc. v. Ind. Gas Co. , Inc. , 317 F. 3d 703, 713 – 14(7th Cir. 2003) ; City of Malden v. Union Elec. Co. , 887 F. 2d 157, 160(8th Cir. 1989) ; City of Anaheim v. S. Cal. Edison Co. , 955 F. 2d 1373, 1380(9th Cir. 1992) ; Aspen Highland Skiing Corp. v. Aspen Skiing Co. , 738 F. 2d 1509, 1520 (10th Cir. 1984) ; Covad Commc'ns Co. v. BellSouth Corp. , 299 F. 3d 1272, 1285(11th Cir. 2002) ; Caribbean Broad. Sys. , Ltd. v. Cable & Wireless, PLC, 148 F. 3d 1080, 1088 (D. C. Cir. 1998) ; Intergraph Corp. v. Intel Corp. , 195 F. 3d 1346, 1357(Fed. Cir. 1999) .

时代的新型设施领域，会引发诸多不易化解的适用难题或冲突。下文先描述 MCI 标准的内涵构成，再分析 MCI 标准与知识产权、新兴数字设施的不兼容问题，最终呼吁我们需要寻找新的适用思路。

第一节　MCI 案的事实梳理及 MCI 标准的确立

一、MCI 案的案件事实及诉讼过程

在 1969 年之前，美国电信业是受管制的行业。在当时，本地电信交换服务（local exchange service）由贝尔系统旗下的电信公司或其他独立的电信公司提供，长途电信服务则由 AT&T 公司负责。[①] 贝尔系统是指以 AT&T 为首的电信企业集团，集团内的企业提供美国各地长途与本地电话服务，是美国著名的电信集团。虽然 AT&T 公司拥有长途电信传输的网络线路，但是长途电话转接到各地用户时需经过本地电信传输网络，才能有效接通两端用户的长途通话。对此，AT&T 公司与同一集团内的其他公司达成了合作，使 AT&T 公司能够顺利提供长途电话服务。当时 AT&T 公司占长途电话市场高达九成占有率。在 1963 年，MCI 公司向联邦通讯委员会（Federal Communication Commission）申请经营芝加哥到圣路易斯市之间的长途电信服务系统，为芝加哥和圣路易斯市的工商业企业用户提供私人线路长途电话服务。1969 年，联邦通讯委员会核准了 MCI 公司的申请；1971 年，该委员会公布了《特定业务公共传输者行政决

---

① 参见李剑：《反垄断法核心设施理论研究》，上海交通大学出版社 2015 年版，第 81 页。

定》，要求若干特定电信服务，必须维持开放竞争的状态。据此，MCI公司认为AT&T公司应当开放能够将信号切换到本地电信传输网络的交换机接口，其有义务使MCI公司联通AT&T的本地传输网络。而且MCI公司要求AT&T公司应当比照另一位客户Western Union的交易条件，允许以同样的费率接入AT&T的本地传输网络。但是AT&T公司拒绝了该要求，其认为联邦通讯委员会的行政决定只是要求它授权新进入者提供点对点私人线路业务，并未要求它提供链接交换机并接入本地传输网络的服务，MCI公司提出的接入费率报价也不符合成本要求。[①]经过几次协商不成，1974年MCI公司向伊利诺伊州东区地方法院提出反垄断诉讼，控诉AT&T公司的掠夺性定价、拒绝互联、恶意谈判、违法搭售等多项行为违反了反垄断法。

AT&T公司首先对法院管辖权提出异议，认为其行为纵使违法，也理应由联邦通讯委员会处理，法院不应当根据反垄断法评价其行为。但是地区法院驳回了这项质疑，指出受产业管制法规范的事业有时之所以得到反垄断豁免，在于一些行业监管规范与竞争法冲突，且这种情形被明文规定在法规中。但是，没有任何规定明确AT&T公司的行为可以不受反垄断法管辖。法院还进一步指出即使行业监管法规允许的事项，行为人也有一定程度的自主性，应当为自己的商业行为负责。[②]尽管《特定业务公共传输者行政决定》未明确要求AT&T公司必须为以下两种技术提供互联服务——国际交换线路技术（foreign exchange lines，简称FX）和共同控制交换安排（common control switching

---

① See MCI Commc'ns Corp. v. American Tel. and Tel. Co. , 708 F. 2d 1081, 1094 – 95 (7th Cir. 1983) .

② See MCI Commc' ns Corp. v. American Tel. & Tel. Co. , 462 F. Supp. 1072, 1086 – 87(D. C. Ill. , 1978) .

arrangements，一种跨市长途电话服务技术，简称 CCSA），但是行业监管法规体现了保持市场可参与性的精神，联邦通讯委员会也一直通过法解释表明自己的互联政策立场。AT&T 公司应当按照这种政策立场行事，拒绝提供 FX 和 CCSA 的互联服务、实施差别待遇、掠夺性定价等反竞争商业行为显然是有悖于这种政策立场的，也绝不可能被联邦通讯委员会授权或允许。综上所述，AT&T 公司的行为并非完全遵守了行业监管法规，因此不应当享受反垄断豁免。第七巡回上诉法院持相同立场，认为受管制行业不能理所当然地被豁免竞争法管制，纵然可以被豁免，也只能在可实现行业管制法目的的必要范围，给予最低程度的豁免。[①] 法院认为在本案适用反垄断法能弥补整个管制架构的不足之处，而不会与管制架构产生抵牾。[②]

接着，巡回上诉法院表示 AT&T 公司控制的本地电信传输网络构成了必需设施，维持了原审判决中关于拒绝联网从事非法垄断行为的认定。当市场支配地位者占有必需设施时，实施拒绝交易可能使它取得垄断优势，并借由该行为将垄断力量从一个产销阶段延伸到另一个产销阶段，或者从一个市场延伸到另一个市场，那么竞争法关切就会产生。法院引用了 Terminal Railroad 案的见解，当必需设施控制者拒绝他人使用时，法院可以要求掌控必需设施的实体以非歧视性的交易条件提供给他人使用。更为重要的是，关于构成一项必需设施的条件，法院提出了下列四项标准：（1）必需设施被垄断者控制。（2）竞争对手实际上不能复制或在现实条件下无法合理地自行复制必需设

---

①　See MCI Commc' ns Corp. v. American Tel. and Tel. Co. , 708 F. 2d 1081, 1102 (7th Cir. 1983) .

②　See MCI Commc' ns Corp. v. American Tel. and Tel. Co. , 708 F. 2d 1081, 1103 - 04(7th Cir. 1983) .

施。（3）拒绝竞争对手使用必需设施。（4）提供该设施具有可行性。①

本案中，上诉法院认为 AT&T 公司控制的本地电信传输网络构成必需设施，若竞争者无法与该设施实现互联，那么就无法提供 FX 和 CCSA 服务。依据当时的技术条件，这些包含数百英里的网线设施很难被复制，而且受到政府的管制，这导致竞争者自行建造线路设施已经不具备事实上或经济上的合理性。AT&T 公司让 MCI 公司接入并不会干扰自身业务或者造成其他重大损失，具有提供互联服务的可行性，AT&T 公司的拒绝行为也无其他正当理由。而且 AT&T 公司一份内部文件也显示该公司所在的贝尔集团在实施一项政策，力求限制竞争者使用本地电信业务交换机，目的是使竞争对手无法连接本地电话传输网路进而限制长途电信服务，垄断意图昭然若揭。最终法院认为该拒绝行为构成滥用独占地位，违反了反垄断法。②

二、MCI 标准的内涵解构

MCI 案是一个具有里程碑意义的案件，因为在这之前，从来没有法院对必需设施力量提出认定标准，而 MCI 案勾勒了清晰、具备可操作性和逻辑连贯性的四个违法性构成要件，这使得该案成为美国法院适用必需设施理论时经常引用的判例法依据。③ MCI 案之后，美国还涌现了 Aspen Skiing 案等经典判例，

---

① See MCI Communications Corp. v. AT&T Co., 708 F. 2d 1081, 1132 – 33 (7th Cir. 1983).

② See MCI Communications Corp. v. AT&T Co., 708 F. 2d 1081, 1133 (7th Cir. 1983).

③ See Robert Pitofsky, Donna Patterson & Jonathan Hooks, "The Essential Facilities Doctrine under U. S. Antitrust Law," *Antitrust Law Journal*, Vol. 70, Issue 2, 2002, pp. 448 – 449.

但是基本未超出 MCI 案构建的分析架构。[①] 13 个巡回上诉法庭中已经有 10 个承认了该标准。[②]

（一）要件一：必需设施被垄断者控制

MCI 标准的第一个要件是必需设施被占据市场支配地位的企业所控制。[③] 该要件又包括两个测试：第一是市场支配地位测试，要求设施控制者具有市场支配地位；第二是必需性测试，要求必需设施必不可少，具有必需性。其中，第二个测试是认定难点。

对于测试一，相关设施控制者具有市场支配地位是启动反垄断法滥用制度分析的资格条件和前提。但是，要注意现代反垄断法并不反对市场支配地位的拥有。一些企业因为更有效率而从竞争中脱颖而出，进而拥有市场支配地位，这非但不违法，反而是竞争追求的结果。但一些企业拥有市场支配地位之后依然选择通过实施排他行为或剥削行为追求或固化强大的市场力量，这就可能引发竞争关切。因此，仅凭借企业占据了市场支配地位这一事实并不足以适用必需设施理论，监管者还需要评定可复制性、存在拒绝行为、提供设施具有可行性等其他要件，才能决定是否最终适用。认定相关经营者是否具有市场支配地位，监管者应当考虑该经营者在相关市场的市场份额以及相关市场的竞争状况、该经营者控制销售市场或者原材料采购市场的能力、该经营者的财力和技术条件、其他经营者对该经营者在交易上的依赖程度、其他经营者进入相关市场的难易程度等因素。但在零价格特征的互联网经济时代，市场份额等一些经

[①]　Aspen Skiing Co. v. Aspen Highlands Skiing Corp. , 472 U. S. 585(1985).

[②]　See Amy Rachel Davis, "Note, Patented Embryonic Stem Cells: The Quintessential 'Essential Facility'?"*The Georgetown Law Journal*, Vol. 94, No. 1, 2005, pp. 225.

[③]　See MCI Communications Corp. v. AT&T Co. , 708 F. 2d 1081(7th Cir. 1983).

典认定因素出现失灵，如何去准确地判定数字平台等经营者的市场支配地位成为实现必需设施理论在数字领域通畅适用必须要解决的难题之一。

对于测试二，必需设施应当具有必需性，或称必不可少性。一般一项设施构成下游市场或生产环节必不可少的投入，在上游市场除了该设施外并不存在替代品，那么该设施会被认为满足必需性要求。① 这里需要注意，该要件不能作扩大化解释。不能仅仅因为某一设施是开展下游生产或商业活动最具经济性、投资成本最低的投入品，就认定其满足必需性，还应当要求当相关设施控制者的关闭设施或拒绝交易行为会导致下游市场或下游阶段的竞争被封锁，该设施才算满足必需性。在 Midwest Gas 案中，涉案的天然气管道是当时最经济的路线，但是原告在相关市场仍然可以找到其他管道来输送天然气，这就意味着涉案天然气管道并不满足必需性。② 在更为著名的 Bronner 案中，Mediaprint 的派报系统确实更高效和快捷，但是竞争者在市场上依然能找其他的派报方式（如邮政、报亭），因此相关拒绝交易行为只是让竞争变困难，并不能把竞争通道封锁。要注意的是，竞争法保护竞争过程而不保护竞争者，眷注竞争运转机制是否被封锁而不关注个别竞争者的运营是否容易。

（二）要件二：必需设施具有不可复制性

MCI 标准的第二个要件是竞争对手几乎不能复制或合理复制必需设施。③ 不可复制既包括技术层面的不可复制（往往由于

---

① See Amy Rachel Davis, "Note, Patented Embryonic Stem Cells: The Quintessential 'Essential Facility'?"*The Georgetown Law Journal*, Vol. 94, No. 1, 2005, p. 232.

② See Midwest Gas Servs., Inc. v. Ind. Gas Co., Inc., 317 F. 3d 703, 714 (7th Cir. 2003).

③ See MCI Communications Corp. v. AT&T Co., 708 F. 2d 1081 (7th Cir. 1983).

行政管制、自然垄断、地理因素、稀缺资源等因素导致），如
Terminal Railroad 案中的铁路桥①、Aspen Skiing 案中的滑雪场等
设施就因地理因素的唯一性而具有技术上的不可复制性，还包
括经济层面的不可复制。即使竞争对手完全有技术能力复制相
关设施，但复制成本高昂，导致完成复制的竞争对手进入下游
市场也无利可图，那么复制设施就具有经济上的不合理性，同
样满足该要件。例如，竞争者可以自行建造 MCI 案中的本地电
信线路，但是较高的成本使得其完全无利润可言。该要件下，
原告需要完成一定的证明责任，证明自己没有复制这种设施的
能力。

（三）要件三：拒绝竞争对手使用必需设施

MCI 标准的第三个要件是拒绝竞争对手使用必需设施。② 该
要件存在两个子测试，第一个测试为存在拒绝使用必需设施的
行为。这既包括直接关闭必需设施、拒绝提供访问通道、拒绝
履行交易义务等赤裸裸的拒绝行为，还包括索取不合理的访问
价格、设置不合理的限制条件、仅允许竞争对手在歧视性条件
下使用、屏蔽链接、设置防御性技术等间接性的比较隐晦的拒
绝行为。此外，从拒绝交易发生的时间节点划分，拒绝行为还
可以分成两种。一种是中断交易行为，即必需设施控制者与交
易相对人在交易的过程中突然中断、终止交易或者不再续约；
另一种是必需设施控制者拒绝与新的对象开展新的交易。③ 不管
是中断交易还是拒绝新交易，都应当一体适用反垄断法。在实

---

① 美国联邦法院指出"当地特有的地形条件"（topographical condition peculiar
to the locality）导致涉案设施成为必需设施。

② See MCI Communications Corp. v. AT&T Co. , 708 F. 2d 1081(7th Cir. 1983) .

③ 蒋岩波：《互联网行业反垄断问题研究》，复旦大学出版社 2019 年版，第
192 页。

践中，拒绝行为外观的测试比较容易得到满足，很多原告能提供证明存在拒绝访问设施行为的坚实证据，比较困难的是第二个测试。第二个测试要求证明拒绝行为是针对竞争对手做出的，这要求存在可识别的构成竞争关系的竞争对手。Intergraph 案中，联邦巡回法院就指出，必须存在一个原告和被告构成竞争关系的市场，这样垄断者才能通过拒绝访问其控制的设施将其垄断力量延伸到下游市场。[①] 这里的竞争关系既包括直接竞争关系，即必需设施控制者与被拒绝交易对象处在同一个市场；还包括间接竞争关系，即必需设施控制者只在上游市场经营而并不参与下游市场的竞争，但却通过拒绝交易行为封锁下游市场的竞争。数字时代，随着超级平台跨界竞争、跨市场能力越发强大，间接竞争关系的认定可能愈发重要。

（四）要件四：提供必需设施具有可行性

MCI 标准的第四个要件是主导企业提供必需设施具有可行性。[②] 该要件包括两个子测试，第一个测试为提供必需设施的可行性论证。该测试强调的是垄断者的关键设施是否能提供额外产能[③]，强迫交易是否不切实际。该要件产生于 Otter Tail 案中，美国联邦最高法院指出，没有任何工程困难和其他工程因素阻止 Otter Tail 以其电力网络输送其他电力公司的批发电力。这实际说明法院要求提供设施必须是可行的。[④] 事实上，如果允许下游竞争者使用上游设施是不可行的，那么很难说上游垄断者的

① See Intergraph Corp. v. Intel Corp. , 195 F. 3d 1346, 1357(Fed. Cir. 1999) .

② See MCI Communications Corp. v. AT&T Co. , 708 F. 2d 1081(7th Cir. 1983) .

③ 吴白丁：《必需设施理论研究》，对外经济贸易大学博士学位论文，2017年，第 50 页。

④ See United States v. Otter Tail Power Co. , 331 F. Supp. 54, 60(D. Minn. 1971) .

行为具有垄断意图。① 如果必需设施已经达到容量或产量限制，那么强制开放接入会损害必需设施控制者的利益，甚至破坏必需设施本身，这不仅不会对消费者福祉有所增益，反而还会造成资源浪费。此外，根据上文的行为分类，在中断交易的案件中开放必需设施具有可行性的条件更容易被满足。因为中断正在进行的或历史存在的交易这一事实本身就表明必需设施控制者与交易相对人之间展开交易是可行的，历史事实说明此种交易的开展并未对必需设施控制者的商业利益产生不当减损。第二个测试为判断必需设施控制者是否存在正当理由抗辩，避免法律"强人所难"。一些学者主张设立一个独立的正当理由要件，笔者认为此举并无必要。因为在考虑提供访问通道是否可行时，实际上就需要考虑相关设施控制者是否有正当理由，包

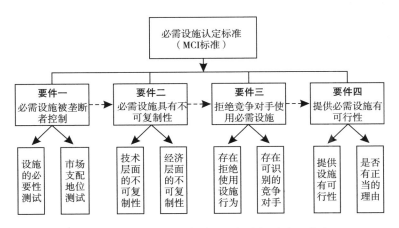

图 1　必需设施认定标准（MCI 标准）的内涵构成

---

① See Amy Rachel Davis, "Patented Embryonic Stem Cells: The Quintessential Essential Facility," *Georgetown Law Journal*, Vol. 94, No. 1, 2005, p. 224.

括不可抗力、提供设施是否损害自身营业或有其他利益减损、交易相对人经营状况恶化、开放设施是否影响交易安全等。因此，从要件四中很容易推导出正当理由测试。第七巡回法院在MCI案之后的一个案件中，专门提出 MCI 标准之要件四还包括对拒绝访问设施的正当理由的考量。[1] 必需设施控制企业如果能说明其拒绝交易有正当理由，那么法院不能轻易启动必需设施分析。

三、中国对 MCI 标准的继受

（一）对 MCI 标准的立法继受

内涵丰富的 MCI 标准不仅对美国司法（尤其是巡回上诉法院层面）产生了非常深远的影响，而且也影响了欧盟和中国的相关理论发展和司法实践。

我国立法中已经引入了必需设施理论，一些条款还细致勾勒了认定必需设施的标准或适用必需设施理论需要考虑的因素，可以看出这些条款都带有一定的 MCI 标准痕迹。例如，2019 年6 月国家市场监督管理总局公布的《禁止滥用市场支配地位行为暂行规定》第十六条规定："禁止具有市场支配地位的经营者没有正当理由，通过下列方式拒绝与交易相对人进行交易：……（五）拒绝交易相对人在生产经营活动中，以合理条件使用其必需设施。在依据前款第五项认定经营者滥用市场支配地位时，应当综合考虑以合理的投入另行投资建设或者另行开发建造该设施的可行性、交易相对人有效开展生产经营活动对该设施的依赖程度、该经营者提供该设施的可能性以及对自身生产经营

---

[1] See Illinois ex rel. Burris v. Panhandle E. Pipeline Co. , 935 F. 2d 1469, 1483(7th Cir. 1991) .

活动造成的影响等因素。"

其中，"拒绝交易相对人在生产经营活动中，以合理条件使用其必需设施"对应 MCI 标准的拒绝使用行为要件（要件三），"以合理的投入另行投资建设或者另行开发建造该设施的可行性"对应 MCI 标准的不可复制性要件（要件二），"交易相对人有效开展生产经营活动对该设施的依赖程度"对应 MCI 标准的设施的必需性或必不可少测试（要件一），"该经营者提供该设施的可能性以及对自身生产经营活动造成的影响"对应 MCI 标准的提供设施可行性要件（要件四）。2023 年国家市场监督管理总局公布的《禁止滥用市场支配地位行为规定》原样平移了上述规范。

国家市场监督管理总局 2020 年修订的《关于禁止滥用知识产权排除、限制竞争行为的规定》第七条规定："具有市场支配地位的经营者没有正当理由，不得在其知识产权构成生产经营活动必需设施的情况下，拒绝许可其他经营者以合理条件使用该知识产权，排除、限制竞争。认定前款行为需要同时考虑下列因素：（一）该项知识产权在相关市场上不能被合理替代，为其他经营者参与相关市场的竞争所必需；（二）拒绝许可该知识产权将会导致相关市场上的竞争或者创新受到不利影响，损害消费者利益或者公共利益；（三）许可该知识产权对该经营者不会造成不合理的损害。"

其中，"拒绝许可其他经营者以合理条件使用该知识产权"对应 MCI 标准的拒绝使用行为要件（要件三），"该项知识产权在相关市场上不能被合理替代"对应 MCI 标准的不可复制性要件（要件二），该项知识产权"为其他经营者参与相关市场的竞争所必需"对应 MCI 标准的设施的必需性或必不可少测试（要件一），"许可该知识产权对该经营者不会造成不合理的损害"

对应 MCI 标准的提供设施可行性要件（要件四）。

2021 年 2 月印发的《国务院反垄断委员会关于平台经济领域的反垄断指南》第十四条规定："具有市场支配地位的平台经济领域经营者，可能滥用其市场支配地位，无正当理由拒绝与交易相对人进行交易，排除、限制市场竞争。分析是否构成拒绝交易，可以考虑以下因素：……（五）控制平台经济领域必需设施的经营者拒绝与交易相对人以合理条件进行交易。""认定相关平台是否构成必需设施，一般需要综合考虑该平台占有数据情况、其他平台的可替代性、是否存在潜在可用平台、发展竞争性平台的可行性、交易相对人对该平台的依赖程度、开放平台对该平台经营者可能造成的影响等因素。""平台经济领域经营者拒绝交易可能具有以下正当理由：（一）因不可抗力等客观原因无法进行交易；（二）因交易相对人原因，影响交易安全；（三）与交易相对人交易将使平台经济领域经营者利益发生不当减损；（四）交易相对人明确表示或者实际不遵守公平、合理、无歧视的平台规则；（五）能够证明行为具有正当性的其他理由。"

其中，"控制平台经济领域必需设施的经营者拒绝与交易相对人以合理条件进行交易"对应 MCI 标准的拒绝使用行为要件（要件三），"其他平台的可替代性、是否存在潜在可用平台、发展竞争性平台的可行性"对应 MCI 标准的不可复制性要件（要件二），"交易相对人对该平台的依赖程度"对应 MCI 标准的要件一设施的必需性或必不可少测试，"开放平台对该平台经营者可能造成的影响"以及正当理由分析对应 MCI 标准的提供设施可行性要件（要件四）。

（二）对 MCI 标准的司法继受

除了立法上对 MCI 标准的继受，我国司法中一些法院也使用了 MCI 标准或至少使用 MCI 标准的一些原理。在徐书青与腾讯滥用市场支配地位纠纷再审案中，最高人民法院指出：判断被诉垄断行为是否属于反垄断法所禁止的拒绝交易行为，除首先需要分析被诉垄断行为人是否在相关市场上具有支配地位外，还可以综合分析如下因素：垄断行为人是否在适当的市场交易条件下能够进行交易却仍然拒绝交易；拒绝交易是否实质性地限制或者排除了相关市场的竞争并损害了消费者利益；拒绝交易缺乏合理理由。[①] 不难看出，最高人民法院在一定程度上也参考了 MCI 标准。

更值得关注的案件是宁波科田磁业有限公司与日立金属株式会社垄断纠纷案。该案中，宁波市中级人民法院认定被告的必要专利构成反垄断法意义下的必需设施。法院指出，通常必需设施原则须具备下列五个要件：第一，该设施对于其他经营者参与竞争是必不可少的；第二，独占者控制了该必需设施；第三，竞争者不能在合理努力的范围内再复制同样的设施；第四，独占者不合理地拒绝竞争者利用该必需设施；第五，独占者提供该必需设施是可能的。因知识产权的专有性与排他性天然使之具有瓶颈效应，且知识产权广义上具有促进创新、增进公共福利作用，故在知识产权领域应非常谨慎适用必需设施原则，除了上述五个要件，还应同时考虑，拒绝许可该知识产权是否将会导致相关市场上的竞争或者创新受到不利影响，并损害消费者利益或者公共利益。显而易见，上述五个要件基本也是遵循了 MCI 标准的逻辑，基本涵盖了 MCI 标准的四个要件。因此，基本可以推断我国的立法和司法在一定程度上继受了 MCI 标准。

[①]　最高人民法院（2017）最高法民申 4955 号民事判决书。

四、围绕 MCI 标准的争议

尽管 MCI 标准影响深远，但是该标准自诞生之日起就饱受争议。一些学者批判 MCI 标准的几个要件之间存在同义反复和逻辑混乱的问题。菲利普·阿瑞达认为 MCI 标准下的必需设施理论的问题在于，它一开始就假设所有的业务性资产都是可以共享的；根据该测试，似乎一切设施都是可以争取的，并且每个设施都有可能是必需的。[①] 克里斯托弗·塞伦对 MCI 标准提出更为严厉的批评，他认为 MCI 标准几乎没有提供关于什么是相关设施"必要性"含义的见解，也没有描述如何去确定哪些设施应接受测试的过程，MCI 标准的四个要件只是建立了一个简单的"责任"门槛，允许法院实施公平性的补救措施。[②] 塞伦认为，MCI 标准的第一个要件和第二个要件就已经推定相关设施就是必不可少的必需设施，存在循环论证问题。[③] 斯科特·马卡尔则对 MCI 标准的第二个要件发起挑战，他指出将不可复制性与是否构成必需设施联系在一起是不合理的，不能仅仅因为一个竞争者不能复制现有设施，就推断现有设施是必需的。[④]

我国学者李剑指出，MCI 案中的第一个要件实际上隐含在第二个要件之中，如果相关设施无法实际或合理地被复制，那么足以构成单独的相关市场，拥有这一设施的企业当然是

---

① See Phillip Areeda, "Essential Facilities: An Epithet in Need of Limiting Principles, "*Antitrust Law Journal*, Vol. 58, Issue 4, 1990, p. 852.

② See Christopher M. Seelen, "The Essential Facilities Doctrine: What Does It Mean to Be Essential, "*Marquette Law Review*, Vol. 80, No. 4, 1997, pp. 1117 – 1134.

③ See Christopher M. Seelen, "The Essential Facilities Doctrine: What Does It Mean to Be Essential, "*Marquette Law Review*, Vol. 80, No. 4, 1997, pp. 1117 – 1134.

④ See Scott D Makar, "The Essential Facility Doctrine and the Health Care Industry, "*Florida State University Law Review*, Vol. 21, Issue 3, 1994, pp. 913 – 944.

100%占据该相关市场的垄断者，此时若再要求控制核心设施的是垄断者就没有意义了。[①] 张素伦也认为垄断者和"控制着必需设施"之间存在同义反复，而必需设施和"竞争者不能实际或合理地复制此种设施"也存在循环论证。[②] 学者特洛伊对 MCI 标准进行了精简，提出必需设施的成立只需要满足三个要件：进入该市场必须使用该设施、重建该设施的成本超过进入设施的标准成本、竞争对手持续地被拒绝交易将被迫退出市场。[③]

尽管上述观点都有一定的合理性，但是或多或少没有对 MCI 标准的四个要件进行细致分析。首先，针对要件一和要件二存在同义反复和循环论证的问题，笔者认为要件一的必需性测试和要件二的不可复制性测试是可以区分的两个独立要件。必需性测试是一种对竞争者的生存压力测试，重点考察：如果离开设施或者上游市场没有替代品，申请接入设施的竞争者能否存活。必需性测试的适用往往会去考察上游市场上已经存在的设施中是否存在替代品，在"有中筛选"。而要件二不可复制性测试是一种对竞争者的能力测试，重点考虑的是竞争对手能不能自己合理复制或建造关键设施，考察竞争者能否自己打开市场通道，避免有能力的竞争者不劳而获、坐收渔利、实施搭便车行为。不可复制性测试往往需要思考竞争者自行建造一个市场上并不存在的但与必需设施构成替代关系的新设施是否

[①]　参见李剑：《反垄断法中核心设施的界定标准——相关市场的视角》，载《现代法学》2009 年第 3 期，第 72 页。

[②]　参见张素伦：《竞争法必需设施原理在互联网行业的适用》，载《河南师范大学学报（哲学社会科学版）》2017 年第 1 期，第 49—56 页。

[③]　See Daniel E. Troy, "Unclogging the Bottleneck: A New Essential Facility Doctrine," *Columbia Law Review*, Vol. 83, No. 2, 1983, pp. 441–487.

可能，是"无中生有"。现实中，存在很多相关设施无法实际或合理地被复制的情况，但是不一定会产生需要反垄断法救济的损害。比如对于商业秘密和知识产权，竞争者囿于法律保护或保密措施并无法复制这些设施，因此很容易满足不可复制性要件。但是，仅据此是断然无法推断出相关设施持有人是垄断者、该设施具有必需性等结论的，因为拥有知识产权绝不等于拥有市场支配地位，很多知识产权只是微垄断。斯科特·马卡尔错误地认为 MCI 标准的四个要件是可以分离的，只需要满足其中一个要件就可能触发必需设施理论的适用。实际上，这四个要件需要同时被满足，仅满足不可复制性要件是无法启动必需设施分析的，更不会由 MCI 标准直接推导出"因为竞争者不能复制现有设施就推断现有设施是必需设施"[1] 这样的结论。

但是，MCI 标准也存在一些不容忽视的缺点，四个要件都缺少了对市场竞争影响和对消费者福利影响的分析。对比而言，欧盟的必需设施分析中，拒绝开放设施是否会封锁二级市场的竞争是一个必备要件。有学者认为 MCI 标准的要件一已经包括了市场竞争损害分析[2]，因为一项设施要满足必需性的前提是它消除了下游市场的竞争，因而可以从要件一推导出竞争损害要件。也有学者指出如果拒绝设施的使用会导致相关市场上竞争者数量大幅减少，明显削弱竞争强度，那就说明该设施是必需的。[3] 但

---

① See Scott D Makar, "The Essential Facility Doctrine and the Health Care Industry, " *Florida State University Law Review,* Vol. 21, Issue 3, 1994, pp. 913 – 944.

② 参见侯利阳、王继荣:《欧盟必需设施原则考析:兼论对我国的启示》，载《竞争法律与政策评论》2015 年第 1 期，第 54 页。

③ 参见王中美:《必要设施原则在互联网反垄断中的可适用性探讨》，载《国际经济法学刊》2020 第 1 期，第 119 页。

是，MCI 标准的要件一重点关注的是上游市场的竞争状况、上游市场是否存在必需设施替代品以及上游市场和下游市场的关系问题。从该要件中，我们无法解答下游市场的竞争影响、对消费者需求的影响等问题。实践中可能存在必需设施控制者在上游市场拥有市场支配地位，必需设施控制者的拒绝交易行为只是封锁了上游市场的竞争或某个环节的竞争，但下游市场的竞争依然不受影响的情况。因此，有必要在 MCI 标准中加入市场结果导向、消费者需求导向的后果要件分析，让必需设施的分析能够更加注重竞争损害的分析。这方面值得借鉴的就是 Magill 案提出的新产品要件，其要求适用必需设施还要考虑是否会阻碍有潜在消费者需求的新产品出现，这实际上是竞争损害要件的一个具体表现，用于判断强制专利许可的开放救济是否有利于满足潜在的消费者需求。

第二节　知识产权场景中 MCI 标准的适用困惑

一、对知识产权启动必需设施分析的正当性基础

在技术和知识高度成熟的社会环境中，我们更多依靠的是一种持续性的稳定型创新，而不是寄望于成本极为高昂的破坏式、偶然型创新。尽管后者意义重大，甚至在个别行业能够破旧立新，推动既存范式变迁，但这种创新可遇而不可求，社会进步也不能建基于概率事件或偶然发现。更为关键的是，只有竞争过程稳健顺畅，才能延绵不断产生增进福利的创新成果，即使是那些熊彼特式的破坏性创新也需要在一个健康的竞争过程中产生。因为大量商业实践证明能够掀起一场场推动社会革

新的"创造性飓风"① 的往往不是"安枕而卧"的在位垄断企业，而是一些面临巨大竞争压力但研发效率更高的小企业。受到沉没成本和规模效应的制约，垄断企业更关注常规创新和增量创新（实际上这种创新类型是社会进步的基础），而小企业往往能够产生一些与自身实力不匹配的颠覆创造。② 然而，如果没有畅通稳定的竞争过程，这些可能孕育创新之果的小企业将没有任何进入的通道和上升的机会，从而也被剥夺了将创新"变现"的可能。必需设施理论的功能不是要保护在市场中无法生存的个体竞争者，而是要保护源源不断提供产品、服务和创新的竞争过程。"为确定反垄断法价值是否支持禁止拒绝接入一项必需设施的行为，需要考虑拒绝行为对竞争过程的影响。"③

美国各级法院认定能构成必需设施的主要有四大类：（1）有自然独占倾向的市场中的基础设施。（2）法律禁止私人复制的设施。（3）公共部门补贴的设施。（4）无法被私人建造以及在相关地理市场中唯一的设施。④ 知识产权一般并不是美国下级法院适用必需设施理论的常规领域，法院对创新领域的干预秉持非常谨慎的立场。芝加哥学派不断重申任何法律原则都不能强迫竞争者交易，谢尔曼反托拉斯法应当珍视企业选择顾客的权利，侵犯商事主体自由裁量和契约自由的必需设施理论无疑

---

① Joseph Schumpeter, *Capitalism, Socialism, and Democracy*, 1*st edn*, Harper and Brothers, 1942, p. 83.

② See Richard J. Rosen, "Research and Development with Asymmetric Firm Size, " *The Rand Journal of Economics*, Vol. 22, Issue 3, 1991, pp. 411 – 429.

③ James R. Ratner, "Should There Be an Essential Facility Doctrine, " *U. C. Davis Law Review*, Vol. 21, No. 2, 1988, p. 347.

④ See Toshiaki Takigawa, "Antitrust Intervention in Intellectual Property Licensing and Unilateral Refusal to License, " *Antitrust Bulletin*, Vol. 48, Issue 4, 2003, p. 231.

侵犯了自由贸易者的权利（Free Trader Rights）。① 但是，没有一个正常运转的竞争性过程，自由贸易权利也无从谈起。美国联邦最高法院也承认，自由贸易的权利应当让位于保护竞争性过程的需要。② 在一个增量和累积创新愈发重要的市场中，必需设施理论能够打开被封锁的二次创新市场。"对于市场后来者，新的发明创造得以在前人的基础上进行，则未必不是一个好的局面。"③ 因此，竞争过程和竞争秩序的维护价值为必需设施理论在知识产权领域的适用提供了正当性理由。

我国反垄断法追求多元化的价值目标（包括创新价值），其立法宗旨条款第一条明确规定：为了预防和制止垄断行为，保护市场公平竞争，鼓励创新，提高经济运行效率，维护消费者利益和社会公共利益，促进社会主义市场经济健康发展，制定本法。保留反垄断法必需设施理论在知识产权领域的适用可能性和制度端口是反垄断法践行"鼓励创新"目标的重要体现。同时，根据我国《专利法》第五十三条规定，专利权人行使专利权的行为被依法认定为垄断行为，为消除或者减少该行为对竞争产生的不利影响，国务院专利行政部门根据具备实施条件的单位或者个人的申请，可以给予实施发明专利或者实用新型专利的强制许可。这为知识产权构成需要反垄断干预的必需设施时执法机构应采取何种救济措施提供了明确而直接的法律依据。因此，在我国对知识产权适用必需设施理论的制度渠道是

---

① See James R. Ratner, "Should There Be an Essential Facility Doctrine, "*U. C. Davis Law Review*, Vol. 21, No. 2, 1988, p. 375.

② Aspen Skiing Co. v. Aspen Highlands Skiing Corp., 472 U. S. 585, 600 – 603 (1985).

③ 李剑：《反垄断法核心设施理论研究》，上海交通大学出版社 2015 年版，第 119 页。

非常顺畅的。

2017 年国务院反垄断委员会公布的《关于滥用知识产权的反垄断指南（征求意见稿）》第十五条规定：具有市场支配地位的经营者，尤其是其知识产权构成生产经营活动的必需设施时，其没有正当理由拒绝许可知识产权，可能构成滥用市场支配地位，排除、限制竞争。2020 年国家市场监督管理总局修订的《关于禁止滥用知识产权排除、限制竞争行为的规定》第七条规定：具有市场支配地位的经营者没有正当理由，不得在其知识产权构成生产经营活动必需设施的情况下，拒绝许可其他经营者以合理条件使用该知识产权，排除、限制竞争。2022 年 6 月，国家市场监督管理总局发布的《禁止滥用知识产权排除、限制竞争行为规定（征求意见稿）》继续保留了第七条关于必需设施的规定。毋庸讳言，必需设施理论已经成为我国对知识产权拒绝交易展开反垄断审查的理论基础，这意味着准确在知识产权语境下理解、界定、解释、适用必需设施理论尤为重要。但是，在知识财产领域适用必需设施理论仍然存在一定的障碍。

二、目前的一种共识：知识产权和其他设施不作区分

法律并没有免除知识产权所有者的反垄断审查[1]，知识产权也没有被授予可以违反反垄断法的特权[2]。一些知识产权设施的拒绝开放对市场竞争的影响丝毫不亚于关键的必需物理设施，如 4G/5G 标准必要专利、胚胎干细胞专利、基因专利、核心数据库版权、重要商业方法专利、研究工具专利、关键软件接口

---

[1]　See Cyril Ritter, "Refusal to Deal and Essential Facilities: Does Intellectual Property Require Special Deference Compared to Tangible Property, "*World Competition*, Vol. 28, Issue 3, 2005, pp. 281 – 298.

[2]　In re Indep. Serv. Orgs. Antitrust Litig. , 203 F. 3d 1322, 1325(Fed. Cir. 2000) .

版权、数据专利等。① 而且在我国专利申请爆炸、专利质量不足、创新泡沫问题严重的环境中，保留必需设施理论的适用空间还能够修复专利赋权系统的失灵。明确"是否适用"的问题以后，接踵而来的难题就是"如何适用"。学界一种比较有共识性的观点是：不作区分、一体化适用。"严格来说，核心设施领域中知识产权并不构成一个单独的话题，在适用的标准设定、核心设施的界定等重要问题中都并不需要对知识产权有特别的考虑。"②

　　一体化适用的观点背后有很多强大的支撑理据。美国司法部和联邦贸易委员会于 2017 年 1 月联合发布了《知识产权许可反垄断指南》，明确指出出于反垄断分析的目的，反垄断执法机构对涉及知识产权的行为与涉及其他形式财产的行为应采用相同的分析。国务院反垄断委员会《关于知识产权领域的反垄断指南》也明确规定，分析经营者是否滥用知识产权排除、限制竞争，应采用与其他财产性权利相同的规制标准，遵循《反垄断法》相关规定。无论是域内，抑或是域外知识产权法学界，都普遍认为知识产权是一种财产权利，其背后最重要的理论支撑就是洛克的劳动财产权理论。洛克根据基督教伦理观念，指出是上帝而不是君主将土地及其一切产出赐予人类，上帝之所以赐予是为了让每个人能够享用自然物，但是自然状态之物无法被享有，因此每个人必须付出劳动，将自然物转变为私人财

---

① See Amy Rachel Davis, "Patented Embryonic Stem Cells: The Quintessential Essential Facility,"*Georgetown Law Journal*, Vol. 94, Issue 1, 2005, pp. 205 – 246; Joseph M. Purcell, "The 'Essential Facilities' Doctrine in the Sunlight: Stacking Patented Genetic Traits in Agriculture,"*St. John's Law Review*, Vol. 85, No. 3, 2011, pp. 1251 – 1274.

② 李剑：《反垄断法核心设施理论研究》，上海交通大学出版社 2015 年版，第 119 页。

产，这样也增加了该自然物的价值。① 这种劳动既包括体力劳动，也包括脑力劳动。"只要他使任何东西脱离自然所提供的和那个东西所处的状态，他就已经掺进他的劳动，在这上面掺加他自己所有的某些东西，因而使它成为他的财产。"② 有体财产构成反垄断法语境下的必需设施时，需要负担交易义务，属于财产的知识产权也不应当例外。对于个体而言，强制许可知识产权并没有剥夺许可人的利润，反垄断法必需设施理论下必需知识产权许可人承担的只是收取公平、合理、无歧视许可费的义务。对于社会整体而言，即使强制许可被认为降低了个体的创新激励，从而降低了动态效率，但这种负面影响可能会被整个社会水平的配置效率的收益所抵消，因而总的来说，消费者福利还是得到了提高。③ 加之强制许可必需知识产权还能打开甚至解放二次创新市场，因此对动态效率的影响可能没有那么严重。④

如果按照一体化适用的思路，不对知识产权设施和其他设施作区分，坚持适用同样的标准，那么适用于有体设施领域的 MCI 标准当然应该适用于知识产权设施。皮托夫斯基指出，与任何其他类型的财产一样（无论是有形的还是无形的），如果知识产权被证明构成必需设施，只要它符合 MCI 标准规定的四个

---

① John Locke, *Two Treatises of Government* (*1690*) , Peter Laslett(ed.) , Cambridge U-niversity Press, 1988, p. 27.

② ［英］洛克：《政府论》（下篇），叶启芳、瞿菊农译，商务印书馆1964年版，第19页。

③ See Cyril Ritter, "Refusal to Deal and Essential Facilities: Does Intellectual Property Require Special Deference Compared to Tangible Property, " *World Competition*, Vol. 28, Issue 3, 2005, pp. 281 – 298.

④ See Peter S. Menell, "An Epitaph for Traditional Copyright Protection of Network Features of Computer Software, " *Antitrust Bulletin*, Vol. 43, Issues 3 – 4, 1998, pp. 651 – 714.

因素，那么反托拉斯法允许法院命令对此类知识产权进行强制
许可。①

三、不区分的风险：任何知识产权都构成必需设施

　　完全不对知识产权和有体设施进行区分可能会产生非正义
的执法或裁判结果。知识产权是法律赋予创新的对价，因为有
利于社会进步的创新总是成本高昂、风险巨大，因而必须给予
一定的激励。在知识产权方面适用必需设施理论的任何尝试都
必须尊重知识产权法所赋予并在宪法中得到承认的对利用一项
创新的合法垄断权。② 对于知识产权设施而言，我们不能仅仅为
了确保特定竞争对手的生存能力，就强迫权利持有人许可其知
识产权。③ 如果通过旷日持久的研发、投入海量生产性投资的知
识产权仅仅因为其会为持有者带来决定性竞争优势而被强制许
可，那么会对创新造成巨大影响。因此，美国《知识产权许可
反垄断指南》在要求反垄断执法机构对待涉及知识产权的行为
与涉其他形式财产的行为应采用相同分析的同时，还要求应
当考虑知识产权的特性。国务院反垄断委员会《关于知识产权
领域的反垄断指南》也明确规定，分析经营者是否滥用知识产
权排除、限制竞争，应"考虑知识产权的特点"。

　　更为严重的问题在于如果不对知识产权进行区分而一体化

---

① Robert Pitofsky, Donna Patterson & Jonathan Hooks, "The Essential Facilities Doctrine under U. S. Antitrust Law", *Antitrust Law Journal*, Vol. 70, Issue 2, 2002, p. 462.

② See Paul D. Marquardt & Mark Leddy, "The Essential Facilities Doctrine and Intellectual Property Rights: A Response to Pitofsky, Patterson, and Hooks, "*Antitrust Law Journal*, Vol. 70, No. 3, 2003, pp. 847 – 874.

③ See Paul D. Marquardt and Mark Leddy, "The Essential Facilities Doctrine and Intellectual Property Rights: A Response to Pitofsky, Patterson, and Hooks, "*Antitrust Law Journal*, Vol. 70, No. 3, 2003, pp. 847 – 874.

适用 MCI 标准，极易引发过度威慑的风险。在分析 MCI 标准的要件一时，竞争机构需要判断该设施是否是必需的，是否是必不可少的投入，市场上是否存在替代品。如果相关设施确实是无法被替代的必要投入，具有唯一性和瓶颈特征，那么就具有必需性。"而这一标准对知识产权未必适用，如专利权人的各项专利权所包含的专利技术均是唯一的，无法据此判断某专利权是否构成'关键设施'。"① 理论上，如果知识产权所包含的技术信息并不是唯一的，在现有技术中存在等值物或类似物，那么将无法通过新颖性和创造性的审查，进而可能从一开始就不会获得专利行政部门的授权。被授予知识产权的技术设施或多或少都具有一定的唯一性。因此，如果生搬硬套有体设施的判断标准，就会产生马奎特和莱迪所殷忧的问题：所有涉及垄断者拒绝许可知识产权的案件可能都满足必需设施的认定标准。

在具体分析方法上，传统设施一般侧重从供给侧的角度进行分析。法院往往需要考量该设施的地理因素、物理特征和权利性质，以此判断该设施是否会成为下游企业必不可少的投入。但是这种面向供给端的分析往往无法得出前后一致的判决，何种财产具有关键性和必需性可谓是言人人殊，这也导致必需设施理论被贴上"不稳定"的标签。例如，在 Aspen 案中，Aspen Skiing 公司控制了 Aspen 地区分别位于三座山上的三个滑雪场，并拒绝与只拥有一座滑雪场的 Highlands 公司一起销售覆盖全地区滑雪场的六日通票，这导致 Highlands 公司的市场份额不断下降。② 上诉法院对滑雪场的地理位置、开发新山区的成本、重新建造设施的难度、管制机构的限制等因素进行了细致分析，得

---

① 吕明瑜：《知识产权人拒绝交易中的垄断控制——知识经济视角下的分析》，载《法学论坛》2008 年第 5 期，第 64—70 页。

② Aspen Skiing v. Aspen Highlands Skiing, 472 U. S. 585(1985).

出了覆盖滑雪场的通票服务构成必需设施的结论。但是，异议人士指出被告控制的滑雪场只是北美几百个滑雪场中的一个。消费者并不一定会来该山区，倘若对被告的行为不满则完全可以用脚投票。有学者指出，法院该案中错误地定义了必需设施，而忽略了消费者可能作出的多种行为选择。① 这种面向供给端的分析在知识产权领域更是面临巨大障碍。现代知识产权法出现了广泛化的失灵问题，很多知识产权存在边界不清、范围模糊、价值难定等问题，一些极具抽象性和宽泛性的无形设施也获得了授权。即便是权利授予机关、专业法官也很难对一些存在效力争议的知识产权案件作出令人满意的判定。以至于有学者坦言知识产权已经成为发展和创新的沙子，而不是润滑剂。② 如果让作为秩序维护机关而非授权机关的竞争监管者从供给端分析知识产权的权利性质，那么得出的必需设施认定结论必然充满争议，难以服人。

就不可复制要件而言，似乎所有的知识产权设施都具有不可复制性，因为法律授予专利的目的就是避免未经权利人同意的复制，以"垄断换创新"是知识产权的经济哲学基础。因此在专利公共监管规则下，知识产权一般具有不可复制性。如果竞争者擅自复制知识产权保护的技术，可能就构成侵权，知识产权惩罚性赔偿制度的引入更让竞争者不敢轻易接触和复制知识产权。斯科特·马卡尔指出不能仅仅因为某设施不能够得到切实可行地复制（inability to practicably duplicate）就认定其为

---

① See Michael Jacobs, "Hail or Farewell? The Aspen Case 20 Years Later, "*Antitrust Law Journal*, Vol. 73, No. 1, 2005, pp. 59 – 80.

② 参见［美］亚当·杰夫·乔西·勒纳：《创新及其不满：专利体系对创新与进步的危害及对策》，罗建平、兰花译，中国人民大学出版社 2007 年版，第 18 页。

必需设施，否则会得出不正义的结论。① 威廉姆·泰伊同样认为仅仅因为不能合理复制现有设施，就宣称其是必要的，这是荒谬的。② 对于以排除未经许可的复制性行为以及排除模仿竞争为天职的知识产权而言，更是如此。

就提供设施可行性要件而言，知识产权不存在设施折旧和拥挤问题，权利人很容易授予许可，而且理论上可以授予无限次许可。因为无形设施往往具有非竞争性特征，即个体对知识产权的使用不会干扰他人对该知识产权的使用，不同个体都可以同时使用知识产权设施并且该设施不会因使用行为而变化。③更为棘手的问题是，构成必需设施的知识产权控制人很难通过正当理由测试，因为其申请或寻求知识产权保护的目的就是为了限制、排斥竞争对手的竞争，或多或少具有一定的垄断意图。如果无法给自己的专利技术或专利产品一定范围的垄断保护，那么很多发明人就没必要申请专利，完全可以守口如瓶，选择以商业秘密的方式保护自己的技术。对此，坦普尔·朗指出，任何涉及知识产权的必需设施案件都不会有正当理由，因为知识产权的本质就是排除竞争的权利，知识产权的存在本身就是拒绝交易的理由。④

① See Scott D. Makar, "The Essential Facility Doctrine and the Health Care Industry," *Florida State University Law Review*, Vol. 21, Issue 3, 1994, pp. 913 – 944.

② See William B. Tye, "Competitive Access: A Comparative Industry Approach to the Essential Facility Doctrine," *Energy Law Journal*, Vol. 8, Issue 2, 1987, p. 348.

③ See Cyril Ritter, "Refusal to Deal and Essential Facilities: Does Intellectual Property Require Special Deference Compared to Tangible Property," *World Competition*, Vol. 28, Issue 3, 2005, pp. 281 – 298.

④ See John Temple Lang, "Anti – competitive Abuses Under Article 82 Involving Intellectual Property Rights," In Claus Dieter Ehlermann & Isabela Atanasiu(ed.), *European Competition Law Annual* 2003: *What is an Abuse of a Dominant Position?* Hart Publishing, 2005.

　　毋庸讳言，如果对知识产权设施套用 MCI 标准，那么垄断者持有的知识产权（即使是低价值专利）都有可能被认定为必需设施进而须负担强制开放义务，这对创新激励的破坏性可想而知。学者约翰斯顿指出美国一些法院不愿在知识产权领域适用必需设施理论的原因即在于一些案件中 MCI 标准的前三个要件很有可能得到满足，导致权利持有人只能诉诸第四个要件，即去证明提供知识产权许可是不可行的，但这是非常难被成功证明的。[1]

　　一些学者也认识到以 MCI 标准为代表的必需设施违法认定标准可能在知识产权拒绝交易案件中存在局限性，试图提出破解之法。例如，有学者认为涉及知识产权的拒绝交易案件中应当注重对反竞争性意图的考察。[2] 实际上，这并不是什么新提法。早在 1984 年 Aspen 案中，上诉法院就在必需设施分析中引入了意图要件。上诉法院首先认为此案中覆盖三座滑雪场的通票服务已经满足必需设施这一要素，其次展开了意图测试。[3] "根据这一测试，只要企业没有'创造或者维持垄断'的目的，它就可以自由地与想要交易的对象交易。"[4] 上诉法院认为，Aspen Skiing 公司通过拒绝提供通票服务的行为，旨在成为 Aspen 地区多日多山区滑雪服务的唯一提供者，而该服务亦是 Aspen 地区招揽消费者的核心因素，从而具有"创造或者维持垄断"

---

[1] See M. Elaine Johnston, "Intellectual Property as an 'Essential Facility'," *The Computer & Internet Lawyer*, Issue 22, No. 2, 2005, p. 22.

[2] See Robert Pitofsky, Donna Patterson & Jonathan Hooks, "The Essential Facilities Doctrine under U. S. Antitrust Law," *Antitrust Law Journal*, Vol. 70, Issue 2, 2002, pp. 443 – 462.

[3] Aspen Highlands Skiing Corp. v. Aspen Skiing Co., 1984 U. S. App. LEXIS 20557.

[4] 吴白丁：《必需设施理论研究》，对外经济贸易大学博士学位论文，2017年，第44页。

的意图。

但是，反竞争性意图要件在涉及知识产权的案件中很难提供有意义的分析指引，因为知识产权本身就具有反竞争性和排他性的内在特质。一般情况下，发明人就是为了获得竞争优势以及超竞争利润才会不断进行研发投资，进行高风险的创造性活动。知识产权本质就是一种通过赋予发明人一定期限的排除竞争特权以换取其公开技术的交换活动，知识产权人当然可以为了维持竞争优势而拒绝交易。将知识产权人希望获得竞争优势的意图和其希望限制竞争的意图准确区分开来，不具有可操作性。甚至我们可以这样认为，几乎所有的知识产权持有人实施的拒绝许可行为都具有不正当的意图，因为拒绝的原因都是希望自己的创新将带来超过竞争对手的竞争优势（甚至渴望能在一段时间内带来超竞争利润）。换言之，他们故意或有目的地拒绝许可，以便使其竞争对手处于相对劣势。① 对此，菲利普·阿瑞达讽刺道：故意获得超过竞争对手的合法优势本就是竞争的本质，因此意图并不能作为一种合理周全的反托拉斯政策。知识产权的合法性也不能取决于公司高管是否承认他想利用创新来击败他的竞争对手。② 因此，反竞争性意图无法提供任何限定性或界定性的原则，这种意图几乎存在于所有能够产生市场力量的发明的拒绝许可行为之中。③

---

① See Paul D. Marquardt and Mark Leddy, "The Essential Facilities Doctrine and Intellectual Property Rights: A Response to Pitofsky, Patterson, and Hooks,"*Antitrust Law Journal,* Vol. 70, No. 3, 2003, pp. 847–874.

② See Phillip Areeda, "Essential Facilities: An Epithet in Need of Limiting Principles,"*Antitrust Law Journal,* Vol. 58, Issue 4, 1990, pp. 845–850.

③ See Paul D. Marquardt & Mark Leddy, "The Essential Facilities Doctrine and Intellectual Property Rights: A Response to Pitofsky, Patterson, and Hooks,"*Antitrust Law Journal,* Vol. 70, Issue 3, 2003, pp. 858–859.

值得一提的是，欧盟在关于知识产权型必需设施理论的违法判定标准建构方面作出了值得肯认的努力，这集中体现于其对新产品要件的提炼上。新产品要件不仅是一次有益的理论尝试，提供了一种以不损害知识产权核心目标的方式适用必需设施理论的思路，而且还引导我们走向坚持区分逻辑的正确方向。

第三节　新兴数字设施与MCI标准的不兼容问题

除了知识产权设施之外，数字时代下还涌现了一些具有瓶颈效应的数字虚拟设施（如大数据、云计算架构、搜索引擎、数字平台等），MCI标准对这些新型设施也存在不兼容问题。

一、适用物理设施的MCI标准与数字设施不兼容

MCI标准出现不兼容问题的首要原因是数字设施与物理设施存在不容忽视的区别，进而让MCI标准的适用遭遇障碍，具体体现如下。

（一）对MCI标准的要件一形成挑战

在分析物理设施是否具有必需性时，一般会分析该设施的地理空间、自然资源等稀缺要素，如密西西比河的铁路桥、阿斯彭山区的滑雪场等。这些设施因为本身就是不可再生的稀缺资源，或是依托其他的稀缺要素（如土地），导致市场上不存在合理的替代物，从而具有了唯一性和瓶颈性。因此，分析MCI标准的要件一时，思路和方向是比较明晰的，但在面对新型数字设施时，该要件的分析却遭遇挫折。很多数字设施并不存在非此即彼的排斥关系，反而具有一定的非竞争性特征。例如，尽管互联网相关细分市场上总是有一家独大的超级平台，但是该市场上总是能找到其他功能类似的平台。2021年发生的阿里

巴巴"二选一"垄断案引发社会广泛关注，但是在电子商务领域，除了阿里巴巴，国内还存在拼多多、京东、苏宁易购、当当网、亚马逊中国、1号店、唯品会、聚美优品、网易严选、国美在线、糯米网、折800等电子商务平台。个别平台之所以能够成为必需设施，往往不是因为平台设施的特殊物理性质或资源稀缺性，而是因为多边市场带来的规模经济效应、网络效应、范围经济效应等。加之，不同的平台具有不同的运营模式，与二级市场呈现出不同的套嵌结构，这导致相关平台设施的必需性或必不可少性分析会更加复杂。纳尔逊指出 Aspen 案中的高山滑雪场设施和技术平台存在太多的不同，这导致法院很容易发现拒绝交易的分析可能存在区分。①

（二）对 MCI 标准的要件二和要件四形成挑战

在分析相关设施是否具有不可复制性（要件二）和开放设施是否具有可行性（要件四）时，数字设施呈现出的异质性导致相关分析的展开容易遇到障碍。数字平台、搜索引擎、大数据等一些设施很容易被复制或重新建立，让技术工程师复制某一社交媒体平台、搜索引擎、电子商务交易平台的成本并非高不可攀。一些数字设施能成长为必需性设施不是因为设施本身不可复制，而是自身附带的网络效应难以被复制。在判断提供设施是否有可行性时，实体设施的共享存在容量限制和折旧问题，而非实体设施的容量无限并在使用上具有非竞争性，下游竞争者可以同时使用而不会相互妨碍。传统设施的开放需要考虑通道建设费用、人工及运营成本，还要考虑开放设施对控制者利益的潜在影响。非竞争性使用的数字设施每增加一个单位

----

① See Joshua Nelson, "Tech Platforms Are Essential Facilities," *Nevada Law Journal*, Vol. 22, Issue 1, 2021, pp. 379 – 404.

的使用量，产生的边际成本为零。尤其是对于大数据设施而言，开放数据资源后，大量的市场主体会参与数据的开发和利用，导致数据产生的价值会指数级增长，高质量数据喂养出来的算法会越来越精进。不过，法官在分析数字设施是否具有不可复制性或者提供设施的可行性（往往涉及分享技术）时，可能缺少专业计算机知识或信息技术知识，进而难以作出准确判断。

（三）MCI 标准下无法考量数据和隐私保护政策

新兴数字设施的分析常常涉及竞争政策与隐私政策、数据保护政策的协调问题。数字设施能成为网络市场通路的瓶颈往往需要借助强大的网络效应，而网络效应的形成与数字设施持有人通过数字设施或其他追踪技术获得的用户消费数据、痕迹数据、个人信息等休戚相关，因此数字设施往往也是超级用户数据中心，有大量的隐私信息。对于大数据、数字平台、搜索引擎、算法技术等数字设施而言，如果对其施加强制交易或开放义务，很容易涉及个人信息的分享问题甚至会引发敏感信息泄漏的风险，这导致必需设施的救济与隐私政策存在潜在冲突。保护用户的隐私常常成为数字设施控制者提出的拒绝交易的正当理由。如在顺丰与菜鸟的数据之争中，顺丰认为菜鸟要求丰巢提供的数据属于客户的隐私，这种要求不应当被满足。[①] 在一些数字设施构成必需设施的场景中，要求必需设施控制者进行匿名化、数据脱敏处理等可能会成为数字设施特有的一种救济方式。

我国著名反垄断法学者王晓晔教授指出对平台这类的设施适用必需设施理论要更为谨慎，她认为："平台如果要被定义为

---

① 参见张枭翔：《菜鸟顺丰之争落幕：物流数据控制权、安全性及业务比拼继续》，载澎湃新闻网，https://www.thepaper.cn/newsDetail_forward_1700457，最后访问日期：2023 年 2 月 17 日。

基础设施或者必需设施，要满足很多条件。比如，它应当是其他互联网应用进入市场不可缺少的条件，此外，从经济、技术和法律层面来看，它应当是不可复制和不可替代的，但是互联网平台种类很多，数量也很大，单个平台很难被定义为不可替代。以腾讯'屏蔽'今日头条系产品为例，微信是一个十亿级用户的互联网平台，很多人会产生一种直观感受，就是它已经成为一种互联网的基础设施或者必需设施。但即使是缺少微信端的开放，今日头条的多款产品用户量也达到了亿级。因此，很难说微信是其他产品进入市场不可或缺的。"①

二、数字设施与知识产权设施的差异

数字设施存在的非竞争性使用、提供设施具有可行性、设施的边界模糊、设施不受容量限制等特征也存在于知识产权设施中，似乎数字设施与知识产权设施可以通约，也确实有学者主张对新型的数字设施适用来自必需知识产权设施的判定标准（如新产品要件）。② 但是尽管数字设施和知识产权同属于无形设施，但是二者和而不同，同样存在一些无法被忽略的区别，这意味着我们对上述两种设施的认定需要坚持区分逻辑。很多人的直观印象中，数字设施和知识产权都属于创新设施，需要重点考虑竞争政策和创新政策的协调。但是事实上，数字设施并不是单纯的创新事物，具体的监管中创新政策只是考虑因素之一，还需要考虑零价格特征、网络效应、隐私保护等问题，这导致数字设施的分析恐怕只会更加复杂。

---

① 参见袁勇：《如何看待互联网平台互相屏蔽》，载《经济日报》2019 年 3 月 27 日第 015 版。

② See Maximilian Bernhard Florus Kuhn, "Essential Facility: Free Riding on Innovation," *Common Law Review*, Vol. 13, 2014, pp. 54 – 57.

（一）创新激励机制不同

很多企业投资数字设施、资本向数字平台等设施无序扩张的原因并不是为了获得更好的创新成果，而是为了获得网络效应。知识产权设施的发展依赖于知识产权制度对创新成果的保护，而数字设施更依赖于数据和算法技术的赋能或加成，知识产权可能并不是核心因素。例如，有学者发现一些共享经济平台持有大量的创新技术，但专利申请量稀少。[①] 这是因为相比申请专利，在高度动态的市场上建立品牌效应、培养用户黏度更为重要。此外，数字设施的外延大于知识产权，一个成功平台的建立除需要知识产权，可能还需要技术人力资源、软硬件、商业秘密、产销链关系网等。不可否认，在数字设施成长初期，网络效应可能构成创新的奖励，但是随着时间的积累，这种创新奖励就会变成极为强大的进入壁垒。

（二）能够拥有必需设施地位的期限不同

知识产权中的创新奖励是一定范围和一定期限的市场独占权，法律为了实现创新和竞争的衡平，对知识产权设置了期限，但是数字设施理论上是可以无期限存续的。我国《专利法》第四十二条规定：发明专利权的期限为 20 年，实用新型专利权的期限为 10 年，外观设计专利权的期限为 15 年，均自申请日起计算。这意味着即使相关的知识产权能够成为必需设施，它也是有期限限制的。而且随着时间的推移，知识产权的价值和效力会逐渐减弱，法律系统还设置了专利无效宣告、专利撤销、专利质疑等程序，无时无刻不在监督知识产权。但是数字设施则不同，随着时间的增加和更多用户的使用，网络效应会如同滚

---

① 参见陈子豪：《从专利数据看共享单车技术布局》，https://www.sohu.com/a/203709830_99970761，最后访问日期：2022 年 12 月 7 日。

雪球一样不断增长。① 新的用户源源不断地使用设施，他们并不是因为产品的价格或质量优势而加入设施，而是因为难以抵御网络效应的诱导。再加上人工智能和大数据技术的加成，一些数字设施可以获得非常持久的垄断力量。但不同的是，知识产权设施一直被置于严密的公共监管规则下，而数字设施的监管仍处在不断的变化之中。

（三）相关设施的投资成本不同

从企业投资的角度看，一些对于竞争必不可少的物理基础设施的建造往往需要巨大的投资，如绵延百里的管网设施、不可复制的港口或铁路网络。很多案例中，原告就是因为无法支付如此昂贵的投资支出或者进行投资建造将完全无利可图，而无法进入相关的市场。同样，具有成为必需设施潜力的知识产权的形成也需要大量的研发投资，这在医药行业表现得极为明显，某一专利新药的诞生往往需要花费多达 10 亿美元。② 不过，在技术水平不断发展的社会环境中，大量的知识产权是基于"发展"，而非从零到一的"发现"，因此投资的成本有所下滑。更为严峻的是，知识产权系统还出现了一定程度的失灵问题，给商业方法、研究工具、基因片段等具有瓶颈特征的"原料"授予垄断特权，让它们获得不符合比例性的经济杠杆，这些知识产权并不需要高不可攀的投资，但是却可能成为竞争和创新之路上的"收费站"。③ 不过总体相较而言，数字设施的投资仍

---

① See Nikolas Guggenberger, "Essential Platforms, "*Stanford Technology Law Review*, Vol. 24, Issue 2, 2021, pp. 237 – 343.

② See Laura J. Robinson, "Analysis of Recent Proposals to Reconfigure Hatch – Waxman, "*Journal of Intellectual Property Law*, Vol. 11, No. 1, 2003, pp. 47 – 48.

③ See Michael A. Heller & Rebecca S. Eisenberg, "Can Patents Deter Innovation?The Anticommons in Biomedical Research, "*Science*, Vol. 280, Issue 5364, 1998, p. 699.

然要低得多，创建一个数字平台、搜索引擎并不需要很高的投资，特别是在有很多开源技术的环境中。数字设施的价值构成中网络效应的价值占比较大，其也不需要大量的物理设施投资来进行建设和大量的劳动力来运营。

（四）开放设施造成的影响不同

在必需设施的救济对社会的影响方面，数字设施和知识产权也存在区别。尽管强制许可构成必需设施的知识产权对于个体而言，存在挫伤创新激励的风险；但是如果从社会宏观层面和消费者的角度去考虑，强制许可必需知识产权可以打开新的二次创新市场和改善旧的成熟创新市场，向市场引入新的生产者，消费者则能够从权利人和被许可人联合生产导致的产出增加中受益。但是向必需数字设施所在的初级市场的其他竞争者开放相关数字设施的接入，对于消费者未必是最优的选择。因为很多数字设施处在具有网络效应的双边或多边市场之中，这是一种"赢者通吃"的市场，市场总是会向单一设施控制者倾斜。使用数字设施的消费者能获得的效用取决于另一边的生产者数量的多少，这也意味着数字设施越少、越有价值、越具有必需性、吸引的流量越多，那么消费者的使用体验会越好。因此在强网络效应环境下，强制开放相关数字设施并向该设施所在市场引入新的市场参与者，进而破坏网络效应，对消费者可能并不是最优的方案，反而还会降低消费者的效用，这与反垄断监管的目标函数并不完全一致。

总而言之，不仅实体设施和知识产权存在区隔，导致 MCI 标准无法理想地适配知识产权拒绝许可行为的分析；而且知识产权和数字设施之间同样存在不容忽视的区分，这导致必需知识产权设施分析的相关标准（如新产品要件）不能理想适配于多样化的数字设施。

第四节　必需设施认定新标准的探索及其启示

一、国外学者对新标准的探索

有学者认识到不同必需设施的差异性，如埃里克·霍温坎普直言将拒绝交易行为都放在一个共同标准下进行评估，实际上是不可能的。[①] 更值得关注的是，一些学者提出了体现区分思想的破解之法。瓦赫桑指出区分无形和有形设施是复兴必需设施理论的关键，有形设施应当服膺于管制规则，无形设施才是该理论的适用场域，这有助于改善高科技领域的市场产出。[②] 库恩主张通过扩张产生于知识产权拒绝交易案件的新产品要件，让必需设施理论能够运用于信息经济领域。[③] 两位学者的研究具有重要启发性，提供了区分适用的初步线索，但是随着数字虚拟经济纵深发展，还需要对无体设施进行更进一步的类型化提炼。格雷夫认为必需设施理论应用到数据市场应当遵循改良后的市场失灵标准，只有出现强大的网络效应或因转换成本而被锁定这两个失灵指标时，才应当引入该理论。[④] 巴拉德瓦杰等则主张应当考虑交易成本标准，必需设施理论是一种与财产规则相对的责任规则，只有在交易成本较高的市场中才应考虑进行

---

① See Erik Hovenkamp, "The Antitrust Duty to Deal in the Age of Big Tech, "*Yale Law Journal*, Vol. 131, 2022, p. 1483.

② See Sandeep Vaheesan, "Reviving an Epithet: A New Way Forward for the Essential Facilities Doctrine, "*Utah Law Review*, Vol. 2010, Issue 3, 2010, pp. 911 – 962.

③ See Maximilian Bernhard Florus Kuhn, "Essential Facility: Free Riding on Innovation, "*Common Law Review*, Vol. 13, 2014, pp. 54 – 57.

④ See Inge Graef, "Rethinking the Essential Facilities Doctrine for the EU Digital E-conomy, "*Revue Juridique Themis*, Vol. 53, Issue 1, 2019, pp. 33 – 72.

必需设施分析。他们进一步指出像在印度这样知识产权保护较弱的制度环境中，交易成本是比较高的，因此要适用必需设施理论；而在美国这类成熟的制度环境中，知识产权框架的强大力量导致交易成本较低，削弱了必需设施的自由，应当采取一种保守和狭义的解释路径。[①] 克瑞特梅克和萨洛普则认为一项设施要构成必需设施，除了满足传统要件，还应当造成提高竞争对手成本且使垄断者能提高价格的后果。[②] 但市场失灵、交易成本、提高竞争对手成本等标准可能存在过于模糊泛化的风险，会赋予执法者较大的自由裁量空间。如果缺少具体的可操作的指引，这些宽泛标准不仅不会简化必需设施的分析，反而只会加重其适用负担。帕斯奎尔提出应在必需设施概念的基础上继续构建"必需文化和政治设施"（essential cultural and political facility）的概念，主要用于谷歌这类搜索引擎设施，但是他未进一步建构这种特殊设施的认定标准，而且不明确该设施类型是否能囊括其他的社交平台等数字设施，如果只限于搜索引擎设施，似乎又过于狭隘。[③]

在美国学界还有一个非常有影响力的观点，根据设施控制者的多寡进行分类。当必需设施被单一企业控制时，不应适用或者应当极其谨慎地适用必需设施理论。这是为了保障单一企业的交易自由，因为在商业世界中拒绝交易是极为常见的状态，如果对单一市场主体施加交易义务可能会严重影响投资激励、

---

① See Ashish Bharadwaj, Vishwas H. Devaiah & Indranath Gupta, *Multi-demential Approaches Towards New Technology: Insights on Innovations, Patents and Competition*, SpringerOpen, 2018, pp. 290–292.

② See Thomas G. Krattenmaker & Steven C. Salop, "Analyzing Anticompetitive Exclusion," *Antitrust Law Journal*, Vol. 56, Issue 1, 1987, p. 49.

③ See Frank A. Pasquale, "Dominant Search Engines: An Essential Cultural & Political Facility," https://ssrn.com/abstract=1762241, last visited on 2023-01-30.

限制可能导源于宪法的经营自由。但是若必需设施由多个企业共同控制且联合拒绝他人使用时，则具有适用必需设施理论分析的正当性。作为必需设施理论思想渊源的 Terminal Railroad 案就是一个涉及必需设施联合拒绝交易的案例。著名的反垄断法学者阿瑞达就指出单一公司的设施应当区别于多个公司共同拥有的设施，在满足以下两个条件的前提下单一公司的设施才会构成必需设施：（1）该设施对于竞争者的竞争活力至关重要。（2）该竞争对手对于市场竞争至关重要（也即是重要的竞争参与者）。对竞争活力至关重要是指没有该设施，该竞争对手就无法有效竞争并且其无法复制设施或没有可及的替代品。① 但是阿瑞达对单一设施的苛刻要求并无足够的必要性和正当性。欧盟竞争法已经指出，在满足例外情形的情况下，单一企业实施的拒绝交易行为同样会违反竞争法。单一企业拒绝开放设施造成的限制竞争可能不亚于联合拒绝交易行为对竞争造成的不良影响。通讯领域标准必要专利的拒绝交易就是一个典型示例，一些专利持有企业的拒绝交易甚至能产生封锁一个产业的巨大威力。更为严重的是，阿瑞达要求被拒绝进入必需设施的竞争者应当是对市场竞争至关重要的参与者，这就剥夺了必需设施理论救济不是重要参与者的中小企业的可能性。反垄断法是一种符合公平和正义理念的法律，保护中小企业的价值亦是这种公平正义观的体现。我国第四次经济普查数据显示中小企业的从业人数占全部企业从业人数的比例达到80%；全国企业数量达到4842万户，增长1.7倍，其中99%以上都是中小企业。这说明中小企业对我国的经济发展作用巨大。但在实践中，中小企

---

① See Phillip Areeda, "Essential Facilities: An Epithet in Need of Limiting Principles, "*Antitrust Law Journal*, Vol. 58, No. 4, 1990, pp. 841 – 854.

业因为无法访问被管制的设施或大企业控制的必需设施的现象时有发生。因此,阿瑞达只关注重要竞争者的要件设定在我国并无存在土壤。

不过,除了主张严格区分单一和复合设施之外,阿瑞达在何时以及如何适用必需设施理论方面还提出了如下五个要求:(1)强制性分享设施义务只能存在于非常特殊的场景中,不能作为一种普适性义务。(2)只有强制交易会以降低价格、增加产出或创新的方式实质性地增强市场上的竞争时,才能做出这类决定。(3)即使所有适用必需设施的条件都得到满足,也无法直接得出拒绝接入设施行为构成本身违法的结论。被告应当享有主张存在合法商业理由的抗辩权利,而至于什么才构成这些合法理由则是法院处理的问题。(4)要谨慎对待被告的意图要件,因为其很少会提供启发。因为每个企业拒绝开放设施的理由无外乎都是希望限制竞争对手的竞争和增加自己的利润。(5)法院不应当对它没有能力解释或进行恰当、合理监管的拒绝交易行为适用必需设施原则。即使法院确实有这方面的能力,也不能仅仅因为救济和监督具有可行性而适用必需设施原则,该原则必须限制在例外情况中。[①] 在阿瑞达的基础上,伯格曼还提出一个更加复杂的标准清单,包含 10 个要件。[②] 伯格曼还指出构成必需设施的通常是基础设施或者联合提供服务的基础设施,尤其是耐用商品。不过他的要件中很多内容都是阿瑞达思想的重复或再解释,并未作出重要的突破。

阿曼多·奥尔蒂斯的观点也值得关注,他认为应当区分旧

[①]　See Phillip Areeda, "Essential Facilities: An Epithet in Need of Limiting Principles,"*Antitrust Law Journal*, Vol. 58, No. 4, 1990, pp. 852 – 853.

[②]　See Mats A. Bergman, "The Role of Essential facilities Doctrine,"*Antitrust Bulletin*, Vol. 46, Issue 2, 2001, pp. 403 – 434.

经济下的必需设施理论和适用于具有网络效应、知识外溢、自然垄断等特质的新经济的必需设施理论。对于前者，应该坚持"四要件的 MCI 标准"这一基础标准，对于后者，他提出应该采取"MCI 标准＋附加标准"。① 具体而言，新经济中除了满足MCI 标准，还应满足以下两个附加标准：（1）相关设施是社会必需品（即对整体社会福利必不可少）。（2）相关设施构成存在自然垄断特征的特定市场的重要必需品，并且存在利用垄断杠杆进入下游市场的实际危险。遗憾的是，奥尔蒂斯未阐明何为社会必需品、如何区分社会必需品和特定市场必需品等问题，这导致他的理论可能存在适用障碍。但不容否认是，他主张的对旧经济必需设施和新经济必需设施进行区分的观点极具启示性。

二、国内学者对新标准的探索

不难发现国外的研究细致而深入，而且开始体现出区分逻辑。有形设施和无形设施、管制设施和非管制设施、单一设施和共同控制设施、信息经济领域设施和非信息经济领域设施、商业设施和公共设施、封锁一级市场的设施和封锁二级市场的设施等诸多区分方案进入了我们的视野，具有一定的借鉴价值。因为在复杂的市场环境中，我们要面对千差万别的不同设施，这些设施对市场竞争和消费者福利又存在不同的影响。相比国外的精细研究，国内针对性的细化研究尚显薄弱。相较而言，李剑教授建构的"标准清单"更为详细和全面，其指出合理适用必需设施理论应当包括以下准则：第一，强制的开放使用应

---

① See Armando A. Ortiz, "Old Lessons Die Hard: Why the Essential Facilities Doctrine Provides Courts the Ability to Effectuate Competitive Balance in High Technology Markets," *Journal of High Technology Law*, Vol. 13, No. 1, 2012, p. 209.

当作为例外的情况。这里必须考虑到设施的分享使用对于未来市场投资所带来的负面影响。第二，相关设施价格显著提高20%～30%仍然没有有效替代品，同时对原告参与竞争而言是关键的，且原告本身对于一个特定市场的竞争是关键的。第三，开放设施的使用可以促进竞争并提高社会福利。第四，没有拒绝的正当商业理由。第五，设施的开放使用可行。第六、法院或者反垄断法执法机构无法很好解释或者监督下，不应当要求开放使用，而对必需设施理论的适用更多应关注于管制性行业。① 李剑教授的理论贡献不应被忽视，但是并不明确上述标准能否对一些新型数字设施通约。本书前述内容的分析已经揭示将物理设施、知识产权设施、数字设施置于同一个分析架构之下，并试图依靠单一标准一以贯之是难以实现的任务。近年来，一些学者开始关注必需设施理论在数字经济领域的应用，但大多仍然沿用传统分析框架，尚未提出针对大数据、数字平台、搜索引擎等新兴设施的区分适用方案。值得借鉴的是，欧盟在必需设施理论的区分适用标准建构上作出值得肯定的努力，这集中体现于知识产权型必需设施中的新产品要件的提炼上，其实新产品要件的适用就是一次区分逻辑的生动实践。

---

① 参见李剑：《反垄断法核心设施理论研究》，上海交通大学出版社 2015 年版，第 114—118 页。

第四章

破解之策：必需设施理论的区分适用

　　实体设施、知识产权和数字设施之间存在的区别要求执法者和司法者应当量体裁衣、因"设施"而异。在此方面，欧盟的法律实践取得了较为成功的经验。对于知识产权拒绝交易案件，欧盟司法者明确尽管知识产权不能完全免于反垄断索赔，但对待知识产权应该比对待有形财产更加谨慎。[①] 在 Magill 案、IMS 案等一系列知识产权拒绝交易案件中，欧盟司法者专门为知识产权构成必需设施的认定建构了新产品要件，明确体现了区分适用逻辑。在微软案中，欧盟普通法院明确指出，新产品要件只存在于涉及知识产权的判例法中。[②] 这种区分方法论不仅一定程度上缓解了必需实体设施和必需知识产权的认定无法通约的困惑，还为数字设施构成必需设施的认定提供了参考。

---

　　① See Cyril Ritter, "Refusal to Deal and Essential Facilities: Does Intellectual Property Require Special Deference Compared to Tangible Property, "*World Competition*, Vol. 28, Issue 3, 2005, pp. 281 – 298.

　　② See Judgment in Microsoft v. Commission, T – 201/04, ECLI: EU: T: 2007: 289, para. 334.

第一节 从实体设施到知识产权（分化I）：新产品要件

一、新产品要件的提出：Magill 案

我国的一些学者认为 Magill 案是欧盟将必需设施理论延伸至知识产权领域的第一案[①]，尽管这种说法有些争议，但 Magill 案无疑是较早提出新产品要件的案件。该案中，英国的 RTE、ITV 和 BBC 三家无线电视台均自行出版介绍自己当周电视节目表的周刊，受著作权保护。三家电视台均免费授权当地报纸，可以刊登当天的电视节目表以及进行当周重点节目的宣传。针对这种各电视台分开出版电视节目周刊的情况，Magill 公司计划提供综合性每周电视指南这一新产品，计划发行一份能够一次性呈现三家电视台当周节目表的全新电视周刊。但是三家电视台均拒绝向 Magill 公司许可覆盖制作周节目安排所必需信息的版权，这导致综合性每周电视指南这一新产品的下游市场竞争被完全封锁，而且有证据表明该产品在爱尔兰和北爱尔兰地区有稳定的消费需求。[②] 于是 Magill 公司向欧盟委员会寻求救济，主张是上述几家电视台的拒绝授权行为构成滥用市场支配地位。欧盟委员会认为该主张成立，三家电视台的拒绝行为属于违反欧盟运行条约第 102 条的损害消费者福利的滥用市场支配地位

[①] 参见刘彤：《欧美对于拒绝知识产权许可的反垄断审查标准及其对我国的启示》，载《学术交流》2009 年第 11 期，第 66—68 页；黄武双：《竞争法视野下的关键设施规则在知识产权领域的运用——以欧盟判例为主线》，载《电子知识产权》2008 年第 7 期，第 18—21 页。

[②] 法院在判决中写道：消费者对于该产品具有一种特殊的、持续的和经常性的需求（a specific，constant and regular potential demand）。

行为，不仅阻止 Magill 公司制作综合性电视周刊，也限制了成员国之间的贸易。① 欧盟委员会要求三家电视台在第三人提出请求时，应当一视同仁地提供每周电视节目信息，以合理条件授权第三人。

无线电视台 RTE、ITV 向欧洲初审法院寻求救济，但是欧洲初审法院维持了欧盟委员会的决定。初审法院认为行使版权的行为不得超过法律允许的范围，如果版权人行使权利的行为影响了欧盟境内的自由贸易与竞争，那么执法机关可依据欧盟竞争法进行管制。本案中，RTE、ITV 的拒绝行为旨在阻碍市场上出现综合性电视周刊这一产品与原有周刊竞争，而且综合性电视周刊有潜在的市场需求。因此，RTE、ITV 的行为系借由版权法赋予的权利独占爱尔兰、北爱尔兰电视周刊市场，因此违反欧盟竞争法。RTE、ITV 继续上诉到欧洲法院，但是欧洲法院拒绝了这些电视台的如下抗辩：一家公司在行使其版权时不受反垄断法的约束②，而是认为在例外情况（exceptional circumstance）下企业行使排他权的行为可能违反欧盟运行条约第 102 条。③ 据此，法院主张应当围绕每一个拒绝许可行为进行个案化的具体分析，并对符合例外情况的若干条件进行了界定，"这是欧共体竞争法上第一次阐明应当按照哪些标准来判明著作权拒绝许可行为是否构成支配地位的滥用"④。这些条件或标准包括：拒绝许可阻碍了一种具有潜在消费需求的新产品出现，拒绝行

① See Joined Cases C – 241/91 P & C – 242/91 P, Radio Telefis Eireann & Independent Television Publications Ltd. v. Comm' n, 1995 E. C. R. I – 743.

② Magill, 1995 E. C. R. at 1 – 822, [1995] 4 C. M. L. R. at 790.

③ Magill, 1995 E. C. R. at 1 – 822, [1995] 4 C. M. L. R. at 790.

④ 许光耀：《著作权拒绝许可行为的竞争法分析——欧洲法院 IMS 案判决研究》，载《环球法律评论》2007 年第 6 期，第 110—118 页。

为缺乏合理的正当化理由，拒绝许可行为人消除了二级市场上的所有竞争，将二级市场控制在自己手中。该案中，RTE、ITV独占电视节目资讯，掌握了制作和出版电视节目周刊的重要原料，其他企业如果无法获得这些信息，即无法出版节目周刊类新产品。RTE、ITV 的拒绝行为使得公众必须购买它们自己出版的电视周刊，且导致一个市场上有特定、持续且稳定消费者需求的新产品（即综合性电视周刊）无法出现，且该新产品无法被相关市场上的出版品代替。因此，拒绝授权行为将损害电视周刊市场的竞争，将市场留给行为人自己，违反了欧盟运行条约第 102 条。

Magill 案提出了新产品要件，反映了裁判者对涉及知识产权设施秉承更加谨慎和严格的立场，无疑具有重大的理论创新。但是比较遗憾的是，该案并没有明确新产品要件与 MCI 标准的关系，也没有说明新产品要件是启动必需设施理论的必备要件抑或是选择性要件，这给后续司法的适用带来困扰。也是因为这个原因，在知识产权拒绝交易案件中，Magill 案总是被很多学者忘却。在后续发生的 Oscar Bronner 案中，欧洲法院也启动了必需设施理论分析，而且援引了 Magill 案提出的新产品要件，但是法院并没有适用该要件。法院分析了该案中垄断者拒绝 Oscar Bronner 使用其报纸派送系统是否有正当理由，以及该派报系统是否为 Oscar Bronner 出售报纸所不可或缺的元素。但是，法院似乎刻意回避了新产品要件的分析，这种选择性适用现象或是刻意的疏漏也说明法院在面对知识产权设施时存在踟蹰。

二、新产品要件的确定：IMS 案

不过这种困惑在 IMS 医疗数据库案中得到了解决。欧盟和美国学者称之为"期待已久的判决"，其明确了拒绝许可行为何种情况构成欧盟竞争法禁止的滥用行为。我国学者许光耀则认为该案大大增强了竞争法在知识产权领域的确定性，具有重要的价值，对我国具有方法论上的借鉴意义。①该案的争议主要发生在两家公司 IMS Health GmbH & Co. KG（下简称 IMS 公司）和 NDC Health GmbH & Co. KG（下简称 NDC 公司）之间。IMS 公司持有一个砖式结构的数据库，主要记载德国地区的药品销售数据，该数据库由 1860 块砖结构组成，受到德国版权法的保护。每块砖结构对应指定的地理区域，这些区域的划分考虑了行政边界、邮政编码、人口密度、交通运输、药房及手术室的分布情况等信息。经过制药厂商、药店和医生长年累月的使用，1860 砖结构已经成为收集和处理药品销售信息的行业标准。IMS 公司的一名工作人员离职后自己组建公司（PII 公司）并开发了一种新型的砖结构数据库（2201 砖结构），但是由于用户对 1860 砖结构已产生高度黏性，不愿意转换。PII 公司遂决定使用一种与 1860 砖结构极为类似的数据库，争议由此产生。PII 公司后被本案中另一当事人 NDC 公司收购。

IMS 公司指控 NDC 公司侵犯其知识产权，而 NDC 公司则认为 IMS 公司的拒绝许可行为构成了欧盟运行条约第 102 条所禁止的滥用行为。②欧盟委员会认为 1860 砖结构已经构成了相关市场的行业标准，满足必需设施要素，没有任何客观理由的情况下拒绝接入该设施将消除该市场上的所有竞争。无法获得授权的竞争对手不仅无法与 IMS 公司进行竞争，而且法律和经济上的障碍使得竞争对手自行建造一个可行的替代品已经在事实

① 参见许光耀：《著作权拒绝许可行为的竞争法分析——欧洲法院 IMS 案判决研究》，载《环球法律评论》2007 年第 6 期，第 110—118 页。

② See IMS Health GmbH&Co. OHG v. NDC Health GmbH&Co. KG(Case – 418/01) [2004] ECR I – 5039(ECJ).

上无可能性。2001 年 7 月，欧盟委员会作出 2002/165/EC 号的决定，命令 IMS 公司应当授权所有必须使用德国药品销售相关资讯的从业者使用 1860 砖结构数据库。IMS 辩称，必需设施理论的解释将使得根据成员国国内法给予的知识产权保护受到威胁，从而抑制投资和创新。[①] 不服欧盟委员会决定的 IMS 公司于 2001 年 8 月向初审法院提出诉讼，请求暂停欧盟委员会的决定。初审法院于同年 10 月同意了 IMS 公司的请求。

IMS 公司又再度向法兰克福地方法院请求禁止 NDC 公司使用 1860 砖结构数据库。法兰克福地方法院认为 IMS 公司的请求可能构成权利滥用并违反欧盟运行条约第 102 条，地方法院申请欧洲法院进行初步判决。欧洲法院引用了 Volvo 案和 Magill 案[②]，再次重申具有市场支配地位的实体所实施的拒绝许可行为本身并不构成对市场支配地位的滥用，但是判例法也明确指出权利人行使排他权的行为在例外情况下可能构成竞争法下的滥用行为。而法院认为本案中就存在这种例外情况，并应用了必需设施理论进行分析。更为重要的是，法院在两个方面对该理论作出了创新贡献。

首先，欧洲法院引用了 Magill 案确定的必需设施理论的三个违法构成要件——拒绝许可会阻止一种有潜在消费者需求的新产品出现、拒绝行为没有客观合理的理由以及拒绝行为会排除下游市场上的所有竞争，从而把该市场把持在知识产权人手中。但不同的是，法院指出这三个要件必须同时具备而不是可选择性的。至此，欧洲法院明确赋予了新产品要件作为一个独

① Commission Decision in Case COMP D3/38. 044 – NDC Health/IMS Health, 2002 OJ. (L59) 18, 25.

② Case 238/87 Volvo [1988] ECR 6211, para. 8; Joined Cases C – 241 and 242 /91 P, RTE v. Commission, [1995] ECR I – 743, para. 49.

立的必备要件的重要地位。① 法院表示新产品要件涉及知识产权人利益保护和竞争自由保障两种价值的冲突与协调。原则上，知识产权人可以决定授权对象，法律应当予以尊重。只有当知识产权人的拒绝授权行为会使竞争对手无法利用知识产权许可来提供新产品并造成消费者损害时，才可能会违反竞争法。法院认为竞争对手欲使用必需知识产权必须是基于生产市场上无人提供的新产品或新服务的目的，且该目的因为权利人拒绝授权而无法达成，此时才能宣告新产品要件得到满足，否则就不会成立该要件。

其次，欧洲法院作出的第二个理论创新贡献在于拓宽了对二级市场的理解。马奎特等学者提出一个非常有学术市场的观点，只有当权利持有人试图用知识产权固有的权利去限制另一个相邻市场的竞争时，才能适用必需设施理论。② 申言之，能够找出一个独立于设施所在市场的其他二级市场，且拒绝交易行为排除了这个独立市场上的竞争时，才能在知识产权案件中适用必需设施理论。根据这种理解，新产品要件要求拒绝交易行为阻止出现的应当是一个新市场，现有市场上即便有消费者需求的产品或服务被封锁也无法满足该要件。此种观点影响甚大，以至于被司法实践所吸收。在 Bronner 案和 Magill 案中，法官都界定出了两个独立的且具有上下游关系的市场（投递市场和日报市场，广播电视市场和节目指南市场）。但是在 IMS 案中，欧洲法院认为上下游市场并不一定是两个独立的市场，存在一个

---

① 参见王宏：《知识产权保护与维护自由竞争——由欧洲法院的 IMS 案为探讨基点》，载《知识产权》2006 年第 3 期，第 53—55 页。

② Paul D. Marquardt & Mark Leddy, "The Essential Facilities Doctrine and Intellectual Property Rights: A Response to Pitofsky, Patterson, and Hooks," *Antitrust Law Journal*, Vol. 70, Issue 3, 2003, pp. 847 – 849.

潜在的或假定的市场（potential market or hypothetical market）就够了；并不需要必需设施存在于一个单独的市场之中，只需要存在于某一生产过程的上游阶段即可；上游市场的产品或服务是否单独对外销售，均不影响市场的界定。① 关键在于上下游市场或上下游阶段之间是否存在关联性，这种关联性要求必需设施控制者应当负担一定的供应责任。② 该案中，系争的1860砖结构数据库就构成上游的产品或服务，下游的产品或服务则是德国境内各地的药品销售相关资讯，至于这些资讯信息是否能构成一个单独的市场并不是核心关切，法院也没有进行说明。从上下游市场到上下游阶段的范围变迁，极大扩展了必需设施理论的功能边界，使得该理论不光能保护单独的次级市场的竞争过程，也能救济初级市场上出现的下游阶段的市场封锁和秩序紊乱。这种理论创新与欧盟竞争法始终坚持的过程思维和秩序思维是一脉相承的。值得指出的是，欧盟对上下游市场这种宽泛的解释并不是只存在于 IMS 案中，在 Commercial Solvents 案中这种市场界定方法再次被运用。该案中，相关企业指出欧盟委员会界定的抗结核药品构成下游市场的做法是错误的，因为抗结核药品只是一种药品，并不构成独立的市场。但是欧盟法院认为下游产品不需要一定构成独立的市场，只要不同于上游市场即可。③

三、新产品要件的发展：微软案

2004 年，欧盟委员会针对微软的两个滥用行为进行了处罚，

---

① See Case – 418/01, IMS Health GmbH&Co. OHG v. NDC Health GmbH&Co. KG, [2004] ECR I – 5039(ECJ) , paras. 43 – 45.

② 这种上下游阶段之间存在关联性的要求，在后来的微软案中再次被重申。See Case T – 201/04 Microsoft v. Commission [2007] ECR 11 – 3601, at para. 335.

③ See Jointed Cases C – 6 – 7/73, Commercial Solvents, [1974] ECR 223, para. 22.

与本书主题相关的一个行为是微软公司拒绝向太阳公司提供互操作性信息，这些信息构成数据库并受著作权保护。太阳公司是下游工作组服务器操作系统市场中的经营者，需要通过该信息的披露来实现与微软的 PC 端 Windows 操作系统的兼容。[1] 通过调查，欧盟委员会裁定微软公司拒绝提供兼容信息的行为违反了欧盟竞争法。微软不服裁定并向普通法院提起诉讼，但是法院驳回微软的诉讼请求。普通法院认为：（1）兼容性信息是进入下游市场进行平等竞争所必不可少的。（2）拒绝交易可能消除下游市场的有效竞争。（3）拒绝行为没有正当理由。（4）阻碍某种存在消费需求的新产品出现。从表面上看，上述思路也是对 IMS 案标准的承继，似乎无明显差别，但实际上微软案对新产品要件进行了发展，这也是该案的一大亮点。

从 Magill 案开始，新产品要件一直饱受过于严厉的质疑，因为在一些创新困难的行业，要出现一种新产品的难度可想而知，新产品要件的约束会导致必需设施理论形骸化。比如在医药行业，要出现一种不同于旧产品的新药是非常困难的。微软案中，法院显然也有此方面的担忧，对新产品要件进行了松绑。普通法院指出："考虑到新产品的出现……并不是决定拒绝授予知识产权是否构成八十二条（现一百零二条）项下'对消费者造成损害'的唯一考量因素。损害不仅在涉及限制新产品出现时会产生，当涉及限制技术发展时也会产生。"[2] 可以看出，这是一个比 Magill 案、IMS 案都要宽泛的界定标准。在微软案之前，新产品要件要求的新产品是在市场上尚未出现、尚未被提供的产品，但是根据微软案的逻辑，阻碍产品的技术发展

---

① 参见于东正：《系统内不兼容行为的反垄断法分析——以必需设施理论为视角》，载《中财法律评论》2022 年第 1 辑，第 95—119 页。

② See Case T - 201/04, Microsoft v. Commission, [2007] ECRII - 3601.

（technical development）也可能满足新产品要件。该案中，太阳公司并没有证明离开了微软公司的兼容性信息，它将无法提供何种具体的新产品，只是证明了对该新产品的技术开发被拒绝行为限制。但是法院认为此种情况下，新产品要件依然能获得满足，这无疑极大降低了实施强制许可的标准。

"技术发展"这一修正要件的提出反映了欧盟试图扩大必需设施理论监管范围的意图。有学者支持这种扩张，指出普通法院做出这样的扩张是因为考虑了信息市场这一新市场的特殊性，对于此类市场增值创新与多个突破性创新同等重要。① 还有学者认为微软案说明对信息技术行业应该采取一个更宽松的标准，从信息技术行业的经济学和创新过程来看，松绑新产品标准无疑是正确的。② 但是，这种降低门槛的倾向也受到一些批评。有学者指出，"技术发展"的概念非常模糊，可能让法院拥有较大的自由裁量权，对知识产权设施控制者造成损害。③

四、新产品要件的争议与廓清

美国第六巡回法院指出，根据《谢尔曼法》第二条，合法获得专利的专利持有人不能因为拒绝向他人许可专利以维持其

---

① See Pierre Larouche, "European Microsoft Case at the Crossroads of Competition Policy and Innovation: Comment on Ahlborn and Evans," *Antitrust Law Journal*, Vol. 75, Issue 3, 2009, pp. 933 – 964.

② See Inge Graef, "Tailoring the Essential Facilities Doctrine to the IT Sector: Compulsory Licensing of Intellectual Property Rights after Microsoft," *Cambridge Student Law Review*, Vol. 7, No. 1, 2011, pp. 1 – 20.

③ 参见侯利阳、王继荣：《欧盟必需设施原则考析：兼论对我国的启示》，载《竞争法律与政策评论》2015 年第 1 辑，第 46—67 页。

合法获得的垄断权力而承担责任。① 但是，该法院所指的是维持合法的垄断权力，拒绝开放构成必需设施的知识产权会将垄断权力延伸到下游市场，这可能寻求的是一种非法的垄断，不能理所当然地获得豁免。因此，应当支持必需设施理论在知识产权领域的适用，不过如果对该理论"采取更宽泛的解释将打击知识产权的核心，扼杀知识产权和反垄断法本应保护的创新激励"②。新产品要件的提出为我们提供了一种可能的适用思路，能够以不损害知识产权核心目标的方式谨慎适用必需设施理论这一威慑工具。

不过新产品要件的落位也是一波三折，一些学者至今拒绝接纳该理论工具。一种异议意见指出新产品要件不应当作为一个独立的新要件，不管是新产品还是旧产品，只要其是竞争者必不可少的中间品且被拒绝供应，即构成滥用。但是，前文的分析已经指出如果不作区分、直接套用这种 MCI 逻辑，那么任何知识产权都有构成必需设施的风险。新产品要件也绝非简单的概念置换和创造，而是蕴含了对创新利益和竞争利益的复杂权衡。MCI 标准主要着眼于过去和当下，而新产品要件则面向未来。区别于能够被简单复制的早已投放市场的产品，新产品是指一种在下游市场上知识产权人还没有提供的新产品或新服务，这在一定程度上嵌入了创新因素的考量。因为知识产权本身就具有合法的排除模仿竞争的边界排斥能力，新产品要件的植入就保护了这种能力，避免知识产权的核心价值被模仿行为

---

① See Miller Insituform Inc. v. Insituform of N. Am. , Inc. , 830 F. 2d 606, 609 (6th Cir. 1987).

② Paul D. Marquardt & Mark Leddy, "The Essential Facilities Doctrine and Intellectual Property Rights: A Response to Pitofsky, Patterson, and Hooks," *Antitrust Law Journal*, Vol. 70, Issue 3, 2003, p. 873.

和搭便车行为摧毁。

另一个更有影响力的异议意见认为新产品要件的证明门槛过高，不仅没有解决 MCI 标准对知识产权设施的不适配问题，反而让必需设施理论在知识产权领域窒碍难行，最终只能被束之高阁或形同虚设。著名欧洲竞争法学家约瑟夫·德雷克舍就批判了新产品要件，他认为"知识产权的基础设施理论的广泛应用却因欧洲法院采用'并列存在'的新产品规则而受到了很大的妨碍"①。新产品要件似乎存在过于严苛的弊端，因为：（1）要证明存在新产品是非常困难的，尤其是在医药行业这类创新的经济和时间成本都极为高昂的行业，让竞争者能生产、制造出具有技术区分性的新产品是极其困难的。（2）让缺乏专业和技术知识的监管者和司法者去判断什么样的产品或技术构成新产品、新产品和旧产品的改进品如何区分、新产品和旧产品如何界分等问题，可能存在不易克服的障碍。上述这些异议意见忽略了如下两方面内容。

第一，新产品要件之"新"坚持的是反垄断法标准而非知识产权标准。新产品要件主要从消费者需求的角度来判断产品新或旧，而不是从专业技术方面辨别是否构成新产品。在医药行业中，新产品并不是指覆盖新型活性物质的药品或者功效方面具有重大实质改进的药品，而是指存在潜在需求的产品。例如，竞争者对一款治疗阿尔茨海默病的药品的给药途径进行细微改变，由一天三次给药变为一天两次给药。这种技术改进可能很难满足专利法上的新颖性、创造性等标准，但是在新产品要件的分析框架下即使这种技术改进不构成知识产权法上的新

---

① ［德］约瑟夫·德雷克舍：《市场支配地位的滥用与知识产权法——欧洲最新发展》，吴玉岭译，载《环球法律评论》2007 年第 6 期，第 119—128 页。

技术，但是可能因为存在潜在的消费者需求、能够增进消费者福利而孕育出竞争法上的新产品。又比如，在 Magill 案中，争议中的综合性一周电视节目表如果遵循版权法的授权标准，可能无法满足独创性标准。相比单独性的电视周刊，综合性电视周刊更像是将信息整理在一起的"汇编作品"，如果不能形成独立表现思想或文艺美感的内容，则无法获得版权保护。① 但在新产品要件的分析框架下，案件相关证据已经说明在涉案地区，当地消费者对这种综合性电视周刊有很强的需求，因此可能构成一种具有竞争保护利益的新产品。对此，张世明教授鞭辟入里地指出：尊重和礼让知识产权要求将对于知识产权本身所处的相关市场的权利予以保护，但对新产品的门槛设定是反垄断法上的判断标准，不能囿于专利法的窠臼，否则将使创新的通道封锁。② 需要谨记：反垄断法上的创新不单纯是科学技术的创新。

第二，新产品之"新"的判断是从需求侧的角度判断是否存在潜在的消费需求，并不是从供给侧的角度让竞争执法机关如同专利授权机关一样去判断新颖性、创造性或思想独创性，以及判断相关设施是否在科学技术方面构成创新，这样避免了让竞争监管者和法官研判专业性权利的知识错配现象。职是之故，无论是 Magill 案，还是 IMS 案中，欧洲法院对新产品要件都加上了"潜在消费者需求"（which there was a potential consumer demand）的限定语。③ 依新产品要件，IMS 案中竞争机关

---

① 参见王迁：《论汇编作品的著作权保护》，载《法学》2015 年第 2 期，第 35—49 页。

② 参见张世明、孙瑜晨：《知识产权与竞争法贯通论》，中国政法大学出版社 2020 年版，第 400—477 页。

③ Case – 418/01, IMS Health GmbH&Co. OHG v. NDC Health GmbH&Co. KG, [2004] ECR I – 5039(ECJ), para. 49, para. 52; Joined Cases C – 241 and 242 /91 P, RTE v. Commission, [1995] ECR I – 743, para. 54.

和竞争法庭可以将更多的资源用于分析 NDC 公司的砖结构数据库是否存在潜在的消费需求，而不是纠缠于 NDC 公司的砖结构与 1860 砖结构存在何种技术区别。日本学者富田彻男指出从本质上说，知识产权是为了不让竞争对手销售自己的产品而拥有的一种垄断顾客的权利。① 这意味着对于一项完整的知识产权，除了拥有制作产品的技术之外，还必须存在商品市场以及能够进行比较的其他产品、具有需求的顾客。因此，知识产权本身也与这种需求端分析范式兼容，消费者需求也为研判知识产权设施提供了一个法基准，更利于竞争秩序维护机构以自己更擅长的方式进行审查。

总之，新产品要件的提出说明，在欧盟法律下法官相比包含有形财产的拒绝交易案件，在知识产权拒绝许可案件中采用了更高的标准。② 这种区分是有正当性的，德克雷对此指出：有理由认为，相比其他形式的财产权，对知识产权的强制许可需要更加谨慎，这种差别对待才符合公平。③

第二节　新产品要件的理论价值

知识产权的特殊性导致必需设施理论的适用出现难题，"需要我们根据知识经济条件下知识产权的地位与作用以及其与竞争、垄断的关系等来确定科学、合理的、针对知识产权特点的

---

① ［日］富田彻男：《市场竞争中的知识产权》，廖正衡、金路、张明国译，商务印书馆 2000 年版，第 13 页。

② 参见李剑：《反垄断法核心设施理论研究》，上海交通大学出版社 2015 年版，第 126 页。

③ See Estelle Derclaye, "Abuses of Dominant Position and Intellectual Property Rights: An Attempt to Clarify the Case Law of the Community Courts,"*In Competition, Regulation and the New Economy*, Hart, Oxford, 2004, pp. 55 – 75.

新标准，而难以从传统的'必需设施理论'中找到满意的答案"①。而新产品要件的提炼为我们找到了一个出口，该要件启示我们，知识产权是否构成必需设施的关键并不是在供给端根据设施财产的本质属性来判断，而是需要从需求端去探明知识产权在竞争过程中所起的作用，是否构成竞争机制运转的实质障碍。

一、启示意义：供给端向需求端分析跃迁

事实上，遵循 MCI 标准的适用于有体财产的必需设施理论主要是从供给端的角度进行分析的，即当构成最终产品必不可少且难以复制或替代的投入品被支配性企业垄断控制且其拒绝其他竞争者获得该投入品时，就会出现瓶颈垄断和必需设施问题。于是，必需设施似乎只是关于"投入品垄断"（a monopoly of an input）或者"拥有显著市场力量的投入品"的另一种表述。② 相应的，必需设施的分析主要集中于分析投入品的性质、比较不同投入品的功能、判断是否存在能以合理手段获得的替代品、思考相关设施是否具有可复制性等。但是，这种供给端分析在面对一些权利性质聚讼难定、边界模糊不清的知识产权设施时，会遇到适用障碍。例如，分析 IMS 案中 NDC 公司的砖结构与 1860 砖结构存在何种区别、1860 砖结构是否可复制、开放 1860 砖结构是否具有技术可行性等，会给法院带来一系列难题。对此，新产品理论引导我们走向需求端分析的方向。

实际上，已经有一些学者指出必需设施理论的分析应当由供给侧的分析向需求侧的通道分析转移。弗里希曼和沃勒指出

---

① 吕明瑜：《知识产权人拒绝交易中的垄断控制——知识经济视角下的分析》，载《法学论坛》2008 年第 5 期，第 64—70 页。

② James R. Ratner, "Should There Be an Essential Facility Doctrine,"*U. C. Davis Law Review*, Vol. 21, No. 2, 1988, p. 346.

将关注点从对设施的关键性的文本分析转移到该设施所扮演角色的经济分析，具有重要意义。反托拉斯法官和执法者的分析不应该仅停留在被告是否控制了必需设施、何种设施才能具有关键性等问题；具体情况下，应将调查重点放在必需设施存在的影响和下游的外部性问题上。[1] 必需设施之必需性的认定除了从供给端去找寻依据，还可以根据下游生产活动的通道需求和终端消费者的需求来判断。虽然在上游市场阶段垄断经营者可以通过消费必需设施这一资源来获得直接收益，但是很多必需设施创造的大部分价值主要还是通过下游市场阶段来实现的，这意味着从下游的需求端进行分析能更容易、更准确地测度必需设施的价值。丹尼尔·特洛伊认为必需设施的判断主要应从竞争者的角度进行，当拒绝使用某一设施将剥夺竞争者的商业存在（commercial existence）时，该设施就构成必需设施。[2] 特洛伊的分析忘却了竞争者和竞争过程的区别，现代竞争法保护竞争本身而非竞争者。作为秩序疏通机制的必需设施理论是为了竞争机制和竞争过程的通畅而施加强制开放通道义务（access for play），而不是为了拯救个别低效率的竞争者（access for survival），否则会产生促懒惩勤的倒置后果。但值得肯定的是，相比执着于必需设施内在性质的供给端分析，特洛伊更强调必需设施的外部竞争影响，体现了一定的需求侧分析逻辑。

需要注意的是，不管是供给端分析，还是需求端分析，都需要进行个案分析。因为必需设施的判断具有高度的情境化特征，需要根据具体的产业环境、市场特征、上下游阶段关联性

---

[1]　See Brett Frischmann & Spencer Weber Waller, "Revitalizing Essential Facilities," *Antitrust Law Journal*, Vol. 75, No. 1, 2008, pp. 1 – 66.

[2]　See Daniel E. Troy, "Unclogging the Bottleneck: A New Essential Facility Doctrine," *Columbia Law Review*, Vol. 83, No. 2, 1983, pp. 441 – 487.

等因素逐案裁量。例如，某成熟的通讯产品市场和新兴的某生物技术市场上的必需设施之判断必定有云泥之别。因此，即使分析框架向需求端转移也并不会直接提供问题的精确答案，判断者仍然需要考虑到产业区分性，回到具体情境中去。但是，需求端的分析能够解决机构能力问题（institutional competence question）[1]，让反垄断执法者和司法者以自己更擅长的方式去解开难题，进而大幅提高所做决定的准确性。知识产权本身的特质也对需求侧分析展现出亲和度和包容度。著名知识产权法学者郭禾教授指出，专利权作为一种财产权只有在市场经济环境下才有存在的意义；市场是资源配置的决定性因素，专利权作为一种资源无疑也应当将其置于市场环境下考察。[2] 因此，知识产品可以通过外化于自身的市场需求分析来获得关于自身价值的客观评定。

相比于供给端财产分析，反垄断法的传统理论提供了诸多关于市场需求的精妙分析工具。例如，相关市场的界定就是一个测量消费者需求的过程，一般情况下当 A 商品价格上涨，购买者非常容易转向 B 商品，则说明这两种商品间的替代程度高，属于同一相关市场。界定相关市场主要依靠需求替代分析（一些场合也会考虑供给替代）[3]，需求替代的传统分析路径中，产品功能界定法是一种经典方法，但是其具有难以革除的主观随意性。现代反垄断法创立了一种能够更精确测量需求的客观方

---

① See Mark A. Lemley & Philip J. Weiser, "Should Property Rules or Liability Rules Govern Information?" *Texas Law Review*, Vol. 85, No. 4, 2007, pp. 783 – 841.

② 郭禾：《专利权无效宣告制度的改造与知识产权法院建设的协调——从专利法第四次修订谈起》，载《知识产权》2016 年第 3 期，第 14—19 页。

③ 国务院反垄断委员会《关于相关市场界定的指南》第四条替代性分析中规定，界定相关市场主要从需求者角度进行需求替代分析。

法，即假定垄断者测试法（SSNIP 法）。该方法在假设市场中选择一个假定的垄断者，然后明确假设的垄断者在一定时期内（如一年）是否能从 5%～10% 的小幅价格上涨中获利。如果只有少数消费者会转向替代产品，那么最初的假设市场就是相关市场；但如果有足够数量的购买者转向替代产品，那么重复涨价测试，直到找到一个消费者不会因小幅相对涨价而转换且垄断企业可以通过涨价获利的产品集合，这个最终确定的产品市场就是相关的市场。① 总之，相比于供给端的权利分析，竞争监管者更深谙需求端分析之道。

尽管界定相关市场和界定必需设施具有一定的原理相通性，但是二者不能等同。有学者认为必需设施的界定可以被相关市场界定理论所吸收，因为一项设施在相关市场形成完全垄断，就意味着该设施在市场中是唯一的、仅有的、无法替代的，从而成为市场的瓶颈，这也是核心设施本身含义的来源。② 然而，必需设施的界定和相关市场的界定之间始终存在逻辑上的分裂。很多场景中，成为必需设施确实意味着相关设施可能会垄断相关市场，也即界定相关市场与界定必需设施出现重合，但是在很多情况下二者也会出现分离③。既有可能出现垄断相关市场却不构成必需设施的情况，之所以设施控制者能够垄断市场并不在于其设施不可复制或必不可少，也不是因为拒绝交易行为本身，而是可能因为经济力量强大的设施控制者实施了其他的掠

---

① See Phillip E. Areeda, Herbert J. Hovenkamp & John L. Solow, *Antitrust Law* (3rd ed., Vol. 2B), New York: Wolter Kluwer, 2007, pp. 232–253.

② 参见李剑：《反垄断法中核心设施的界定标准——相关市场的视角》，载《现代法学》2009 年第 3 期，第 69—81 页。

③ 例如，某大型平台通过外部资本加成和实施一系列垄断行为在网络零售服务这一相关市场占据支配地位，其控制的大数据可能构成必需设施，但该数据设施并不一定垄断相关数据市场。

夺性定价、联合抵制、恶意诉讼、强制交易等反竞争行为，驱逐了其他竞争者；还有可能出现相关设施构成某个生产阶段的必需设施但无法垄断整个相关市场的情况。在同一个相关市场内，如果拥有市场支配地位的经营者关闭设施导致依附于该支配者的躬耕某一生产环节的竞争者大量"死亡"，严重限制了消费者对竞争性服务的选择自由，那么必需设施理论也存在功能空间。欧洲法院在 IMS 案中也强调，必需设施垄断的并不需要是一个独立的相关市场，而可以是一个假想的市场，甚至可以是一个生产阶段。即便同样需要进行消费者需求分析，认定必需设施的门槛条件要比界定相关市场严格得多。如果根据 SSNIP 这类相关市场界定方法来界定必需设施，持有某一知识产权设施的垄断者在一定时期内涨价 5% ~ 10% 且消费者不发生转换，那么就对该知识产权设施规定强制许可开放义务，这将会彻底毁坏知识产权法内涵的促进创新和投资的正义原则。① 只有在控制该知识产权设施的垄断者实施的行为导致新产品无法出现时，才有适用必需设施救济的余地。将必需设施理论建立在相关市场理论之上，不仅无益于刺破必需设施理论的不确定性面纱，反而还将使其在知识产权领域的适用困境恶化。

一项设施并不需要完全垄断了一个独立的相关市场才能构成必需设施，只要堵塞了下游生产阶段的竞争和创新通道就有构成必需设施的可能。下游阶段的通道是否被封锁则可以通过一些需求端分析方法来研判，关于商标显著性的法学理论和判例法提供了一些有力的经验借鉴。一般而言，只有具备显著性的标志才有获得商标专有权的资格。商标法一般采用列举法从

① See Donna M. Gitter, "The Conflict in the European Community between Competition Law and Intellectual Property Rights: A Call for Legislative Clarification of the Essential Facilities Doctrine," *American Business Law Journal*, Vol. 40, No. 2, 2003, pp. 230 – 231.

反方向界定显著性，即通用性标志、描述性标志与功能性标志不具有显著性。[①] 而之所以规定这三类无显著性标志无法成为注册商标，是因为这些标志构成了很多竞争主体向消费者传递信息所必不可少的信息材料，可谓商标法上的必需设施。因此，商标显著性制度的最终旨趣在于对公平竞争过程的保护。[②] 是否具有显著性、是否构成通用名称等问题并不是根据标志或符号本身的内部性质来判断，而是从外部市场影响的角度来分析；前者只能判断"固有显著性"，后者才能判断"获得显著性"。彭学龙指出，没有天生的商标，任何标志都只有经历获得显著性的过程才能成为商标，获得显著性才是真正的显著性，决定显著性强弱的是市场和消费者。[③] 法官会展开消费者调查，搜集市场数据，评估市场的接纳程度，收集相关产业信息。根据市场和消费者的反馈，一些不具有固有显著性的符号可能在市场使用过程中具有"获得显著性"，一些具有显著性的商标可能因为显著性淡化而流入公有领域（如阿司匹林、吉普、优盘等商标），从而使得显著性的评价具有动态性和历史性。显而易见，商标显著性要件的分析对于必需设施的界定具有一定的启发性，间接说明监管者和裁判者具备对知识产权进行需求端分析的相关理论和实践基础，也意味着涉及知识产权的必需设施的认定采取需求端分析并不存在无法逾越的障碍。

　　在知识产权拒绝交易案件中，当拒绝许可某一知识产权的

---

　　① 参见《法国知识产权法典》第 L. 711 - 1 和 L. 711 - 2 条，《英国商标法》第 3 条，《日本商标法》第 3 条以及中国《商标法》第 9、11、12 条。

　　② 参见刘铁光：《商标显著性：一个概念的澄清与制度体系的改造》，载《法学评论》2017 年第 6 期，第 85—97 页。

　　③ 彭学龙：《商标显著性新探》，载《法律科学（西北政法学院学报）》2006年第 2 期，第 60—67 页。

行为能够封锁下游市场或下游生产阶段的所有竞争和创新通道时，就可能触发必需设施理论，对权利人施加以公平合理的非歧视的价格开放通道的义务。而下游竞争和创新通道是否被封锁则主要观察是否阻碍有潜在消费者需求的新产品出现。新产品并不要求具有科学技术上的创新性，只要从需求侧的角度观察，消费者更愿意选择的产品都能成为新产品，新技术、新功能、新结构、新工艺、新模式、新方法、新外观、新体验等都能因为满足消费者需求而成为竞争法上适格的新产品。竞争执法者和司法者可以通过分析市场数据和行业信息，开展消费者调研，借助经济学模型测量消费者需求。[①] 鉴于不同产业间存在显著的市场或技术区分性，我们无法为新产品的消费需求分析设定整齐划一的定量方案，而是需要赋予执法者和司法者一定的灵活性和开放性，让其能够进行个案分析、逐案判断。在通信行业等成熟创新领域，下游竞争和创新通道被封堵以至于具有广泛化和普遍化的消费者需求的产品无法出现时，才能认定市场中存在必需设施。但在生物技术等新兴的复杂创新领域，消费者需求更显个性化和小众化，尚待发展的下游市场通道更容易被堵塞，因而对于这种新兴市场，对消费者需求的量之要求又需有所松动。美国学者玻特认为存在一种克劳斯特型产业结构，由于创新高度成熟，技术高度同质化，多家企业制造的

[①] 实际上，经济学理论产生了大量测算消费者需求的模型。例如，获得 1984 年诺贝尔经济学奖的约翰·理查德·斯通就提出了线性支出系统，测量了 48 种食品的消费需求。迪顿和缪尔鲍尔提出了近理想需求系统，可以用来分析同一类消费者群体对于不同商品消费偏好的差异，也可用于比较不同的消费者群体对同一组商品的消费差异。借助计量经济学模型的辅助，反托拉斯执法者和法官能对新产品所要求的潜在消费者需求有一个更客观的把握。消费者需求模型的介绍，可参见陈志鸿：《消费者需求系统模型综述及发展前沿》，载《财经智库》2018 年第 6 期，第 79—92 页。

产品也大致相同，存在"同时开发"的现象，由最终消费者的选择来进行产品的优胜劣汰。同时在这种激烈的竞争中，产品得到不断改良，价格不断下降，消费者福利也随之增进。① 这意味着在这种克劳斯特型产业结构中，对必需设施的认定标准必须设置严苛的要求，否则会扼杀行业的活性。因此，对构成新产品的潜在消费者需求的量之设定要体现产业区别性。

二、必需知识设施理论的初步建构

在很多传统有体设施的必需性判断中，供给端分析发挥着举足轻重的作用。例如，Terminal Railroad 案中的铁路桥、Aspen 案中的滑雪场、Estate of Wirtz 案中的体育馆等有体设施的边界是清晰的，从供给端的关于设施权利性质、物理特征、地理位置等因素着手分析往往能为法官提供重要指引。不过在知识产权设施中，供给端分析就处在退而居次的地位，当然这并不是说要彻底摒弃供给端分析，在知识产权场景中供给侧分析能起到重要的辅助功能。新产品要件无法完全剥离供给端分析，很多案件中仍然要求被知识产权设施封锁的新产品要有最低程度的创新价值。Magill 案中的综合性电视周刊、IMS 案中的新型砖结构无法构成独立的知识产权，但是也确实有一定的创新价值，能构成一种低价值形式的知识权利。这是因为提出新产品要件的目标就是要以符合知识产权法价值目标的方式适用必需设施理论，该要件主要规制替代竞争被排除的情况，而对模仿竞争被知识产权持有人排除的情形保持最大程度的尊让。如果说在知识产权领域，必需设施的分析主要以需求端分析为主而供给

---

① 参见［日］富田彻男：《市场竞争中的知识产权》，廖正衡、金路、张明国译，商务印书馆2000年版，第216—231页。

端为辅，那么在传统有体财产领域则以供给端分析为主。有体设施存在通道容量的阈值限制，非竞争性使用的知识产权却不存在这方面的担忧，但是对知识产权施加开放通道的强制义务时要更为谨慎，应当在竞争过程的维护和未来创新利益的保障之间进行适切权衡。总而言之，涉及知识产权的必需设施之判定与涉及有体财产的必需设施之判定存在无法遮蔽的区隔。长期以来，必需设施理论饱受缺失整全性和连贯性的指责，被视为一种不稳定的理论，其中一个关键的缘由可能就在于忽视了有体设施和无体设施之间的区别，试图以适用于有体财产的传统标准一以贯之，实现对无体财产的通约。

为了让必需设施理论更具稳定性和连贯性，对必需设施进行类型划分是有必要的。实际上，一些学术文献已经做了一些有益尝试。例如，根据有无网络效应而将必需设施分为传统必需设施（traditional essential facilities）和非传统必需设施（non-traditional essential facilities）；根据下游市场生产的是私人品或是公共品，将必需设施分为商业性必需设施和公共性必需设施。[①]综合上文的分析，本书认为在必需设施的谱系中涉及有体财产权的有体设施和涉及知识产权的知识设施应当作为两种独立的子类型，应提炼专门的必需知识设施理论，并根据必需知识设施的特性建构不同的针对通道开放、通道价格等方面的监管规则，从而纾解单一标准无法通约的问题。

尽管必需知识设施理论是一种针对知识产权拒绝交易行为的竞争分析工具，属于反垄断法理论的范畴，但是其又与知识产权法本身具有高度相容性。前文中提到的商标法对通用性标

---

① See Brett Frischmann & Spencer Weber Waller, "Revitalizing Essential Facilities," *Antitrust Law Journal*, Vol. 75, No. 1, 2008, pp. 1 – 66.

志、描述性标志与功能性标志的除外规定就是一个生动例证，这些特殊的标志构成了竞争者正常经营所需的信息传递的必需材料，显然已具备必需知识设施的外形。专利法也有类似的除外设定，美国联邦最高法院在 Diamond 诉 Chakrabarty 案中指出，自然法则、物理现象和抽象观念不具有可专利性。[①] 因为它们是进行创新的基本"原料"或"工具"，如果被授予专有权，后续创新通道将被完全堵塞，对可专利性对象的限制不啻为一种类必需设施理念的体现。但是，实行技术霸权战略的美国不断拓展专利保护范围，联邦最高法院也提出"阳光下一切人造物皆为适格专利主题"（anything under the sun that is made by man）。特别是在生物医药技术领域，美国对基因序列片段[②]、自然状态下的微生物、基因重组技术、聚合酶链式反应技术、人类胚胎干细胞技术等争议对象授予了专利权保护，导致大量开放性和公共性知识被笼罩于专有权的羽翼之下，打破了公有领域通道不能被封锁的理念。作为版权法的基本原则，思想与表达二分原则也体现了一种类必需设施理念，其确保作为艺术创新活动必需品的思想留在公有领域，不会被锁定在蛛网密布的专有权之中，从而保证创新必经之路不被排他权阻塞。不过，必需设施理论针对的是权利授予后阶段的完整权利之拒绝交易的场合，

---

① See Diamond v. Chakrabarty, 447 U. S. 303, 309 (1980).

② 有关基因专利的相关文献可参阅：张晓芳：《基因序列与相关生物技术发明的专利反垄断机制设置》，载柳经纬主编：《厦门大学法律评论》，厦门大学出版社 2004 年版第 1 期，第 233—292 页；Matthew Poulsen, "Jurisprudential and Economic Justifications for Gene Sequence Patents," *Nebraska Law Review*, Vol. 90, Issue 1, 2011, pp. 196 – 239; Oskar Liivak, "Maintaining Competition in Copying: Narrowing the Scope of Gene Patents," *U. C. Davis Law Review*, Vol. 41, Issue 1, 2007, pp. 177 – 238; Oskar Liivak, "The Forgotten Originality Requirement: A Constitutional Hurdle for Gene Patents," *Journal of the Patent and Trademark Office Society*, Vol. 87, Issue 4, 2005, pp. 261 – 297.

可专利性限制、思想与表达二分原则等针对的是权利授予前阶段的某种"前权利"形态或权利之"原材料",存在一定的时序差异。

对此,专利法的实验使用例外和版权法的合理使用制度能够提供更具说服力的比对证成。版权制度中的合理使用是指一种在一些特殊情境中行为人可以不经过权利人的许可直接免费使用其作品而不会被视为侵权的权利约束机制。因此,合理使用制度也可以看作是一种针对艺术创新领域的必需设施施加的通道强制开放义务,更为严苛的是控制该设施的版权人还不能收取任何"过路费"。专利法上的实验使用例外原则也异曲同工,其规定专为科学研究和实验而使用有关专利的,不视为侵犯专利权。但是,实验使用例外的适用空间被不断压缩。在臭名昭著的 Madey 诉 Duke 案中,美国联邦巡回上诉法院认为从事学术研究的大学以实验为目的使用相关专利可能构成侵权,因为只要使用专利的行为能够促进被控侵权人的合法业务,就可能不符合严格的实验使用例外。对于大学而言,即便确实单纯以科学实验为目的,其研究活动总是能够对其合法业务有促进作用,如能够提高学术地位,吸引学生、教师以及经费,带来一定的经济利益。[①] 该案对实验使用例外原则产生了巨大限制,尽管该原则并未被抛弃,但以"非常狭窄的形式存在",之后的判例中能够通过该原则获得豁免的情况也微乎其微。[②]

必需知识设施理论不仅可以从反垄断法中寻找理论根基,还可以从知识产权法中寻找理论养分,因为知识产权法本身就内嵌着创新必经之路不应被堵塞的理念。尽管知识产权法提供

---

① Madey v. Duke Universtity. 307 F. 3d 1351(Fed. Cir. 2002) .

② 参见［美］亚当・杰夫、乔西・勒纳:《创新及其不满:专利体系对创新与进步的危害及对策》,罗建平、兰花译,中国人民大学出版社 2007 年版,第 61 页。

了诸如可专利性限制、思想与表达二分原则、实验性使用例外、合理使用等类必需设施理论工具，试图放松排他权，保障通向公有领域之路不被堵塞；但是这些工具本身存在适用局限性或受到其他的限制性条件约束，对于广泛失灵的知识产权系统能够起到的矫正作用仍然不足。当前，一些含有公有领域知识的信息和作为下游创新必需"原材料"的技术通过知识产权的制度性程序获得垄断特权，严重损害了经济效率和创新者利益。尽管不可否认在能够产生瓶颈效应的专利中确实有一些创新价值较大，但是也有一些低价值专利或接近常识的专利也取得了必需设施地位，成为创新和竞争之路上的一道道闸门。① 当知识产权制度从一个"创新激励器"沦为威胁竞争和创新过程的"不确定性发生器"时②，我们不仅需要唤醒知识产权法内部的衡平机制，还需要依靠竞争法外部的秩序疏通机制，保障创新和竞争之路能够畅行无碍。因此，对符合条件的知识产权拒绝交易行为应当适用必需知识设施理论，实现对知识产权系统的外部修正。由此，必需知识设施理论是一个能够桥接反垄断政策和知识产权政策、贯通知识产权法内部规制和竞争法外部规制的融贯性理论工具。

三、新产品要件的总结

商业活动中常常出现一些知识产权成为必需设施并榨取远超过创新价值的垄断租的失比例现象。20 世纪 80 年代思科公司

---

① See Michael A. Heller & Rebecca S. Eisenberg, "Can Patents Deter Innovation? The Anticommons in Biomedical Research," *Science*, Vol. 280, Issue 5364, 1998, pp. 698–701.

② 参见［美］亚当·杰夫、乔西·勒纳：《创新及其不满：专利体系对创新与进步的危害及对策》，罗建平、兰花译，中国人民大学出版社 2007 年版，第 52—70 页。

拒绝交易知识产权的行为阻隔了路由器和交换机市场的互通互联，导致该市场长期被思科公司封锁。近年来，持有无线通信领域的标准必要专利的高通公司在市场上肆意妄为，攫取巨额垄断利润，让消费者不得不为这些必需知识设施支付不合理的高价。一起起案例深刻展示：当构成必需设施的知识产权能够获得拒绝开放通道的绝对自由时，将对竞争和创新过程造成严重的负面影响。但是如果僵化套用传统的 MCI 标准又会出现马奎特和莱迪所担忧的问题——所有涉及垄断者拒绝许可知识产权的案件可能都满足必需设施的认定标准。① 新产品要件的提出就充分考虑了知识产权设施的特殊性以及长期创新政策与短期竞争政策的协调问题。所谓新产品是指一种在下游或相邻市场（或市场阶段）上知识产权人还没有提供的新产品或新服务，而不能是可以被简单模仿的早已投放市场的产品。这在一定程度上嵌入了知识产权的政策考量，能够限制针对知识产权人的搭便车行为，从而保护了创新激励。知识产权法虽授予了权利人排除一定模仿竞争的排他权利，但并没有授予其可以同时排除潜在替代竞争的权利。如果拒绝许可行为导致潜在的替代竞争被封锁，那么新产品要件就可能得到满足。总之，新产品要件的提出导致必需设施理论出现了一次明显的类型分化，呈现出必需物理设施和必需知识设施二元分立的结构。

我国立法和司法同样对知识产权设施采取了更为谨慎的标准，体现了区分思想。宁波科田磁业有限公司与日立金属株式会社垄断纠纷案中，宁波市中级人民法院指出，通常必需设施原则须具备下列五个要件：第一，该设施对于其他经营者参与

① See Paul D. Marquardt & Mark Leddy, "The Essential Facilities Doctrine and Intellectual Property Rights: A Response to Pitofsky, Patterson, and Hooks, "*Antitrust Law Journal*, Vol. 70, Issue 3, 2003, pp. 847 – 849.

竞争是必不可少的；第二，独占者控制了该必需设施；第三，竞争者不能在合理努力的范围内再复制同样的设施；第四，独占者不合理地拒绝竞争者利用该必需设施；第五，独占者提供该必需设施是可能的。更为重要的是，法院特别强调因知识产权的专有性与排他性天然使之具有瓶颈效应，且知识产权广义上具有促进创新、增进公共福利作用，故在知识产权领域应非常谨慎适用必需设施原则，除了上述五个要件，还应同时考虑，拒绝许可该知识产权是否将会导致相关市场上的竞争或者创新受到不利影响，并损害消费者利益或者公共利益。这种区分思想是值得肯定的，同时也与立法保持一致性。2022 年，国家市场监督管理总局发布的《禁止滥用知识产权排除、限制竞争行为规定（征求意见稿）》规定，知识产权拒绝交易案件要考虑"拒绝许可该知识产权将会导致相关市场上的竞争或者创新受到不利影响，损害消费者利益或者公共利益"。不过相比新产品要件而言，"对竞争或创新不利影响""消费者利益或者公共利益损害"等标准都过于宽泛和模糊，不仅不具有可操作性，还会赋予法官较大的自由裁量空间并给当事人带来不确定性。未来可以借鉴新产品要件，对上述这些标准进行精细化限缩。当具有潜在的、可识别的、稳定的消费者需求的新产品被阻止进入市场时，就可视为对竞争或创新产生不利影响以及对消费者利益或者公共利益造成损害。

第三节　从知识产权到数字设施（分化Ⅱ）：新市场要件

一、必需知识设施认定标准与数字设施的不适配性

（一）新产品要件在数字设施领域存在适用障碍

在计算机和信息技术的发展推动下，市场上又出现了数字

平台、云计算架构、大数据等大量新兴无体设施。这些数字设施与有体物理设施不同，似乎更接近知识设施。比如，很多数字设施不存在容量拥挤问题、在使用上具有非竞争性，这与知识设施具有相似性。开放一些数字设施具有高度可行性，像大数据这类设施理论上可以被无限次复制和开放；同样的，授予知识产权许可似乎也不存在次数限制。更为重要的是，数字经济领域往往被视为重要的创新领域，一些数字设施也暗含创新激励的考虑，凡此种种都导致数字设施与知识设施更具有亲缘性。必需知识设施以新产品要件为核心的认定体系能否对数字设施一体化适用，自然而然成为一个值得探讨的理论问题。

有学者就主张对知识产权以外的新型创新设施也应该适用新产品要件。① 也有学者认为新产品要件旨在规制通过阻碍二级市场的发展来损害消费者福利的行为，没有理由认为该要件只存在于知识产权领域。学者格雷夫指出："必需设施持有人是否试图阻止新的市场发展，这是一个一般性的拒绝交易在原则上都值得考虑的问题，而不仅仅局限于拒绝许可。为了使必需设施原则适应数字经济，新产品要件的适用可以取决于市场是否出现外部失灵特征。"② 但是新产品要件始终是与知识产权政策绑定的，尽管新产品之"新"并不需要达到能够被授予专利或版权的程度，但仍要求有一定程度的创造性和新颖性。例如，在 Magill 案中，构成必需设施的一周电视节目表可能不构成版权法上的新版权，但欧洲法院有法官指出其是一种创造性较低的知识产权形式。IMS 案中，被封锁的砖结构数据库尽管未被知

---

① See Maximilian Bernhard Florus Kuhn, "Essential Facility: Free Riding on Innovation," *Common Law Review*, Vol. 13, 2014, pp. 54 – 57.

② Inge Graef, "Rethinking the Essential Facilities Doctrine for the EU Digital Economy," *Revue Juridique Themis*, Vol. 53, No. 1, 2019, p. 69.

识产权法保护，但其也包含了一定的创新价值。这是因为新产品要件为了保护创新激励而存在较高的证明标准。尽管新产品要件主要是从消费者需求的角度来判定的，但其出发点和落脚点是通过是否能吸引新的消费者来判断竞争对手有没有给它的产品增加一定的创新价值。如果对数字设施适用新产品要件，要求数字平台、搜索引擎、算法架构、大数据等具有一定程度的创造性和新颖性，可以预见必需设施理论很可能被束之高阁，因为很多数字设施之所以能吸引消费者不是因为它本身的创新性，而是归因于它形成的网络效应。

困难的问题还在于虚拟、无形的数字经济中，产品与产品之间的边界变得非常模糊。一些数字平台与不同的产品群呈现出复杂的套嵌结构，一些数字平台能从产品中继续细分产品，一些构成产品的数字技术或数字知识的边界非常模糊，凡此种种都给新产品要件的适用带来挑战，法官可能不容易区分旧产品和新产品的界限。互联网搭售案件遭遇的产品边界困境就是一个典型的例子。在极为著名的奇虎诉腾讯垄断纠纷案中，广东省高级人民法院指出搭售的目的是为了将市场支配地位扩大到被搭售产品的市场上。① 最高人民法院在该案的终审判决中对违法性搭售的构成要件进行再次勾勒，具体包括在搭售品市场具备市场支配地位以及搭售品和被搭售品为独立产品。但是，对何为独立产品的理解往往言人人殊，存在消费者需求、产品功能、交易习惯等判断基准，没有一个标准能够实现通约。在奇虎诉腾讯案中，QQ 通信软件和 QQ 安全管理软件是否构成单一不可组合产品的问题引发巨大争议。从产品功能标准看，即时通信软件和安全管理软件似乎是两个单独的软件；但是按照

---

① 参见广东省高级人民法院（2011）粤高法民三初字第 2 号判决书。

交易习惯标准，将通信软件和安全管理软件整合为一个便于用户下载的安装包的做法也极为常见。直到今天，互联网领域中关于搭售产品和被搭售产品的独立性、可分割性等问题依然是难解之题。举轻以明重，在复杂必需数字设施拒绝交易案件中，分析新产品和旧产品的独立性只会更加困难。

在微软案中，欧盟初审法院对新产品要件进行了"松绑"，指出损害不仅会在限制新产品出现时发生，也会在限制技术发展时产生。新产品指现存市场上尚未被提供的具有一定创新价值的商品或服务，而微软案提出的限制技术发展标准更加宽泛，是一种更容易被证成和满足的低标准。太阳公司甚至无法证明如果获得微软提供的关键兼容性信息，它将向市场提供什么样的新产品，但仍然获得了救济，这体现了数字时代下欧盟扩大必需设施理论适用边界的改造倾向。但是，技术发展是一个非常模糊抽象的标准，法官在判断拒绝开放何种设施会限制技术发展、何种技术被限制以及对该技术何种程度的限制需要被救济等问题上拥有极大的自由裁量空间，存在主观臆断、同案不同判的风险。

主张完全移植必需知识设施的新产品要件的观点忽略了数字设施与知识设施存在区别。知识设施依赖于有期限的知识产权制度的保护。当保护期届满，相关知识设施就会进入公有领域。因此，对尚处有效期的知识产权施加交易义务要极为谨慎，故新产品要件设置较高证明门槛的做法是正当的，也与知识设施的特殊性相契合。但是数字设施更依赖于大数据和算法技术的赋能或加成，知识产权可能并不是核心因素。一旦超过一定的临界用户规模、获得网络效应后，一些数字设施能长期性存在，且不断成长、强者恒强。如果缺少外部竞争干预，那么必需设施的拒绝行为对市场过程的梗阻和破坏效应会一直存续，网络效应也会由刚开始的创新回报演化为一种不断创造垄断租的进入壁垒。

（二）对借鉴知识产权设置摊销期（amortization period）观点的批判

有学者提出借鉴知识设施的有效期制度，为数字设施设置摊销期制度。耶鲁大学的尼古拉斯·古根伯格指出，知识产权创新经济学启示，任何垄断都必须在范围和期限上加以限制，以确保竞争。[①]产权只是垄断的另一个名称[②]，授予知识设施以权利形态一定会带来无谓的损失，所以必须根据其创新贡献进行相应的限制。除了版权法呈现出过度扩张的趋势外，专利法基本恪守上述理念，对专利权进行了严格限制，否则知识垄断理论上是无期限的。美国国会将专利的默认期限设定为"从在美国提交专利申请之日起二十年"[③]，我国专利法规定发明专利权的期限为20年、实用新型专利权的期限为10年、外观设计专利权的期限为15年（均自申请日起计算）。古根伯格指出："反托拉斯法，特别是应用于数字平台时，应该接受这样一种理念，即为了激励创新而受到保护和容忍的垄断应该在范围和期限上受到限制。"[④]他进一步主张，应当对数字平台这类设施设置一定的摊销期，当该奖励创新的期限届满后，执法者应当强制平

---

① See Nikolas Guggenberger, "Essential Platforms,"*Stanford Technology Law Review*, Vol. 24, Issue 2, 2021, pp. 237 – 343.

② See Eric A. Posner & E. Glen Weyl, "Property Is Only Another Name for Monopoly," *Journal of Legal Analysis*, Vol. 9, Issue 1, 2017, pp. 51 – 124; Mark A. Lemley, "Economics of Improvement in Intellectual Property Law,"*Texas Law Review*, Vol. 75, Issue 5, 1996 – 1997, pp. 989 – 1084.

③ 35 U. S. C. § 154(a)(2).

④ Nikolas Guggenberger, "Essential Platforms," *Stanford Technology Law Review*, Vol. 24, Issue 2, 2021, pp. 237 – 343.

台保障互操作性并对价格、许可条件进行监管。换言之，该特殊期限届满后，应当将数字平台作为一种准公共设施进行监管。显而易见，摊销期就是知识产权有效寿命的功能等值物，古根伯格主张直接像知识产权一样管理平台，这显然比直接移植新产品要件的主张更为冒进。

古根伯格可能忘却了当今专利法面对的一大质疑就是忽略产业区分性的"一刀切"做法。受立法理性的制约和行政管理成本的限制，各国普遍采用整齐划一的标准对不同技术方案提供期限大体相同的知识产权保护。① 这种机械设定期限的做法饱受批判，伯克和莱姆利甚至认为在美国的专利法中至少存在两种不同的专利制度，如药品专利和信息技术专利就迥然不同。前者总是抱怨专利保护期限太短而导致难以收回成本，因为新药的研发旷日持久且失败率极高；后者则认为专利保护期限太长，专利蟑螂、专利丛林、专利海盗等问题让市场参与者疲惫不堪，专利期限设定反而成为创新的绊脚石。专利尚且充满争议，举轻以明重，让监管者对千变万化的数字设施设置摊销期更是天方夜谭。社交媒体平台和电子商务平台是否应当设置相同的摊销期，搜索引擎是不是应该比操作系统设置更长的摊销期，一系列难题接踵而至，且很难找到让人信服的答案。如果强迫监管者去实施这样的界定作业，只会导致市场竞争千沟万壑，必需设施相关竞争规则也会变得无法被预期和理解。即使未来真的有立法技术能实现摊销期的科学分配，这种复杂的利益博弈也应该由立法者完成，而不是通过反垄断法灵活性理论工具的适用来解决。

---

① 大量学者对专利法忽视产业区分特点而采取整齐划一的保护标准的做法进行抨击。参见［美］丹·L. 伯克、马克·A. 莱姆利：《专利危机与应对之道》，马宁、余俊译，中国政法大学出版社 2013 年版，第 26—48 页。

总之，无论是移植新产品要件的观点，抑或是设置摊销期或有效期的主张，都将必需知识设施和必需数字设施一视同仁了。但是，数字设施与知识设施存在很多不容忽视的区分，导致无法被等同对待。为了让必需设施理论在数字经济领域能发挥功用，我们需要继往开来，继续进行区分适用。如果说从必需物理设施到必需知识设施构成必需设施理论的第一次适用扩张，那么将该理论应用于数字经济的瓶颈垄断治理构成了第二次适用扩张，能否成功则取决于能否找到适切的分析工具。

二、寻找新的方案：新市场要件的法理建构

（一）新市场要件的概念确立

前文已经分析，适用于有体财产的必需设施理论主要是从供给端来进行分析的，这种逻辑在面对边界模糊的知识产权、无体数字设施时会遇到一些障碍，不具备技术知识、算法知识、代码知识的法官很难从供给侧的角度去描述、理解和分析一些复杂性无体设施的性质及边界、是否构成一种投入品等专业问题。新产品要件在知识产权领域的成功启示，在面对数字设施时，必需设施理论的分析应当由供给侧向需求侧转移。但是，知识设施和数字设施的区隔导致我们无法机械套用新产品要件。

对此，笔者主张在具有网络效应的数字环境中应当实现新产品要件到新市场要件的迭代。必需设施的认定并不是从供给侧去考虑抽象设施的内涵与外延、属性与边界，而是从需求侧的角度去判定关闭设施是否会封锁一个存在一定规模的持续性

的消费者需求且能够独立于设施所在市场的新市场。①必需设施本身所处的市场构成初级市场（即旧市场），而必需设施相邻的市场构成新市场，新市场之"新"是相对于必需设施所处的初级市场而言的。具体包括下游市场、二级市场、相邻市场、衍生市场、外围市场、次生市场、配件市场、服务市场、售后市场等能够独立的市场。例如，微软电脑操作系统这一必需设施所在的视窗操作市场为初级市场，那么 IE 浏览器构成的浏览器市场就是一个上文语境中的新市场；如果微软公司通过拒绝开放操作系统策略封锁了浏览器市场上的有效竞争，就有可能构成对操作系统这一必需设施的滥用。

新产品要件其实已经体现了一种需求分析，IMS 案中法官要求拒绝许可阻止了一种有潜在消费者需求的新产品出现时，才会触发竞争法责任。② 但是植根知识产权法理的新产品要件无法全然剥离供给端权利分析，仍然要求被知识设施拒绝行为封锁的新产品要有一定程度的创新价值，最低限度的要求是它必须有区分于旧产品的创新性。但在数字经济中，产品的迭代更新异常迅速，产品与产品的边界非常模糊，不同的产品相互融合与集成，区分新产品和旧产品的边界会更加困难。如果仅仅依凭数字企业阻止了有潜在需求的单一新产品出现，就采取让该企业开放平台、分享核心算法等结构性救济，可能会在定制化、个性化消费时代产生过度威慑的假阳性风险。

---

① 丹尼尔·特洛伊认为当拒绝使用某一设施将剥夺下游竞争者的商业存在（commercial existence）时，该设施就构成关键设施。Daniel E. Troy, "Unclogging the Bottleneck: A New Essential Facility Doctrine," *Columbia Law Review*, Vol. 83, No. 2, 1983, pp. 441 –487.

② See Donna M. Gitter, "The Conflict in the European Community Between Competition Law and Intellectual Property Rights: A Call for Legislative Clarification of the Essential Facilities Doctrine," *American Business Law*, Vol. 40, Issue 2, 2003, p. 246.

　　在反垄断法中，产品和市场始终是两个存在界分的概念，且可以明确的是市场的外延要大于产品。在 Brown Shoe 案中，美国联邦最高法院建构了介于产品和市场之间的概念——亚市场。所谓亚市场是指在一个市场中可以继续进行划分和界定的产品市场。据此，市场的概念可以不断限缩并向产品的概念逼近。例如，我们界定出汽车这一相关产品市场，但是亚市场理论指出该市场中还存在汽油车市场和柴油车市场。① 亚市场试图说明极个别产品甚至单一产品也可能构成一个独立的市场，但是这在具体的司法适用中却引发了混乱。亚市场概念混淆了产品和市场的界限，市场是根据需求替代性弹性划分的产品集合，一个市场中可能有很多可以相互替代的产品。单一产品独立成为一个单独的市场是比较困难的，往往需要做出重大的商业模式革新或有巨大创新价值，才能发展成一个新市场。知识设施领域秉持新产品要件的一个可能原因是知识产权往往只保护或覆盖一个产品，不可能去保护一个独立的市场。Magill 案中，构成新产品的综合性电视周刊虽然确有稳定的消费需求，但是并不能构成能够培育出独立新市场的创新，因此与作为旧产品的单一电视周刊仍然处在同一个市场内。

　　因此，相比新产品要件，新市场要件的证明标准更高，体现了谦抑性理念。原告需要面对的证明责任并不是自己的产品与旧产品有何不同、是否构成简单的模仿、是否构成存在潜在需求的新产品等问题，而是需要证明是否存在一个潜在的独立市场、自己的产品是否构成重要创新以至于足以创建或开拓一个新市场，原告与被告在这个新市场上是否存在或可能存在竞

---

　　① 参见〔美〕赫伯特·霍温坎普：《联邦反托拉斯政策：竞争法律及其实践》（第3版），许光耀、江山、王晨译，法律出版社2009年版，第92页。

争关系、是否存在其他的剩余竞争者或潜在竞争者以证明这个新市场已经形成、是否存在一定规模的消费者需求、新市场与旧市场的关联性等问题。其中，是否存在竞争关系、是否存在剩余竞争者、新旧市场的关联性等并不是新产品要件的必备证明要素。数字经济环境中，只有经营者的拒绝开放具有网络效应的数字设施的行为达到封锁某个相邻新市场（而非某个离散新产品）的程度，才需要负担交易和共享义务。

新市场要件蕴含了这样的理念——在数字场景中，必需设施理论所关注的市场并不是设施所在的市场，而是设施所在市场的相邻市场。一方面，对于具有网络效应、"赢者通吃"特征的初级市场（设施所在的市场），必需设施理论应保持高度克制。因为理论上在存在网络效应和自然垄断倾向的市场中，只有一个供应商时，才会达到最大效率，通过设置强制性的开放义务进而促使竞争者重复建设大型设施或将网络效应碎片化，对消费者并不是效率最大化的做法。① 另一方面，对于必需设施所在市场的相邻市场，必需设施理论要保持积极能动性。如果垄断企业依靠拒绝开放平台、大数据、算法等数字设施的方式封锁相邻新市场，那么这种拒绝行为将成为必需设施理论的重点监管对象，防止互联网巨头通过跨界市场封锁打造垄断循环生态。总之，内嵌新市场要件的必需设施理论通过密切观察潜在新市场是否被封锁来疏通市场通路、开放平台生态系统，让中小企业获得进入或上升机会，从而维系数字经济的可持续性、效率性和可参与性。

---

① See Inge Graef, "Tailoring the Essential Facilities Doctrine to the IT Sector: Compulsory Licensing of Intellectual Property Rights after Microsoft," *Cambridge Student Law Review*, Vol. 7, No. 1, 2011, pp. 1 – 20.

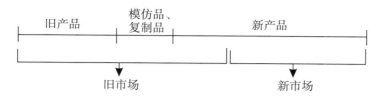

图 2　新产品概念和新市场概念的界分

（二）　新市场要件的正当性说明

1. 新市场要件契合数字设施的特性

从竞争结构上看，很多数字细分市场呈现出分层式垄断竞争结构，即垄断和竞争同时得到强化。[①] 大型互联网企业在其主营业务市场上锁定数以亿计的消费者需求点，获得显著的垄断地位；而围绕该主营业务市场，大量中小型互联网企业通过满足消费者的衍生需求或者创造差异化的消费需求在二级市场、外围市场、衍生市场上获得生存和发展，出现非常显著的"长尾效应"。一些相邻市场上的初创企业可能因为发现满足某种需求的新创新、新模式、新业务而快速成长，甚至有可能发展成击败初级市场在位垄断者的"破坏性飓风"[②]，进而让分层垄断竞争结构也能保持动态均衡性。但在现实中这种均衡状态往往被打破，在位大型企业会通过"二选一"、捆绑交易、扼杀式并购等行为在自己的主营业务市场上创立一个后来者无法进入的"无人区"，抑或是通过关闭平台、大数据、应用程序接口（API）等设施封锁相邻市场、衍生市场、次级市场等新市场的

[①]　参见苏治、荆文君、孙宝文：《分层式垄断竞争：互联网行业市场结构特征研究——基于互联网平台类企业的分析》，载《管理世界》2018 年第 4 期，第 80—100 页。

[②]　参见孙瑜晨：《互联网共享经济监管模式的转型：迈向竞争导向型监管》，载《河北法学》2018 年第 10 期，第 16—33 页。

竞争，防止自己主营业务产生让中小企业获得发展的外溢效应和雨滴效应。纳尔逊指出不同市场之间相互依赖已经成为常态，有大量的证据表明垄断者能对相邻的次级市场产生影响。[①] 实现影响的方式除了跨界经营、资本无序扩张、通过搭售实现杠杆传导，当然还应包括通过关闭必需设施封锁次级市场，而这也是在数字时代振兴必需设施的正当性理据之一。

从竞争形式上看，数字经济呈现出"为新市场而竞争"（competition for the market）而非"在旧市场内竞争"（competition in the market）的特征。[②] 这里的"为新市场而竞争"中的"市场"不是"初级市场"，强大的规模效应、网络效应以及大数据、人工智能的加成导致打破初级市场而另立新市场变得异常困难，而指的是"相邻市场"。大量的产业经济学文献已经揭示，数字经济的行业边界非常模糊，具有明显的跨界竞争现象。[③] 一些超级数字企业以必需设施为基点，通过拒绝交易行为封锁其他市场的竞争，实现跨界垄断的目标，不断固化自己的垄断生态系统，而消费者的转换成本变得高不可攀。新市场要件的提出能抓住数字经济的竞争本质和监管的核心靶点，让监管者利用必需设施理论密切关注大型数字设施控制企业对新市场的封锁问题，防止跨市场垄断力量的形成。"在动态竞争条件下，对企业形成的特有优势原则上应当保护，只有在该必要设施拥有者的歧视交易对上游、下游的竞争造成严重损害时，才

---

① See Joshua Nelson, "Tech Platforms Are Essential Facilities,"*Nevada Law Journal*, Vol. 22, Issue 1, 2021, pp. 379 – 404.

② 参见李停、陈家海：《从"市场内竞争"到"为市场竞争"：创新型行业的反垄断政策研究》，载《上海经济研究》2015 年第 2 期，第 68—76 页。

③ 参见蔡宁、王节祥、杨大鹏：《产业融合背景下平台包络战略选择与竞争优势构建——基于浙报传媒的案例研究》，载《中国工业经济》2015 年第 5 期，第96 页。

能强行破除其优势地位。"①

2. 新市场要件比新产品要件更具谦抑性

新产品要件出于保护知识产权创新激励的正当理由，设置了较为严格的标准，原告须证明不同于旧产品的新产品被阻止进入市场。相比而言，新市场要件的证立还要更为困难，内含更高水平的谦抑性，而数字经济的特殊性也决定了这种区分逻辑具有正当性。"在竞争激烈、创新速度很快的互联网企业，EFD（必需设施理论）更须审慎适用。这一点，即使是支持EFD 的判例和学界观点，都是再三强调的。"②

数字经济具有网络效应，而且间接网络效应的贡献更大。用户倾向于使用那些拥有更大规模供应商的数字平台（直接网络效应），同时对那些有广泛互补品（如应用程序）的数字操作系统表现出更显著的偏好性（间接网络效应）。这导致数字经济呈现出显著的规模经济和范围经济效应，在位垄断者热衷建立极为广泛的整合海量产品或服务的生态系统，呈现出自然垄断特征。竞争者更愿意在衍生市场或相邻市场上与自然垄断者竞争，供应和分销能够与初级市场设施兼容的产品，而这样的竞争往往需要一些具有必需设施特质的界面信息或接口代码。因此，新市场要件对旧市场保持一定程度的尊让，容许网络效应和规模经济的存在，而将监管重心放在旧市场的相邻市场和二级市场（即新市场），防止那些依附必需数字设施生存的竞争者被排除市场。数字经济的虚拟性、动态性、流动性、融合性等特征，导致我国政府开始从原有的命令控制型监管向包容审

---

① 王中美：《必要设施原则在互联网反垄断中的可适用性探讨》，载《国际经济法学刊》2020 年第 1 期，第 124 页。

② 王中美：《必要设施原则在互联网反垄断中的可适用性探讨》，载《国际经济法学刊》2020 年第 1 期，第 120 页

慎型监管转型。① 包容审慎型监管理念下的必需设施理论就要坚持对初级市场包容，对二级市场审慎。当然，新市场要件并不是说要完全放弃监管旧市场，采取无为而治的立场。在一级旧市场中出现的限制互操作性、拒绝履行互通互联义务等问题，可以由行业监管部门通过管制立法解决，因为这涉及创新与竞争、网络效应与知识外溢效应等冲突利益的复杂博弈和权衡，需要像知识产权立法那样，通过立法论而非执法、解释论解决。

带有网络效应的一级市场形成的垄断仍然有可能被市场治愈。因为数字市场是一个"赢者通吃"的熊彼特式市场，新进入者能够拥有支配地位的美好前景将不断激励后来者坚持自行建立网络效应的努力，进而也使得颠覆性创新得以形成。② 一级市场中出现的一些垄断高价、掠夺性定价等单边行为还可以依靠其他更温和的反垄断工具。必需设施理论下强制开放义务的强威慑效应决定了该理论在动态数字经济中保持谦抑才符合正义，它真正应该关心的是通过封锁二级市场来巩固一级市场垄断地位的行为，当必需设施控制者通过拒绝行为破坏二级市场的产品商业化、分销或货币化，那就存在干预必要性。而且干预的结果并不会削弱初级市场的网络效应的完整性，而是会为二级市场的竞争扫清道路。这样的定位导致新市场要件约束下的必需设施分析非常类似于搭售行为、附条件纵向限制的分析，都主要关注纵向垄断和一体化问题。

在一些案件中，新市场要件比新产品要件更具优势。以上

---

① 参见刘权：《数字经济视域下包容审慎监管的法治逻辑》，载《法学研究》2022 年第 4 期，第 37—51 页。

② See Inge Graef, "Rethinking the Essential Facilities Doctrine for the EU Digital Economy," *Revue Juridique Themis*, Vol. 53, No. 1, 2019, p. 52.

文提到的微软案为模型，假设该案中构成必需设施的互操作性信息并不受知识产权法保护，那么就构成数据设施。该案中法官拓宽了新产品要件，为具有网络效应的互联网技术行业建立了全新的标准。[①] 但是，这种扩张饱受批评，因为"阻碍技术发展"的标准太过于宽泛，而新市场要件能提供一些有启迪性的指引。该案中个人电脑操作系统市场构成初级市场，工作组服务器操作系统市场构成次级市场。太阳公司并没有证明自己利用互操作性信息能提供何种与众不同的新产品，即使能证明，法官也很难判断旧产品和新产品的边界。但是反托拉斯法官却拥有能力去判断是否存在一个单独的工作组服务器操作系统市场，当时已经有包括 Linux 在内的若干家公司在这个市场进行竞争；接着，法官应观察拒绝提供互操作性信息设施的行为是否封锁了这个次级市场。如果微软公司通过拒绝提供互操作性信息的方式封锁工作组服务器操作系统市场的竞争，将这个二级市场把持在自己手中，那么新市场要件就得以满足。这里的封锁并不一定必须达到完全消除任何竞争、把所有竞争参与者都消灭的"无人区"程度，但是也需要达到竞争被严重限制、形成严重的进入壁垒、大多数竞争者利益受损的程度；同时，也不能把个别竞争者被排除市场理解为一种封锁效应，竞争法保护竞争而不是保护个别竞争者。就上述案例而言，即使离开了必需的接口信息，工作组服务器操作系统市场上仍然存在比较活跃的竞争。而且在当时，作为剩余竞争者的 Linux 在这个相邻市场上的市场份额不断增加，太阳公司也同样一直留在该市场上，此种场合新市场要件难以成立。

[①] See Inge Graef, "Tailoring the Essential Facilities Doctrine to the IT Sector: Compulsory Licensing of Intellectual Property Rights after Microsoft," *Cambridge Student Law Review*, Vol. 7, No. 1, 2011, pp. 1 – 20.

3. 新市场要件应限定于具有网络效应的数字经济

一个被很多学者接受的共识是新产品要件专属于知识产权领域，那么我们能不能说新市场要件专属于具有网络效应的数字设施领域？笔者认为结合我国现阶段的数字经济发展实际，推定新市场要件专属于数字经济是合理的，即只有在有网络效应的数字经济环境中，我们才坚持新市场的区分。实际上，早在涉及传统必需设施的场合，学者们就发生过关于新市场的论战，其中皮托夫斯基和马奎特、莱迪的辩论最为知名。马奎特等学者认为必需设施理论的适用需要存在两个市场。① 如果不作区分，可能会严重损伤初级市场的投资激励。"如果原告有权分享被告的管线，则它就没有动力去建设自己的管道了。在这种意义上，关键设施原则与反托拉斯的一般目标就相反了。这会抑制而不是鼓励竞争对手去开发自己的投入物。"② 因此，存在两个市场的要求能够避免变相鼓励搭便车行为的危险，必需设施理论主要打击初级市场向相邻市场传递垄断势力的杠杆行为。皮托夫斯基等学者则主张必需设施理论的适用不需要去界定两个市场。③ 涉及必需设施的一些经典案例中，法院均未要求原告"必须证明存在两个单独的相关市场"④。例如，在 Aspen 案中，

① See Paul D. Marquardt & Mark Leddy, "The Essential Facilities Doctrine and Intellectual Property Rights: A Response to Pitofsky, Patterson, and Hooks," *Antitrust Law Journal,* Vol. 70, Issue 3, 2003, pp. 847 – 849.

② ［美］赫伯特·霍温坎普：《联邦反托拉斯政策：竞争法律及其实践》（第3版），许光耀、江山、王晨译，法律出版社 2009 年版，第 343 页。

③ See Robert Pitofsky, Donna Patterson and Jonathan Hooks, "The Essential Facilities Doctrine under U. S. Antitrust Law," *Antitrust Law Journal,* Vol. 70, Issue 2, 2002, pp. 443 – 462.

④ See Robert Pitofsky, Donna Patterson and Jonathan Hooks, "The Essential Facilities Doctrine under U. S. Antitrust Law," *Antitrust Law Journal,* Vol. 70, Issue 2, 2002, p. 458.

原告和被告都经营相互竞争的滑雪场，处在同一个相关市场内，只是被告的拒绝行为导致原告的运营难以为继。法院明确指出，我们拒绝采纳一项狭隘的规则，即判断拒绝交易是否违反反托拉斯法要去考虑是否存在纵向一体化。[①] 在 Delaware & Hudson 案中，法院同样没有要求必需设施理论的分析要界定出两个独立的市场，从而被限制在纵向领域。该案中，两家铁路公司都在同一市场竞争，被告拒绝开放轨道设施的行为导致原告难以经营特定的运输业务。[②] 笔者认为在必需实体设施的认定分析过程中，放弃两个市场的要求是合理的。这是因为很多实体设施是由于地理因素、资源稀缺性、行政管制、地区封锁、法律授权等特殊因素成为瓶颈，重复建造设施几乎是不可能的，开放设施能给消费者带来巨大的剩余。特别是在我国，很多细分市场还存在行政阻碍、部门垄断、地方保护、区域封锁等严重问题，导致同一个相关市场内不同的上下游生产或运营环节之间存在梗阻，因此，不要求存在两个独立市场的必需设施理论可以保证每一个生产阶段的可参与性。对此，哈佐普洛斯指出必需设施理论的公共政策追求是"在生产的每个阶段保持竞争，无论是否被定义为一个单独的市场"[③]。

　　同样，必需知识设施理论也不需要界定两个单独的市场。欧盟 IMS 案中，法院强调拒绝开放必需设施构成滥用还应当满足"排除下游市场上的所有竞争"这一要件。很多学者认为这里的下游市场是一个独立的市场，但是法院指出这里的下游市

---

　　① See Aspen Skiing, 738 F. 2d at 1519.

　　② See Delaware & Hudson Railway Co. v. Consolidated Rail Corp, 902 F. 2d 174(2d Cir. 1990).

　　③ See Vassilis Hatzopoulos, The EU Essential Facilities Doctrine, http://aei. pitt. edu/44287/1/researchpaper_ 6_ 2006_ hatzopoulos. pdf, last visited on 2023 – 01 – 30.

场并不是一个完全独立的市场，而是一个潜在的或假定的市场，法官能够识别出来的具有附加价值的某一生产阶段、产业链某个环节都有可能构成一个上述所谓的假定市场。因为必需知识设施的认定核心是对新产品要件的判定，知识产权只具有排除针对某个旧产品的模仿竞争的效力，并无排除一组产品集合乃至一个独立市场的能力。很多知识产权拒绝交易案件中，新产品和旧产品往往处在同一个相关市场内。新产品要件要求必需知识设施理论的适用要对知识产权内嵌的模仿竞争排除能力保持尊重，但是要监管通过关闭必需知识设施封锁有潜在消费者需求的新产品的行为。

不过在数字经济中，动态多变的市场形态、直接和间接网络效应的存在导致必需设施所在市场总是向某个赢者倾斜，初级市场形成规模经济、网络效应和具有自然垄断状态反而是有利于效率增进的。"网络效应通常会为消费者创造巨大的价值，因此减少网络效应的补救措施（如解散公司）是不可取的。"[1]因此，必需设施理论应该对旧市场保持谦抑，互通互联的管制规定、互操作性义务的设置、开放价格和条款的引入等立法方案可能是更理想的解决方案，必需设施理论并不适合监管具有网络效应的数字旧市场。在这种"赢者通吃"的熊彼特式市场中，由于大型数字企业、科技垄断公司总是有能力通过拒绝交易阻止新市场的发展，表现出强大的跨界竞争能力，很多竞争者请求接入必需设施的动机往往是寻求进入或建立一个新市场，而不是搭便车，这具有较强的正当性。因此，必需设施理论在

---

[1] Gus Hurwitz, "Digital Duty to Deal, Data Portability, and Interoperability," *The Global Antitrust Institute Report on the Digital Economy*, George Mason University Antonin Scalia Law School(November 2020), https://papers. ssrn. com/sol3/papers. cfm? abstract_id = 3733744#, last visited on 2023 – 03 – 10.

数字领域的相邻市场治理方面应当积极作为。

4. 小结

格雷夫指出："构建一个可以统一适用于经济中所有行业的单一理论是不可能的。由于每个行业都有自己的特点，实施强制性的许可将对市场的竞争和创新产生不同的影响。因此，使必需设施理论的条件适应特定行业是符合经济推理的。"① 本书支持这种区分对待的立场，主张根据必需有体设施、必需知识设施和必需数字设施三种不同类型设施的异质性，建构有针对性的分析框架。

不过需要注意的是，尽管 MCI 标准面对知识设施和数字设施出现了一定程度的失灵现象，但是不能矫枉过正，将 MCI 标准彻底推翻或完全抛弃都是极为不经济和不正义的做法。本书第三章对 MCI 标准的内涵解构已经揭示，该标准蕴含极为丰富的内容，该标准下的很多子测试或子要件分析是任何类型的必需设施分析都无法回避的。例如，MCI 标准系谱下的市场支配地位测试、必要性测试、拒绝行为外观判断、正当理由测试等同样是必需知识设施或必需数字设施的分析所不可或缺的。因此，MCI 标准依然是认定不同类型必需设施应当遵循的一般标准或基础标准。只不过 MCI 标准系谱下的必需性测试、不可复制性测试、开放设施可行性测试等子项在面对新兴设施时遭遇到了极大挑战。

必需知识设施通过引入新产品要件，克服了 MCI 标准对知识产权异质性、动态创新利益等考虑不足的问题；必需数字设施的分析也应当引入新市场要件这一补强要件，建立"一般标

---

① Inge Graef, "Tailoring the Essential Facilities Doctrine to the IT Sector: Compulsory Licensing of Intellectual Property Rights after Microsoft," *Cambridge Student Law Review*, Vol. 7, No. 1, 2011, p. 20.

准 + 特殊标准"的审慎分析框架，克服 MCI 标准对互联网市场的动态性关照不够、对隐私保护考虑不周、不可复制性和开放可行性分析存在不足等失灵问题，由此避免在数字经济开启必需设施分析可能造成的威慑过度或威慑不足风险。本书主张应当建构"MCI 标准""MCI 标准 + 新产品要件""MCI 标准 + 新市场要件"三套不同的适用标准，分别对应必需实体设施、必需知识设施、必需数字设施的分析，进而让必需设施理论更科学、安全地为开放数字生态、促进知识外溢效应、打开相邻市场的竞争、提高市场可参与性等公共性目标服务。

第五章
CHAPTER 5

数字设施构成必需设施的标准建构研究

数字经济时代，作为市场疏通机制的必需设施理论应当发挥重要功用，以捍卫这种高度动态经济的可持续性和可参与性。本章将探讨必需数字设施的认定标准建构，具体把数字设施分为数字平台设施、大数据设施和数字技术设施。在数字经济中，作为交易链接者、分配者和设计者的数字平台发挥着举足轻重的作用[①]，以至于很多学者认为数字经济就是平台经济，因此数字平台构成一类单独的设施类型，也是最为重要的一类数字设施。在资本和技术的加成下，一些超级平台拥有雄厚的经济力量，能购买和持有大量的实体设施、技术设施和数据设施，此时超级平台的角色是某一设施的控制者，具体分析的展开要根据该平台控制的具体设施类型而分别进行。数字平台构成必需设施议题指的是作为一种瓶颈性交易场所和稀缺空间资源的数字平台本身就构成必需设施的情形，而不是指平台企业控制其他类型的必需设施的情形。

不可否认，大量的数字平台拥有数据资源，但是不能将平

---

① 参见方军、程明霞、徐思彦：《平台时代》，机械工业出版社 2018 年版，第 5 页。

台设施等同于数据设施。在实体经济和数字经济高度融合的产业环境中，一些能够成为瓶颈性投入品的数据资料完全有可能被非平台型的创新公司、科技公司甚至是传统公司控制，加之数字平台设施和大数据设施分析存在区分，本书将大数据设施单独作为一类数字设施。[①] 数字经济中，还涌现出大量对数字竞争产生重要影响的数字技术。很多数字技术会申请知识产权保护，一项知识产权能完整覆盖一项数字技术，此时相关分析应当遵循新产品要件为核心的必需知识设施分析标准。但是也有一些数字技术并没有被知识产权覆盖，或者说知识产权只是成就数字技术设施的众多因素之一，这些数字技术往往因为网络效应、规模效应和自然垄断属性而成为必需设施，如云计算基础架构、操作系统、支付技术等。因此，有必要单独提炼必需数字技术设施这一门类。本章首先将围绕作为数字经济核心的数字平台设施进行分析。

第一节　必需数字平台设施拒绝交易的竞争法分析

一、对平台适用必需设施理论的正当性

1912 年的 Terminal Railroad 案中，美国法院认定铁路设施构成必需设施，而今天数字平台就是现代社会的铁路。[②] 以微信、Facebook、淘宝、亚马逊为代表的超级平台已经深入我们日常社

---

① 《国务院反垄断委员会关于平台经济领域的反垄断指南》修订过程中，删掉了征求意见稿中关于认定数据构成必需设施的相关规定并用"必需平台设施"概念吸收"必需数据设施"，这种做法是值得商榷的。

② See Joshua Nelson, "Tech Platforms Are Essential Facilities," *Nevada Law Journal*, Vol. 22, Issue 1, 2021, pp. 379 – 404.

会经济秩序的神经末梢，成为网络市场参与者都无法绕开的瓶颈。遗憾的是，一些大型平台开始滥用其市场看门人地位和公共承运人权力，通过屏蔽链接、"二选一"、自我优待、搭售、最惠国待遇、排他性合约等方式限制（或变相限制）第三者接入平台设施的通道或者第三者通过平台向消费者提供产品或服务的通道。阿里巴巴、美团的"二选一"，微信封禁飞书等垄断纠纷层出不穷，因此在平台场景振兴中必需设施理论无疑是有必要的。纳尔逊指出：必需设施理论能确保数字平台保持竞争活力，并保证发生在这些平台上的竞争是公平的以及消费者可以信任市场。① 美国众议院司法委员会发布的《数字市场竞争调查报告》就建议恢复必需设施理论，让大型平台承担强制开放或共享访问通道的义务。② 《国务院反垄断委员会关于平台经济领域的反垄断指南》首次将必需设施理论引入互联网平台领域。因此，对数字平台构成必需设施的标准建构进行研究是有重要意义的。

　　尽管很多数字平台容易被复制，电子商务、生活娱乐、社交网络等细分市场都存在大量的新兴平台，但是网络效应的存在导致市场总是向某个垄断平台倾斜（也即具有自然垄断倾向），导致个别平台易演变为瓶颈性的必需设施。而成为必需设施的数字平台热衷实施生态战略和包络战略，将网络效应货币化或者转化为进入壁垒。③ 生态战略指一些数字平台热衷于通过

---

　　① See Joshua Nelson, "Tech Platforms Are Essential Facilities," *Nevada Law Journal*, Vol. 22, Issue 1, 2021, pp. 379 – 404.

　　② See Jerrold Nadler & David N. Cicilline, *Investigation of Competition in the Digital Markets: Majority Staff Report and Recommendations*, Subcommittee on Antitrust, Commercial and Administrative Law of the Committee on the Judiciary, 2020, p. 296.

　　③ See Steven C. Salop, "Dominant Digital Platforms: Is Antitrust Up to the Task?" *Yale Law Journal Forum*, Vol. 130, 2021, pp. 563 – 587.

跨界竞争进入相邻市场，建立具有封闭性的产品/服务生态体系，满足消费者各种各样的细分需求，这样能够将消费者牢牢锁定在具有正反馈效应的垄断循环生态之中。包络战略指一些数字平台利用依附自身的重合用户群向横向、纵向乃至混合市场进行包络，激发需求端价值性协同的产生，从而实现需求端范围经济。① 数字平台服务于生态和包络战略、服务于抢占有稳定消费者需求的相邻市场的目标，有巨大激励通过关闭平台设施封锁相邻市场的竞争通道。因此，通过需求端分析密切监测相邻市场、衍生市场、下游市场等次级市场的变化，由此能更准确抓住平台拒绝交易案件的问题症结、核心争点并完成损害评估。

二、平台构成必需设施的认定标准建构

在认定某平台是否构成必需设施时，应当遵循经典的 MCI 标准＋适配数字设施的新市场要件。《国务院反垄断委员会关于平台经济领域的反垄断指南》第十四条规定认定相关平台是否构成必需设施，一般需要综合考虑该平台占有数据情况、其他平台的可替代性、是否存在潜在可用平台、发展竞争性平台的可行性、交易相对人对该平台的依赖程度、开放平台对该平台经营者可能造成的影响等因素。该条款的内容核心仍然沿循 MCI 标准，但是仅依靠此标准是不足的，如同必需知识设施的认定引入了新产品要件，必需平台设施的认定需要通过新市场要件来补强，避免产生假阳性和假阴性两类错误。

（一）垄断者占有必需设施要件的分析难点

首先要判定必需设施是否被垄断企业占有（要件一）。有学

---

① 参见葛安茹、唐方成：《基于平台包络视角的平台生态系统竞争优势构建路径研究》，载《科技进步与对策》2021 年第 16 期，第 84—90 页。

者认为 MCI 标准存在循环论证，必需设施被垄断企业占有与不可复制性存在逻辑反复的问题，相关设施不可复制就代表市场已经被独占，似乎再去单独认定平台是否具有市场支配地位是无意义的。但是，相关设施即使具有不可复制性，也并不必然代表该设施控制者一定有市场支配地位，一些不可能复制的设施可能因为没有消费者需求而无法形成市场（如一些高精尖设施、航天航空领域的复杂设施等）。而且，在反垄断法的行为谱系之中，必需设施理论隶属于拒绝交易行为。既然"必需设施原则本质上是一般反托拉斯交易义务的一个子集"①，那么数字平台是否构成必需设施的分析就应该遵循经典拒绝交易行为的诊断步骤，而认定相关平台设施控制者是否具有市场支配地位就是该步骤的关键起点。更为重要的是，除了认定市场支配地位，判断相关设施是否具有必需性则是 MCI 标准要件一不可忽视的另一部分关键内容。这里需要注意，相关平台设施必需性的分析要考虑数字经济的商业模式和竞争特征，在一个熊彼特式的市场环境中，即使独霸一方的数字平台也可能被竞争者替代。如果必需数字设施的分析放弃谦抑理念，则容易对市场竞争形成过度干预。实践中，满足必需性的数字平台往往是那些细分市场的上游守门人。因此，必需性要件的判定还需要辅之以新市场要件的支撑，避免产生过度威慑。

在认定平台企业是否具有市场支配地位方面，应当指出传统主要集矢市场份额的静态认定体系与数字经济的动态性凿枘不合，需要进行适度调整。②《国务院反垄断委员会关于平台经

---

①　Marina Lao, "Search, Essential Facilities, and the Antitrust Duty to Deal," *Northwestern Journal of Technology and Intellectual Property*, Vol. 11, No. 5, 2013, p. 304.

②　参见孙瑜晨：《数字平台成瘾性技术的滥用与反垄断监管》，载《东方法学》2022 年第 6 期，第 58—71 页。

济领域的反垄断指南》第十四条规定认定相关平台是否构成必需设施，一般需要综合考虑该平台占有数据情况，这就是一种调适努力的体现。但是，占有数据只是成就大型平台市场力量的因素之一，还有很多其他因素需要考虑。"数据仅仅是必需设施认定的一个标准，不能以单一的数据量决定设施的基本属性。"① 除了占有数据，认定平台企业是否具有市场支配地位，还需要考虑它占有的算法、技术、知识产权等，要考虑平台企业的用户数量、用户在线时长、用户黏度、用户转移成本、数字广告收入等，要观察平台企业是否已经形成显著的网络效应、规模效应和范围效应，要判断其他经营者和用户对平台的依赖性以及其他经营者进入市场面临的障碍等。

（二）不可复制性要件的分析难点

不可复制性要件包括两个方面：技术层面的不可复制性和经济层面的不可复制性。但是，数字平台的异质性导致技术面不可复制性的判断遭遇失灵，因为在我们的数字世界中绝大多数平台都是可以被复制的。只要有一定的技术和经济投入，复制类似的平台都是有可能的。特别在我国的互联网市场中，山寨或克隆平台应用的问题极为猖獗。2022 年，网信部门专门开展了打击山寨 APP 的清朗专项行动，这说明很多平台应用程序具有极高的可复制性。对于数字平台而言，经济面不可复制性的判断有一定意义。数字平台不可替代的原因可能就在于其已经形成一定规模的网络效应，其他竞争对手即使复制出完全一样的平台设施，也可能因为无法吸引一定的用户流量而难以对在位主导平台构成威胁。不过，竞争对手可以选择通过补贴的

---

① 何国华：《论平台必需设施的认定标准》，载《西北工业大学学报（社会科学版）》2022 年第 4 期，第 114—123 页。

方式突破网络效应形成的壁垒，这就会产生复制这种网络效应是否具有经济可行性的问题。但是，通过网络效应判断相关平台在经济上是否可被复制也存在困难，因为我们并不清楚到底需要形成何等程度的网络效应才能对在位平台形成有经济意义的替代。对此卡林格和莫塔的研究是有借鉴意义的，他们指出平台需要达到最小临界规模才可以正常运营。① 最小临界规模为我们提供了一个参考标准，如果竞争对手实现最小临界规模的支出已经导致其无利可图，那么可以推定具有经济面上的不可复制性。但是这样的分析仍然比较粗糙，因为最小临界规模仍然无法被精确测度且不同类型平台的最小临界规模可能存在差异性，因此我们仍需要持谨慎态度，完成不可复制性的初步分析后，还要综合考虑新市场要件等其他因素。

（三）拒绝使用设施要件的分析难点

该要件存在两个子测试：是否存在拒绝使用必需平台设施的行为以及该行为是否是针对竞争对手的拒绝行为。数字平台拒绝开放平台设施的行为样态非常丰富，除了拒绝履行合同等比较明显的方式，还包括封禁账号、拒绝开放 API 接口、屏蔽链接、设置防御技术、恶意不兼容、限制更新、下架互联网应用、收取显失公平的佣金等。拒绝开放 API 接口是极为典型的一类拒绝行为，我国腾讯等大型平台都陷入过关闭 API 接口的风波之中。此外，一些大型平台还设置了开发者计划（如 Apple Developer），吸引第三方为平台设施提供互补品以增强间接网络效应，如果第三方无正当理由被撤销加入资格，那么也可能构成一类拒绝行为。2022 年《最高人民法院关于审理垄断民事纠

---

① See Liliane Karlinger & Massimo Motta, "Exclusionary Pricing When Scale Matters," *The Journal of Industrial Economics*, Vol. 60, No. 1, 2012, pp. 75 – 103.

纷案件适用法律若干问题的规定（公开征求意见稿）》规定：具有市场支配地位的经营者没有正当理由拒绝将其商品、平台或者软件系统等与其他经营者提供的特定商品、平台或者软件系统等相兼容，或者拒绝开放其技术、数据、平台接口的，人民法院可以综合考虑下列因素，依照我国《反垄断法》第二十二条第一款第三项（即拒绝交易条款）的规定予以认定。这是值得肯定的，因为该司法解释把握住了平台拒绝交易行为的多样性。

这里比较复杂的分析是判断拒绝行为是否针对竞争对手作出的，这里的竞争对手是指下游市场的竞争对手。当然，数字平台企业也会对同一个市场内的横向对手方关闭设施，此时可以诉诸关于互操作性、互通互联的管制规定或者其他竞争执法工具，不适合用威慑力较强的必需设施开放救济。根据有关的经济学文献，实施针对下游竞争对手的拒绝交易行为似乎是不符合经济理性的。因为对于上游平台而言，向下游市场开放设施能够丰富平台设施的互补品或配套的应用，这能强化间接网络效应，巩固平台的市场力量。平台经营者一般不会事必躬亲，靠自己的力量去经营一个庞大的下游互补品相邻市场，而是必须调动众多第三方供应商的参与。但是，如果我们将时间线稍微延长，观察平台的整个发展周期，就会发现很多平台存在"先开后关"（open first – closed later）现象。[①] 即在平台的生命周期早期阶段，其会向第三方供应商维持开放性，鼓励第三方围绕平台开发互补品，并借助第三方内容来吸引用户。当平台获得最小临界规模后，用户流量会呈现滚雪球效应，市场会向

---

① See Joshua Nelson, "Tech Platforms Are Essential Facilities, "*Nevada Law Journal*, Vol. 22, No. 1, 2021, p. 397.

平台倾斜，此时平台企业会逐渐关闭平台或者施加不合理条件。因为对于成熟的超级平台而言，建立封闭性的有极强锁定效应的垄断循环生态系统是更有利可图的选择。

（四）设施开放可行性要件的分析难点

提供设施具有可行性有两方面的含义，一是要求开放数字平台在客观上是可行的，二是数字平台的经营者不存在抗辩事由。在数字设施中，该要件同样面临较大的适用障碍。

首先，数字平台在使用上具有非竞争性，下游竞争者可以同时使用而不会相互妨碍。且与受到容量限制的传统设施不同，数字平台通常不受空间限制，"它们能够以实体行业无法实现的方式扩大规模以满足消费者需求"[1]。换言之，开放数字平台总是可行的。甚至可以这样说，平台这种媒介的存在本身就是为了无数离散端点的访问和接入而服务的。"开放平台的建立就是为了接入更多的开发者，以提升平台的价值，平台一般会尽可能地保证兼容性。"[2]

其次，数字经济的特殊性导致拒绝开放平台的行为总是拥有正当的抗辩理由，在有规模效应、网络效应和自然垄断效应的市场，成为赢者并不断强化网络效应是所有竞争者的理性选择。通过拒绝交易强化网络效应是一种符合经济理性的行为，似乎不应受到责备，施加开放义务可能会破坏已经具有一定规模的网络效应并打破"为市场而竞争"这种动态模式的激励机制，损害平台设施控制者的商业利益。当然，如果必需设施控制者能证明存在不可抗力、设施安全性受到影响、交易对手方

---

① Joshua Nelson, "Tech Platforms Are Essential Facilities," *Nevada Law Journal*, Vol. 22, No. 1, 2021, p. 399.

② 宁立志、喻张鹏:《平台"封禁"行为合法性探析——兼论必需设施原则的适用》，载《哈尔滨工业大学学报（社会科学版）》2021年第5期，第43页。

资不抵债等正当理由，则仍然有很大机会获得正当理由框架下的豁免。

（五）新市场要件的补强

MCI标准在数字时代依然具有理论价值和应用价值，我们不可全然抛弃，但是也应当承认，该标准面对带有异质性特征的平台设施时表现出一定程度的不适配问题。为了避免威慑过度，我们需要借鉴为必需知识设施的认定加上新产品要件的做法，也为必需平台设施的认定添加新市场要件这一保险装置。除了考虑其他平台的可替代性、是否存在潜在可用平台、发展竞争性平台的可行性、开放平台对该平台经营者可能造成的影响等因素，更重要的是从需求端观察控制关键平台的经营者拒绝交易是否会封锁相邻新市场的竞争。例如，在电子商务领域具有市场支配地位的某平台通过一系列排他合约严重限制了自营物流以外的其他物流企业的竞争，那么就可能因封锁下游物流市场而成就新市场要件，进而可能触发必需设施理论的救济。只有保障新市场不被封锁，才能为初创平台、新兴平台、挑战平台提供激励，鼓励它们通过价格、技术和质量竞争在超级平台高度垄断的初级市场的外围市场空间获得生存和成长空间，甚至发展壮大、由外及内，逐步取代初级市场上的超级平台，进而推动整个行业生态的迭代。

作为新布兰代斯学派的旗手之一，莉娜·可汗提出平台的概念极难被界定，因为平台的基础设施组件通常不可见，且与相邻市场紧密集成在一起，不同平台的集成程度还可能不同。因此，应当将注意力从定义的技术细节转移到功能性理解上，力求揭示平台对用户的支配程度，思考其他企业在多大程度上依赖平台来接触用户以及其他企业避免使用此平台而使用替代渠道的成本是多少。这样的功能分析可以确定：竞争对手顺利进入二级市场需要哪些必要前提条件，才能使他们平等地参与竞争。[①] 莉娜·可汗的功能性分析的观点实际上与新市场要件蕴含的转向需求侧分析的主张是不谋而合的，都是一种着眼于后果主义的理路。

三、几种典型必需平台设施的分类研究

今天的数字时代也是平台时代，交易平台、社交平台、娱乐平台、资讯平台、融资平台等已经融入我们的日常生活矩阵。阿里"二选一"垄断案、美团"二选一"垄断案、腾讯音乐垄断案等引发广泛关注，让我们熟知了电子商务、生活娱乐等平台的垄断危害问题，学界也涌现出大量的针对性文献。但是，总体上国内对搜索引擎、应用商店等其他类型平台的垄断问题的关照仍显不足。下文将选择搜索引擎和应用商店这两类平台的拒绝交易案件为分析模型，重点探讨相关平台构成必需设施的标准及具体操作，以补强现有的平台反垄断经济学和法学的研究谱系。

（一）搜索引擎平台

1. 搜索偏见、搜索中立与必需设施理论

消费者能高速、高效接入互联网就像一个世纪前能接入电力一样[②]，是一种人权价值的体现；尤其是在信息严重过载的环境中，维持必需的信息获取渠道或媒介的开放性，对于消费者意义重大。搜索引擎就是网络世界的"导航图"，是极为关键的

---

① See Lina M. Khan, "The Separation of Platforms and Commerce," *Columbia Law Review*, Vol. 119, Issue 4, 2019, pp. 1080 – 1081.

② See Sam Gustin, "Is Broadband Internet Access a Public Utility," *TIME* (Jan. 9, 2013), http://business. time. com/2013/01/09/is – broadband – internet – access – a – public – utility/, last visited on 2023 – 01 – 20.

信息获取渠道，掌握着控制信息访问的权力。格里梅尔曼直言，搜索引擎如同图书管理员，为混乱的信息的线上累积带来了秩序。[①] 中国互联网络信息中心（CNNIC）第 49 次《中国互联网络发展状况统计报告》显示，我国使用搜索引擎的用户规模已超 8 亿。[②] 在注意力成为稀缺资源的眼球经济中，搜索引擎显示的位置、排名、界面空间等均构成了重要设施。更为重要的是，搜索引擎是双边平台，具有网络效应和自然垄断特征。即用户都偏爱使用大型搜索平台，使用搜索引擎的用户越多，搜索引擎的广告空间越昂贵；广告收入又被用来组织和索引数以亿计的内容，吸引更多用户的流入。在欧盟和美国的在线搜索市场，谷歌搜索占有 80% 到 90% 的份额。[③] 从中国搜索服务市场来看，百度在过去十年的市场份额占有率一直处在高位，市场力量表现得极为显著。[④] 这都说明强者恒强的"马太效应"在搜索引擎服务市场已经非常明显。因此，大型搜索引擎更容易成为必需数字设施，无数用户也期望这些必需搜索引擎设施能为他们提供中立的或自然的未被操纵的搜索结果。中立、自然的搜索结果就是要求排名越靠前的结果越相关，页面顶部的结果比底部

---

① See James Grimmelmann, "The Structure of Search Engine Law," *Iowa Law Review*, Vol. 93, No. 1, 2007, pp. 1 – 64.

② 参见中国互联网络信息中心：《第 49 次中国互联网络发展状况报告》，http://www.cnnic.net.cn/hlwfzyj/hlwxzbg/hlwtjbg/202202/P020220407403488048001.pdf，最后访问日期：2022 年 12 月 30 日。

③ See Nicholas Elia, "Innovative Product, Innovative Remedy: Essential Facility as a Compromise for the Antitrust Charges against Google's OneBox in the United States and the European Union," *Temple International & Comparative Law Journal*, Vol. 31, No. 2, 2017, pp. 465 – 496.

④ 参见智研咨询：《2021 年中国搜索引擎用户规模、使用率及市场格局分析》，https://www.chyxx.com/industry/202109/973941.html，最后访问日期：2023 年 1 月 28 日。

的结果在信息质量上更好，第一页的结果比后续的结果更好。

搜索引擎可以分为水平搜索引擎和垂直搜索引擎，前者提供通用的、一般性的搜索服务，以期尽可能全面覆盖互联网信息，为查询者提供尽可能全面的结果列表。在呈现搜索的同时，水平搜索引擎平台通过展示广告获得收入。垂直搜索引擎则提供狭义的、专业性的搜索结果。很多大型平台都是水平搜索引擎平台（如谷歌），同时也运营着自己的垂直搜索产品（如谷歌购物）或者正在不断尝试进入相邻的垂直搜索市场。正如 MCI 公司需要接入 AT&T 公司的电信传输网络才能接触到客户一样，现在很多垂直搜索引擎竞争者也需要接入谷歌、百度这类水平搜索平台才能接触到用户。然而，一些具有必需设施性质的水平搜索引擎平台通过搜索算法的蓄意操纵、对搜索结果的人为干预、对位置和排名等稀缺资源的不公平配置等方式优待自己的纵向衍生业务而限制下游服务提供者的竞争。这不仅构成违反了搜索中立原则的搜索偏见，还可能违反必需设施理论下的交易义务设定。

美国和欧盟的竞争执法机构都对谷歌搜索展开了调查，调查焦点就是谷歌是否滥用其在搜索领域的主导地位。不过，2012 年美国联邦贸易委员会终止调查，谷歌也作出了一些整改承诺，但是这些承诺并没有涉及公平合理无歧视地开放必需搜索设施等问题。相较而言，欧盟委员会的处理要更严格，但是依然没有启动必需设施分析。有学者坦言，每一项调查要么未能完全消除谷歌的搜索偏见，要么未能根本解决这个问题；这些不理想结果的产生并不是因为缺乏罪责，而是由于缺乏充分的控诉和对监管新技术的犹豫。①

---

① See Lisa Mays, "The Consequences of Search Bias: How Application of the Essential Facilities Doctrine Remedies Google's Unrestricted Monopoly on Search in the United States and Europe, "*George Washington Law Review*, Vol. 83, Issue 2, 2015, p. 736.

欧盟委员会认为谷歌搜索引擎在名为 OneBox 的搜索框中隐藏竞争对手的产品或服务的行为，构成了一种自我优待。① 这显然限制了竞争，因为竞争对手的比较购物网站可能会因为 OneBox 搜索结果的歧视性待遇而损失流量，而谷歌自营的比较购物网站则获得了显著的不公平竞争优势。为了矫正这种行为，欧盟委员会一开始选择了一种极端的救济：禁止在 OneBox 中展示谷歌购物自己的产品。欧盟委员会也拒绝采纳 Bronner 案的标准，而 Bronner 案是一个涉及必需设施理论的案件，因为欧盟委员会认为谷歌的行为并不是拒绝让竞争对手访问。② 随后，谷歌提出和解方案，将大约一半的 OneBox 搜索结果用来显示竞争对手的内容，另一半则显示谷歌购物的内容，但是欧盟委员会拒绝了该提案。2017 年欧盟委员会对谷歌公司处以 24.2 亿欧元的罚款，处罚该公司滥用互联网搜索市场的主导地位，将垄断力量传导到独立的相邻市场。作为判决的结果，谷歌必须遵守平等待遇的原则，在其搜索结果页面中必须对谷歌购物和其他竞争产品一视同仁，无论是在可见性、排名、图形格式等方面都应采用相同的待遇。③ 为了监督谷歌遵守这一命令，欧盟委员会要求谷歌定期提供合规报告。

实际上，谷歌搜索垄断案更像是一个必需设施拒绝交易案件。正如王中美所言，要求谷歌这样的搜索引擎承诺：即使是那些未购买谷歌排序服务的网站，也能正常地显示在谷歌提供的自然搜

① European Commission Press Release IP/15/4780, Antitrust: Commission Sends Statement of Objections to Google on Comparison Shopping Service; Opens Separate Formal Investigation on Android(Apr. 15, 2015).

② Google Search(Shopping), AT. 39740, 27 June 2017 at para. 650.

③ See Inge Graef, "Rethinking the Essential Facilities Doctrine for the EU Digital E-conomy,"*Revue Juridique Themis*, Vol. 53, No. 1, 2019, p. 58.

索结果列表中。这种责任类似于基础网络关键设施的拥有者必须承担的普遍服务义务，相当于认可了搜索引擎具有必要设施的地位。① 相比自我优待，谷歌的行为更符合拒绝交易行为，即拒绝竞争对手访问搜索结果中的显著位置。必需设施理论分析具有自己的理论优势性。例如，该理论从未要求监管者没收设施，只是要求相关设施控制者公平、合理、无歧视地开放稀缺性的必不可少投入。谷歌的 OneBox 只需要根据搜索中立原则显示最相关的比较购物结果（即便该结果中包括谷歌购物的条目），其实就已经满足必需设施理论的救济要求。② 而且必需设施理论还包含一系列严格的要件限制，如必需性测试、不可复制性测试、新市场要件测试等。上述案件欧盟委员会在尚未认定访问 OneBox 满足必需性或必不可少测试的情况下，就要求谷歌向竞争对手开放相当比例的稀缺性搜索结果页面资源，存在过度威慑的问题。

事实上，已经有很多学者支持在搜索引擎市场适用必需设施理论。布拉查和帕斯夸里认为，搜索引擎是一种必需设施，谷歌具有高固定成本、明显的规模经济、高进入障碍等特征，因而具有自然垄断地位，应成立专门机构对搜索引擎市场进行直接规制，以确保公平、非歧视地接入必需搜索平台以及搜索结果得到中立性展示。③ 但是成立新的专门机构的成本过高，且

① 参见王中美：《必要设施原则在互联网反垄断中的可适用性探讨》，载《国际经济法学刊》2020 年第 1 期，第 113—128 页。

② See Nicholas Elia, "Innovative Product, Innovative Remedy: Essential Facility as a Compromise for the Antitrust Charges against Google's OneBox in the United States and the European Union," *Temple International & Comparative Law Journal*, Vol. 31, No. 2, 2017, pp. 465–496.

③ See Oren Bracha & Frank Pasquale, "Federal Search Commission? Access, Fairness and Accountability in the Law of Search," *Cornell Law Review*, Vol. 93, Issue 6, 2008, pp. 1152–1210.

反垄断法已经有必需设施理论这一现成工具，没有必要再舍近求远、行削足适履之举。对此，我国学者阳东辉指出在搜索服务领域引入必需设施理论很有必要，一方面必需设施的共享性有利于抑制大型搜索引擎针对竞争对手的排斥行为，有利于制止占市场支配地位的搜索引擎公司违反搜索中立原则，另一方面，必需设施原则有利于保护消费者和内容提供商的利益。[1]

但是，也有大量学者提出质疑。玛丽娜·劳指出谷歌不太可能拥有反垄断意义上的垄断力量，让谷歌搜索开放一些关键位置的访问（如排名第一的列表位置）不具有可行性，因此必需设施理论并不具有适用空间。[2] 出现上述观点的根由仍在于没有体察搜索引擎作为新型数字设施的异质性，并将电信经济学中建立的 MCI 标准套用于搜索引擎经济学。大型搜索引擎平台拒绝交易的动机在于试图垄断垂直搜索市场等相邻市场，以建立具有强锁定效应的集成性搜索垄断系统，因此新市场要件的分析是必不可少的。

2. 搜索引擎构成必需设施的认定标准分析

（1）MCI 标准的分析要点与难点

MCI 标准的分析起点是具有市场支配地位的企业占有具有必需性的关键设施（要件一）。一些观点认为搜索引擎市场是高动态竞争市场，产品和服务不断演变和重新定义自己，我们无法从可能转瞬即逝的高市场份额状态推断出垄断力量的存在。即使有市场力量，用户的多宿主行为和接近于零的转换成本导

---

[1] 参见阳东辉：《搜索引擎操纵搜索结果行为的反垄断法规制》，载《法商研究》2021 年第 6 期，第 61—72 页。

[2] See Marina Lao, "Search, Essential Facilities, and the Antitrust Duty to Deal," *Northwestern Journal of Technology and Intellectual Property*, Vol. 11, No. 5, 2013, pp. 276 – 318.

致支配性搜索引擎平台的垄断力量并不可能持久。① 因此，按照必需设施理论监管搜索引擎，必然会损害动态效率和消费者福利，甚至"将'冻结'互联网搜索的发展"②。但是，这些异议意见持有者没有认真观察真实搜索引擎服务市场的运转状况。在全球搜索引擎市场上，谷歌搜索长期占据主导地位。一般认为，市场份额在40%到70%就可能存在垄断。③ 谷歌在美国的搜索引擎市场上拥有超过70%的市场份额，在欧洲市场甚至高达90%。笔者根据StatCounter发布的中国搜索引擎市场年度数据计算出2017—2022年中国搜索引擎服务市场的市场结构，发现在国内市场上百度搜索牢牢占据着市场主导地位，呈现出一家独大的特征，市场份额长期维持在68%以上，2021年更高达78.26%。尽管排名第二的搜索引擎平台不断更替，但是都与排名第一位的百度存在非常大的差距。我国学者唐要家等计算了2010—2018年的中国搜索引擎市场集中度，也得出百度存在长期垄断的结论。④ 因此，可以说至少从2010年开始，我国的搜索引擎服务市场就已经丧失了动态性，一直处在高度集中化的垄断状态。

接着，应继续分析占据市场支配地位的相关企业控制的搜索设施是不是具有必需性或必不可少性。谷歌等搜索引擎已经

---

① See Marina Lao, "Search, Essential Facilities, and the Antitrust Duty to Deal," *Northwestern Journal of Technology and Intellectual Property*, Vol. 11, No. 5, 2013, pp. 276 – 318.

② Daniel A. Crane, "Search Neutrality as an Antitrust Principle," *George Mason Law Review*, Vol. 19, Issue 5, 2012, p. 1209.

③ See Richard Whish & David Bailey, *Competition Law* (7th ed.), Oxford University Press, 2012, pp. 46 – 47.

④ 参见唐要家、唐春晖：《搜索引擎平台反垄断规制政策研究》，载《产业组织评论》2020年第2期，第1—19页。

表3　2017—2022 年中国搜索引擎市场的市场份额统计（单位:%）

公司	2017 年	2018 年	2019 年	2020 年	2021 年	2022 年
百度	77.27	68.81	69.46	70.13	78.26	72.14
好搜	8.08	5.24	2.83	3.51	1.79	3.41
神马	7.69	17.07	8.57	3.03	1.35	1.99
搜狗	3.59	5.18	13.83	17.84	13.00	7.58
谷歌	1.71	1.96	2.77	2.92	2.22	3.07
必应	1.13	1.39	2.34	2.43	3.09	10.23

注：数据来源于笔者对 StatCounter 发布的中国搜索引擎市场年度数据的分析。①

成为了信息守门人，具有了流量垄断能力。下游竞争对手如果无法接入搜索引擎或者无法得到合理的展示，将遭遇"不可见"（invisibility）的风险并失去流量和交易机会。在 Kinder – Start 网诉谷歌案中，横向搜索引擎市场的支配者谷歌停止在搜索结果中列出 Kinder – Start 网站，导致这家专注家长咨询的垂直搜索引擎公司的页面浏览量和访问量减少了 70% 以上，广告收入减少了 80%。② 遗憾的是，该案中地方法院错误地认为搜索引擎服务是免费的，并不存在一个相关的市场。法院显然忘记了这是一个双边市场，尽管搜索引擎对用户实行免费策略，但是通过

---

① StatCounter 发布的历年中国搜索引擎市场年度数据，可参见 https://gs.statcounter.com/search – engine – market – share/all/china，最后访问日期：2023 年 1 月 20 日。

② 参见张素伦：《竞争法必需设施原理在互联网行业的适用》，载《河南师范大学学报（哲学社会科学版）》2017 年第 1 期，第 49—56 页。

向广告商收费来收取成本并赚取利润，这种非对称性的定价分配结构是搜索引擎平台实现货币化的主要机制。此外，某宠物供应网站也指出谷歌将其从横向搜索结果中删除后，其经历了96%的网站流量下降。[①] 欧盟一项权威调查揭示高达47%的消费者通过搜索引擎、新闻聚合器和社交媒体阅读新闻。[②] 显而易见，大型的横向通用搜索引擎已经成为信息世界的守门人，如收费站一样控制着流量。

在进行 MCI 标准的不可复制性要件分析时，搜索引擎平台同样遇到困境。拉斯波等学者认为将搜索引擎作为一个必需设施是不恰当的，因为必需设施应当具有不可复制性，但是在搜索引擎行业相关技术人员按照特定的编码方式、满足固定的特征以及相应目标就能够复制一个全新的搜索引擎，因此不符合必需设施理论的基本条件。[③] 不过，一种更有说服力的观点是搜索引擎的不可复制性不在于搜索平台本身及代码的搭建，而是体现于超级算法的难以复制。谷歌就是依靠强大的算法，从数以亿计的页面中爬取最相关的内容，无论搜索词如何晦涩模糊。[④] 然而，这个算法并非高不可攀。谷歌公司一直依靠一个名为 PageRank 的算法系统，这个系统能分析网页标题、时效性、文本片段、语言、地理位置、历史信息等。但是，几乎"现在

---

① Sarah E. Needleman & Emily Maltby, "As Google Tweaks Searches, Some Get Lost in the Web," *Wall Street Journal – Eastern Edition*, 259(115), 2012, B1 – B6.

② 参见欧盟调查机构 Eurobarometer 发布的报告，Flash Eurobarometer 437 Report：Internet User's Preferences for Accessing Content Online，https：//europa. eu/eurobarometer/surveys/detail/2123，最后访问日期：2023 年 2 月 15 日。

③ See Elena Linde Raspaud, "Google as an Essential Facility: An Ill – Fitting Doctrine," *Common Law Review*, Vol. 13, 2014, pp. 68 – 76.

④ See James Grimmelmann, "The Google Dilemma," *New York Law School Law Review*, Vol. 53, Issue 4, 2009, pp. 939 – 940.

所有的搜索引擎都有与 PageRank 类似的程序"①。

因此，技术层面的不可复制性是很难证立的，只能从经济层面的不可复制性去分析。利用同样的算法模式，小型搜索引擎的运营难以为继而大型搜索引擎却能够不断固化支配地位，背后的原因就在于数字设施的网络效应。谷歌的 PageRank 能占据主导地位，可能就是因为大量用户不断使用该搜索引擎，使得该平台有数十亿计的搜索结果可供研究和使用，以喂养和改进算法。"一个搜索引擎获得的搜索查询越多，它就越有能力改进和完善其算法。"② 每增加一个用户都有助于搜索引擎区分高质量或低质量的组织策略，从而降低所有后续用户获得更高质量服务的成本。③ 其他竞争性搜索引擎必须获得超过最低临界规模的网络效应，才有可能产生有经济意义的可替代性。

MCI 标准的第三个要件是存在向竞争对手拒绝开放搜索引擎的行为。这对搜索引擎平台似乎是不可思议的，因为搜索引擎就是为了搜索和访问而存在的。不同于其他设施，数字企业无法像控制电力、铁路设施的企业那样完全控制搜索引擎设施，因为接入、访问、链接和跳转是搜索引擎最重要的功能，如果拒绝开放设施，搜索引擎将失去存在根基。但是，这种观点忽视了搜索引擎平台的多边市场性，上述不可避免的开放性只是针对用户而言的；对于竞争对手，搜索引擎平台又确实能够通过对界

---

① See Lisa Mays, "The Consequences of Search Bias: How Application of the Essential Facilities Doctrine Remedies Google's Unrestricted Monopoly on Search in the United States and Europe," *George Washington Law Review,* Vol. 83, Issue 2, 2015, pp. 721 – 760.

② See Frank A. Pasquale, "Dominant Search Engines: An Essential Cultural & Political Facility," https://ssrn.com/abstract = 1762241, last visited on 2023 – 01 – 30.

③ See Oren Bracha & Frank Pasquale, "Federal Search Commission? Access, Fairness and Accountability in the Law of Search," *Cornell Law Review,* Vol. 93, Issue 6, 2008, p. 1181.

面、位置、排序等稀缺要素的操纵对竞争对手进行产品降序、降级或屏蔽，阻断其维持生存的流量流入，最终封锁下游竞争。

需要注意，为用户提供最相关的信息只是搜索引擎的一部分功能，另一部分不容忽视的作业是屏蔽不相关的信息。搜索引擎会用我们看不到的算法黑箱来评估哪些信息属于不相关或垃圾信息，这个过程中可能会将"无辜"的竞争性产品或服务信息标记为不相关信息进而实施搜索降权（包括发出降权威胁）。例如，谷歌曾威胁垂直搜索引擎平台 Yelp，如果它不允许谷歌复制它的用户评论信息，那么就在横向搜索结果中将 Yelp 除名。一些学者提出质疑：即使搜索引擎优先列出自己的产品，但只要最相关的结果仍然列在同一页面上，那么就不会对消费者造成有意义的伤害。然而，研究表明，列表顺序是影响用户从搜索引擎结果中决定链接的最重要因素。[①] 因此，即使在同一个页面上，任何对搜索结果顺序的人为操纵都会直接伤害消费者，因为消费者将不再有能力辨别哪些结果是最相关的结果[②]。

在 MCI 标准的提供设施可行性分析方面，一种观点认为搜索引擎不存在容量阈值，有能力快速满足用户需求的任何增长。[③] 因此，"在搜索的语境中，如果搜索引擎是所谓的必需设施，那么'可分享性'并不是一个问题，因为多个人可以同时访问搜

---

① See David A. Hyman & David J. Franklyn, "Search Bias and the Limits of Antitrust: An Empirical Perspective on Remedies,"Illinois Program in Law, Behavior and Social Science Paper No. LE13 – 24, Univ. of San Francisco Law Research Paper No. 2013 – 15, https://ssrn.com/abstract = 2260942, last visited on 2023 – 01 – 30.

② See James D. Ratliff & Daniel L. Rubinfeld, "Is There a Market for Organic Search Engine Results and Can Their Manipulation Give Rise to Antitrust Liability?"*Journal of Competition Law and Economics*, Vol. 10, Issue 3, 2014, pp. 519 – 521.

③ See Marina Lao, "Search, Essential Facilities, and the Antitrust Duty to Deal," *Northwestern Journal of Technology and Intellectual Property*, Vol. 11, No. 5, 2013, p. 278.

索引擎"①。也有一种观点认为尽管搜索引擎可以无限次开放和访问，但是搜索引擎上排序第一的位置永远是稀缺的，无限制地提供这种数字界面和空间资源不具有可行性。但是这种观点忘却了，尽管排序第一或第二的界面位置是固定的，但是在公平的算法下排序靠前的内容和服务信息条目理应是在不断变化、有进有出的，而且还会根据搜索词的微观差异、消费者对搜索条件的设置而动态变化，进而具有产生多种搜索结果组合的可能性。所谓让竞争对手接入搜索引擎设施，并不是向竞争对手直接分配极为稀缺的排序位置或空间，而是赋予竞争对手能进入算法系统和被公平展示的机会。尽管随着越来越多竞争对手接入，这种机会会不断降低，但是它永远不应该是零。

在正当理由抗辩方面，一种观点认为出现搜索偏见是不可避免的，相反一些偏见就是为了向消费者提供更好的服务，搜索中立本身就是一个伪命题。因为搜索引擎的算法要考虑大量的因素，不同的因素有不一样的权重，这为主观性创造了足够的空间。很多搜索引擎生成的结果列表中会不可避免地出现自己的内容，如果比例在合理范畴内，那么我们应当保持容忍。一项研究表明，大多数搜索引擎产生的所有结果链接中有19%涉及搜索引擎自己的内容。② 这种类型的偏见是搜索引擎平台在为消费者提供最佳搜索结果的过程中所不可避免的。但是，除了这种看似"不可抗力"的搜索误差，实践中大型搜索引擎通

① Marina Lao, "Search, Essential Facilities, and the Antitrust Duty to Deal," *Northwestern Journal of Technology and Intellectual Property*, Vol. 11, No. 5, 2013, p. 303.

② See David A. Hyman & David J. Franklyn, "Search Bias and the Limits of Antitrust: An Empirical Perspective on Remedies," Illinois Program in Law, Behavior and Social Science Paper No. LE13 – 24, Univ. of San Francisco Law Research Paper No. 2013 – 15, https://ssrn.com/abstract = 2260942, last visited on 2023 – 01 – 30.

过硬编码或手动编程将自己的关联产品或服务置于顶部黄金位置，公然无视已经为消费者确定最佳结果的算法。这种人为偏见是不必要和不正当的，因为搜索引擎操纵结果的目的只是为了优待自己的产品、限制竞争对手，而不考虑搜索服务和搜索结果的质量①，这就产生了反竞争意图。尽管一些搜索引擎平台对自己的产品或服务进行标记，以提示消费者，但是这种标记的存在仍无法免除反垄断审查，因为搜索结果页面的位置、布局和设计对消费者行为的影响远远超过任何标签。有研究也发现用户对标签的认知度极低。② 因此，无论是否有标签，大型搜索引擎平台通过拒绝交易行为实施的优待自身产品而限制竞争性产品的行为对消费者都是有害的，损害了消费者的选择自由。

（2）新市场要件的分析要点与理论价值

完成 MCI 标准的分析后，我们似乎仍然无法形成清晰且不动摇的结论。因为搜索引擎设施本身就是虚拟、动态和非竞争性的无形设施，立足于供给端的分析无法全景式揭示搜索引擎拒绝交易行为的市场后果，无法清晰地向消费者或其他公众解释相关行为的市场影响和造成的竞争损害。实际上，搜索引擎平台拒绝交易的危害并不在搜索引擎所在市场的垄断和集中，而在于支配性平台利用搜索引擎的流量把关权力"向其他相关

---

① See Marina Lao, "Search, Essential Facilities, and the Antitrust Duty to Deal," *Northwestern Journal of Technology and Intellectual Property*, Vol. 11, No. 5, 2013, pp. 280 – 282.

② See David A. Hyman & David J. Franklyn, "Search Bias and the Limits of Antitrust: An Empirical Perspective on Remedies," Illinois Program in Law, Behavior and Social Science Paper No. LE13 – 24, Univ. of San Francisco Law Research Paper No. 2013 – 15, https://ssrn.com/abstract = 2260942, last visited on 2023 – 01 – 30.

市场延伸的垄断杠杆化行为"①。在此方面，新市场要件的分析能为我们提供有用的帮助。

有学者认为，谷歌的封锁行为并没有违反搜索中立性，因为搜索引擎平台理应能自由地将界面资源货币化，就像杂志出版商可以自由地在自己的杂志上做广告一样，谷歌应当有权利列出自己的产品，而拒绝展示竞争性产品。② 但这一论断忽略了谷歌搜索引擎所在的市场与出版商所在市场是完全不同的，后者仍然属于传统的单一产品或服务分销市场，而前者具有明显的多边市场性和网络效应特征，如果拒绝交易行为完全不受监管，很容易出现跨界垄断现象。作为提供综合搜索或水平搜索这一信息服务的平台，垄断性搜索引擎平台很容易进入其他的垂直搜索服务衍生市场，如旅游搜索、产品和价格比较、餐馆评论、地图搜索、互联网新闻搜索等。一种观点认为水平搜索和垂直搜索并无显著差异，可以相互替代，因此构成一个市场。③ 此观点忽略了一个关键区分：垂直搜索引擎是针对特定的主题，这使得这类搜索附加的广告空间极具价值，因为目标受众明确且容易捕获。对于广告商而言，水平搜索引擎的广告和垂直搜索引擎的广告是截然不同的产品。在新市场要件下，对相关搜索引擎是否适用必需设施分析除了依靠 MCI 标准，还有一个关键的要点就是判断支配性搜索引擎平台是否通过关闭横

---

① 参见唐要家、唐春晖：《搜索引擎平台反垄断规制政策研究》，载《产业组织评论》2020 年第 2 期，第 1—19 页。

② See James D. Ratliff & Daniel L. Rubinfeld, "Is There a Market for Organic Search Engine Results and Can Their Manipulation Give Rise to Antitrust Liability?" *Journal of Competition Law and Economics*, Vol. 10, Issue 3, 2014, pp. 525 – 526.

③ See Brian J. Smith, "Vertical vs. Core Search: Defining Google's Market in a Monopolization Case," *New York University Journal of Law and Business*, Vol. 9, Issue 1, 2012, p. 338.

向搜索设施剥夺下游竞争对手维持生存必需的用户流量，进而封锁垂直搜索或其他的信息服务相邻市场。

新闻搜索市场这一垂直细分领域是进行新市场要件分析的绝佳示例。由于今天绝大多数公众都通过互联网来阅读新闻，传统媒体和平台都在致力于建立数字新闻分发设施。一些全国性的权威媒体通过自行建立门户网站或其他的分发渠道来获取流量，但是绝大多数的媒体没有经济能力自建渠道，仍然需要通过谷歌、百度这类搜索引擎去接触消费者，以获得维持生存所需的流量。很多用户也习惯通过搜索引擎平台来查询和阅读新闻，因此一些大型搜索引擎很容易成为分发新闻的必需设施。然而很多大型搜索引擎都在发展自己的新闻产品（如谷歌新闻、百度搜索新闻、百家号），如果它们为了支持自己的产品而隐藏、挤出或屏蔽其他的新闻产品，那么就会引发必需设施拒绝交易问题。在美国，谷歌已经对新闻媒体造成严重的封锁。自2004年以来美国已有1800家报纸机构倒闭，一些地区甚至没有一份地方报纸，出现"新闻沙漠"（News Deserts）现象；在英国有321家地方媒体在过去十年间倒闭。[①] 如果相当比例的新闻媒体出现萎靡、衰败是因为产品竞争、技术创新造成的优胜劣汰，那么此种迭代更新并无制度干预的必要性；但如果归因于垄断平台拒绝公平开放搜索设施、限制竞争性新闻业务，那么就产生了需要被及时救济的竞争损害，竞争监管法律应予以干预以修复市场失灵。

总而言之，在信息过载的今天，离开搜索引擎，信息检索成本是我们无法想象和难以承受的。但是作为"数字网关"，大型搜索引擎平台通过拒绝交易使得下游市场的竞争者无法进行

---

① See Stigler Centre, Stigler Committee on Digital Platforms, Final Report, https://research. chicagobooth. edu/stigler/media/news/committee－on－digital－platforms－final－report, last visited on 2023－01－05.

有意义的竞争，因此通过激活必需设施分析维持搜索的中立性和信息门户的公正性，无疑具有重要意义。

（二）应用商店平台

当前，在各国对超级数字平台掀起的反垄断执法浪潮中，应用商店平台正处于风口浪尖。这是因为应用商店是一个举足轻重的重要细分市场，因为今天几乎所有的数字消费者都在使用手机应用程序（APP），且"已经成为我们生活的一大部分"①。据数据统计，2020 年我国市场上监测到的 APP 数量为 345 万款，第三方应用商店 APP 分发总量达 1.6 万亿次，活跃用户规模约为 4.81 亿人。② 2021 年美国 36 个州和华盛顿哥伦比亚特区的总检察长在加利福尼亚州北区法院对谷歌应用商店发起反垄断诉讼，指控该公司滥用谷歌应用商店的垄断地位。原告方面指出，谷歌从消费者应用付费中抽取高达 30% 的佣金（被称为苹果税），而应用程序开发商除了谷歌应用商店之外再无其他替代平台。此外，谷歌还对潜在的竞争性应用商店进行封锁。③ 同年，加利福尼亚州北区法院对 Epic Games 诉苹果公司垄断案作出判决，但是法院认定 Epic Games 公司未能证明苹果违反了《谢尔曼法》或加利福尼亚州《反垄断法》，但判定苹果违反了加利福尼亚州《不公平竞争法》。该案中，Epic Games 公司就依靠了必需设施理论，指控苹果应用商城限制 Epic Games 使用其他替代性支付方法以及对 Epic Games 实施去平台化策略

① John M. Yun, "App Stores, Aftermarkets, & Antitrust," *Arizona State Law Journal*, Vol. 53, No. 4, 2021, p. 1284.

② 参见前瞻经济学人：《2022 年中国应用商店行业发展现状及市场规模分析》，https://baijiahao. baidu. com/s? id = 1715937902481507045&wfr = spider&for = pc，最后访问日期：2023 年 1 月 10 日。

③ 参见甄翔：《美国多州控告谷歌应用商店垄断》，载《环球时报》2021 年 7 月 9 日第 011 版。

（deplatforming）的做法违反了《谢尔曼法》第二条下的必需设施原则。① 该案中，罗杰斯法官命令苹果不得禁止应用开发商引导用户使用第三方支付结算系统，显然这是一种非常典型的开放设施救济类型。苹果应用商店在中国市场也占据较高的份额，遗憾的是国内关于应用商店的反垄断规制研究成果供给不够充分，至少与庞大的市场规模不对称。苹果应用商店对国内应用开发商收取 30% 的佣金并且限制中国消费者使用第三方支付结算系统，这些垄断行为似乎没有遇到太大的监管责难。相比服务安卓系统的应用商店，苹果应用商店依靠的是 iOS 系统形成的封闭的垄断系统，这会引发更严重的竞争风险。美国法院在 Epic Games 案中指出，应用商店垄断涉及反垄断法前沿问题，目前不存在类似的应用商店的权威判例。② 鉴于此，下文将重点探讨苹果应用商店的拒绝交易问题。毋庸讳言，能够打开市场通道的必需设施理论在封闭性的应用商店场景中能发挥重要的功能，不过前提是我们需要对认定应用商店构成必需设施的标准进行清晰释明。

1. 市场支配地位认定与应用商店的必需性分析

苹果公司运营的应用程序商店（App Store）是苹果智能终端用户安装应用程序的唯一途径。App Store 的运作方式为苹果和第三方开发者签订开发者协议，指定苹果作为其代理，向终端消费者推广和分发应用程序，开发者同意每年向苹果支付 99 美元的费用，苹果提供操作系统编写应用程序以及苹果系统专用的软件开发工具包。同时，苹果通过名为 IAP（in‐app pay-

---

① See Nikolas Guggenberger, "The Essential Facilities Doctrine in the Digital Economy: Dispelling Persistent Myths," *Yale Journal of Law and Technology*, Vol. 23, No. 2, 2021, pp. 301 – 359.

② Epic Games, Inc. v. Apple Inc., 493 F. Supp. 3d 917, 832 – 33(N. D. Cal. 2020).

ments）的内部交易系统对在 App Store 以及应用程序内支付的数字商品和服务收取 30% 的佣金，任何关于用户账单的问题（如退款、折扣、部分支付等）均由苹果独家处理。① 开发者的应用程序在 App Store 的交易与更新均需要通过苹果内部的严格审核。由此可见，App Store 的运作方式具有高度的封闭性，这既有利于保障交易安全，但是也易引发固化垄断等风险。

App Store 的主营业务是海量应用程序的销售和分发，提供应用开发工具，而这些应用程序是移动智能操作系统的互补品。应用程序越丰富，越容易强化间接网络效应，巩固苹果操作系统的垄断地位。因此，App Store 并不位于移动智能操作系统市场内，而是属于单独的应用程序分发市场，是操作系统市场的下游市场。在这个独立的应用程序分发市场上，还存在其他的应用商店竞争者，如谷歌 Play、三星的 Galaxy Store 或 Aptoide。但是由于上游的 iOS 是封闭性系统，与安卓等竞争性系统不兼容，导致用户只能选择 App Store，由此就产生了瓶颈问题。从需求替代的角度分析，尽管安卓版的打车应用和 iOS 版的打车应用在功能、性质、用途等方面都较为近似，但是在获取方式上有天壤之别。苹果公司通过技术手段构筑了"围墙花园"，消费者只能通过 iOS 生态和对应的销售方式获取适配 iOS 系统的软件，因此安卓系统的产品与 iOS 系统的产品不存在紧密替代关系。从供给替代的角度分析，iOS 系统有自己的开发工具，参与者需要加入开发者计划。开发商运用其他竞争者提供的不同开发工具所创作的软件即使功能完全等值，也无法与 iOS 系统兼容而接触不到消费者。此外，即使开发商可以在短时间内开发

---

① See Damien Geradin & Dimitrios Katsifis, "The Antitrust Case Against the Apple App Store," *Journal of Competition Law and Economics*, Vol. 17, Issue 3, 2021, pp. 503 – 585.

适配另一种系统的应用，还需要克服分销渠道、支付等方面的阻碍，而这几乎是无解的。因为苹果公司牢牢控制 iOS 系统，设置了难以逾越的互操作性壁垒，完全控制了 iOS 系统内应用程序的分销渠道和支付系统。因此，应当认定 iOS 系统下应用程序分发市场为独立的相关市场。此外，平台占有数据是判断数字平台市场力量的重要指标。苹果应用平台占有的数据为全体 iOS 用户的交易、使用和评价数据，通过利用这些数据可以优化应用程序分发或其他售后服务，进一步吸引消费者，而庞大的消费群体又使得 App Store 对第三方开发商的不可替代性愈发显著，呈现出明显的正反馈效应。因此，可以推定苹果公司的 App Store 在相关市场上处于明显的垄断地位。

满足市场支配地位要件后，还需要判断 App Store 是否具有必需性。对于应用程序开发商而言，App Store 是其接触 iOS 用户的唯一通道；对于消费者而言，App Store 也是他们下载有效运行软件的最核心渠道。App Store 在连接开发商和用户的同时也充当着拥有强大独家控制权（exclusive control）① 的私人监管者的角色，这种私人监管权力覆盖数以万计的应用程序的准入、内容审查、排名、价格等方方面面。"如果开发人员希望他们的应用程序能够接触到大量的苹果消费者，特别是 iPhone 用户，那么开发人员必须遵守苹果应用程序商店的所有政策。"② 毋庸置疑，App Store 和开发商之间已经呈现出明显的权力势差。

① See Tyler Angelini, "Reviving the Essential Facilities Doctrine: Revisiting Verizon Communications, Inc. v. Law Offices of Curtis V. Trinko, LLP to Assert an Essential Facilities Claim against Apple and the App Store," *Chapman Law Review*, Vol. 25, No. 1, 2021, pp. 259 – 290.

② Tyler Angelini, "Reviving the Essential Facilities Doctrine: Revisiting Verizon Communications, Inc. v. Law Offices of Curtis V. Trinko, LLP to Assert an Essential Facilities Claim against Apple and the App Store," *Chapman Law Review*, Vol. 25, No. 1, 2021, p. 260.

2017—2019 年，苹果平均每年收到 500 万份应用程序申请，这些申请中有 33%～35% 被苹果的审查团队拒绝。平均而言，每年有 170 万个应用程序被拒绝。一些拒绝行为出于对应用商店的功能和消费者使用体验的考虑，可能有一定的正当性，但是一些拒绝是出于封锁第三方应用开发商的竞争的目的，具有垄断意图。① 尤其是，对于那些专门开发 iOS 系统应用的开发商而言，苹果的拒绝交易意味着自身营业的全面崩溃。一种异议可能认为，竞争者没有必要一定要接触 iOS 用户，可以争取其他的消费者需求，但是如果考虑到 iOS 是当今世界上两个占主导地位的移动操作系统之一，那么这种针对 iOS 系统的接触努力就变得至关重要。

在 Epic Games 案中法院认为 App Store 不满足必需性，因为存在多种替代性渠道，如预装应用程序、利用网页应用分发平台、通过其他游戏商店下载或采取能规避 App Store 审核的侧边加载等方式。然而在实际操作中，这些渠道充满了技术难题。② 侧边加载这种"越狱"行为违反了苹果的使用条款，而且仅限于拥有专业计算机知识的黑客用户可以使用。预装更是天方夜谭，因为苹果智能终端很少会预装第三方应用，这也是其长期奉行的垄断生态战略的体现。至于网页应用程序，它在产品性能、使用体验、对设备硬件的访问受限（如对 GPS 的访问）、是否能离线访问、推送通知等方面与原生的移动应用程序有云泥

---

① See Oscar Borgogno & Giuseppe Colangelo, "Platform and Device Neutrality Regime: The New Competition Rulebook for App Stores?" *The Antitrust Bulletin*, Vol. 67, Issue 3, 2022, pp. 451 –494.

② See Damien Geradin & Dimitrios Katsifis, "The Antitrust Case Against the Apple App Store," *Journal of Competition Law and Economics*, Vol. 17, Issue 3, 2021, pp. 503 – 585.

之别，此二类从需求替代角度上已然是两种截然不同的产品。对于绝大多数应用开发者来说，脱离原生移动应用市场转向网页应用市场显然意味着用户流量的大幅下降。

2. 应用商店平台不可复制性的分析

相关设施的不可复制性可以体现在技术层面，也可以表现在经济层面。理论上，只要投入充足的人力和物力，任何设施都是可以复现的；但如果复制该设施的成本不足以被进入市场预期能获得的利益所弥补，那么就产生了经济上的不可复制性。[①] App Store 在中国市场上有巨大的市场份额，根据工业和信息化部发布的《2021 年 1—11 月份互联网和相关服务业运行情况》统计，我国的移动应用总量保持稳定，市场上监测到的 App 数量为 272 万款，其中 App Store（中国区）的 App 数量为 136 万款，占半壁江山。苹果公司每年用于 App Store 的维护费用达上亿美元。让竞争对手复制一个含有相当规模应用程序的分发平台，几乎就是天方夜谭。安格利尼指出，要独立的开发人员独立创建一个类似 App Store 的应用程序分发商店类似于要求独立的铁路公司建立自己的铁路轨道。[②] 更为重要的是，即使我们假定有独立的竞争对手能创建功能等值的替代性平台，它也无法进入 iOS 系统的终端，进而无法接触 iOS 系统的用户。

苹果只允许用户在 iOS 终端上使用 App Store，iOS 用户无法使用其他智能系统（如 Android）上的其他移动应用程序商店。苹果能拥有这种控制权力是因为它长期奉行极为封闭的垂直控

---

① 参见林平、马克斌、王轶群：《反垄断中的必需设施原则：美国和欧盟的经验》，载《东岳论丛》2007 年第 1 期，第 21—29 页。

② See Tyler Angelini, "Reviving the Essential Facilities Doctrine: Revisiting Verizon Communications, Inc. v. Law Offices of Curtis V. Trinko, LLP to Assert an Essential Facilities Claim against Apple and the App Store," *Chapman Law Review*, Vol. 25, No. 1, 2021, p. 283.

制（vertical controls）策略①，将 App Store 和 iOS 系统高度绑定，使得 iOS 系统的消费者只能使用 App Store。这种垂直闭环的存在导致竞争对手想实现成功的复制不仅需要创建一个功能类似的应用程序分发平台，应对繁杂的知识产权诉讼，克服苹果构筑的品牌效应壁垒，还需要拥有能够挑战苹果公司整个以操作系统为核心的产品生态的颠覆性技术，这无疑存在极大的困难。即使在开源的移动操作系统市场，中国华为斥巨资开发的鸿蒙系统（Harmony OS）在市场上也是步履维艰，现阶段我国很少有华为公司以外的其他智能终端加入该系统。② 因此，就现阶段而言，不存在发展竞争性平台的经济可行性。如果被苹果公司拒绝访问 App Store，独立应用程序开发商将被完全排除在将近 50% 的智能手机市场之外，进而处于严重的竞争劣势之中。

3. 应用商店拒绝使用行为的分析

苹果公司的拒绝行为有两种体现，一是直接拒绝竞争对手接入 App Store，二是向竞争对手收取 30% 的"苹果税"。对于第一个行为，虽然构成一种赤裸裸的拒绝，但是苹果目前只针对极少数竞争对手。③ 理论上，只要应用程序开发商缴纳 99 美元，加入苹果的开发者计划，就有可能向 App Store 引入自己的竞争性产品，这似乎是一个非常开放的模式。竞争法保护竞争过程而不保护个别竞争者，如果这种拒绝接入无法造成严重市

① See John M. Yun, "App Stores, Aftermarkets and Antitrust," *Arizona State Law Journal*, Vol. 53, No. 4, 2021, pp. 1283 – 1328.

② 参见王进喜：《鸿蒙 4 年，用户超 3.2 亿，为何至今没有手机厂商愿意加入?》，https://www.163.com/dy/article/HLT0STKO05118AAL.html，最后访问日期：2023 年 1 月 12 日。

③ 苹果和电子邮件应用程序 Hey 曾发生争议。Hey 为了避免支付 30% 的佣金而拒绝使用苹果的支付系统，引导用户去 Hey 官网购买。在 Hey 为修复产品 bug 问题提交更新版本时，苹果拒绝通过审核并威胁 Hey 要将它从 App Store 中移除。

场封锁，那么不会引发反垄断救济。目前的分析难点是第二个行为是否构成拒绝行为。当前苹果应用商店在美国、欧洲、俄罗斯等遭到反垄断控诉的核心行为是它在 App Store 投入大量的自营产品的同时，向竞争性产品通过苹果的 IAP 应用内支付系统实现的所有交易收取 30% 的佣金。① 这里的问题焦点在于向竞争对手收取高额"苹果税"的行为是否构成一种拒绝行为。需要注意，拒绝交易行为分析框架中的"拒绝"并不是绝对性意义上的拒绝，并不是说 App Store 完全禁止任何访问才构成拒绝，而是指不合理的拒绝。按照美国第四巡回上诉法院的观点，只要拒绝合理的进入，就有可能承担必需设施责任。在 Terminal Railroad 案中，铁路桥设施并不是完全禁止竞争对手使用，而是没有以合理公平的条件开放，导致竞争者处在不利地位，这违反了必需设施理论要求的平等原则。

近年来，苹果公司不断强化其在 App Store 中的作用，不再满足于只提供纯粹的中介分发服务，还成为一个非常活跃的开发商，推出大量的自营应用程序（如 Apple Music、Apple TV +、Apple Arcade 等），已然成为下游第三方应用开发商的主要竞争对手。但是，苹果的佣金策略导致消费者使用竞争性产品要多承担 30% 的成本，因为根据 App Store 的政策，如果用户选择通过苹果的 IAP 订阅竞争性应用程序的任何数字服务，苹果就有权从该消费者的每月支付额中抽取 30% 的佣金。因此，拥有 App Store 这一设施的苹果公司实际上采取了"提高竞争对手成本"的策略，通过歧视性定价策略显著削弱竞争对手的竞争能

---

① See Jack Nicas & Keith Collins, "How Apple's Apps Topped Rivals in the App Store It Controls," *The New York Times* (Sept. 9, 2019), http://www. nytimes. com/interactive/2019/09/09/technology/apple – app – storecompetition. html, last visited on 2023 – 01 – 10.

力以及对苹果公司自己的制约作用，使海量竞争对手只能进行一些无意义的竞争，这种手段虽不构成直接拒绝，不至于直接消灭竞争对手，但是同样可以起到巩固其市场力量的作用，构成一种设置不合理条件的间接拒绝。

4. 应用商店开放可行性的分析

开放设施可行性的分析包括对设施控制企业造成的影响评估以及设施控制企业的正当理由抗辩两部分内容。首先，要评估开放设施对相关设施控制者造成的影响，这也是必需设施理论从财富没收工具正当化为市场开放工具的关键。必需设施理论是对财产权的限制，必须将这种限制维持在比例原则的容忍度内，否则会导致投资的动机下降，长期将不利于社会福利的改进。[①] 与传统的物理投资型设施不同，App Store 的交叉网络外部性使得开放设施也能带来足够的收益。"授予竞争对手访问权限并不意味着取消所有与应用商店相关的收费。"[②] 苹果公司在 App Store 的收益来源包括：（1）对参与苹果开发者计划的应用开发商收取 99 美元的年费，考虑到缴费的注册开发商数以百万计，显然这是一笔不容忽视的持续性收入。（2）对涉及数字商品和服务的交易收取 30% 的佣金。（3）数字广告收入，很多应用程序开发商为了吸引流量愿意购买 App Store 搜索结果界面的广告。（4）苹果公司开发的软件的销售收益。（5）捆绑 App Store 的终端设备的销售收入。App Store 形成的互补品网络效应

---

① 参见蒋岩波：《互联网行业反垄断问题研究》，复旦大学出版社 2019 年版，第 206 页。

② Tyler Angelini, "Reviving the Essential Facilities Doctrine: Revisiting Verizon Communications, Inc. v. Law Offices of Curtis V. Trinko, LLP to Assert an Essential Facilities Claim against Apple and the App Store," *Chapman Law Review*, Vol. 25, No. 1, 2021, p. 285.

越强，智能终端的制造和销售这一主营业务的绩效就会越好。①开放设施显然并不会限制苹果公司的上述收入，因为必需数字设施救济是在保存初级市场设施完整性的前提下，要求开放对下游市场的封锁，并不是要破坏初级市场的网络效应和自然垄断，而是要抑制向相邻市场的垄断延伸。因此即使 App Store 被认定为必需设施，对苹果公司的投资激励的抑制效果也是比较有限的。此外，在对开放数字设施救济进行监管也具有可行性，因为法院只需要比较竞争对手访问 App Store 涉及的条款与苹果为自营产品提供的条款有何区别，最大限度地减少那些歧视性的条款、条件或其他设定以恢复平等地位。

开放设施可行性要件下，还需要考虑行为人拒绝开放设施有无正当理由。由于必需设施理论对于契约自由和财产权利存在限制，监管者需要小心翼翼，只能惩罚那些不存在正当理由、唯一拒绝意图就是实施垄断的拒绝行为。消费者福利抗辩和效率抗辩是 App Store 经常使用的两项抗辩。一方面，对于消费者抗辩而言，保护交易安全、提高用户使用体验、保护智能终端的安全性、保护消费者隐私权益等都是不可忽视的理由②，如果一旦被证成，那么就有可能阻断必需设施救济。曾经苹果要求某屏幕时间管理应用程序删除某些功能，因为苹果认为该应用搭载的一些功能要求提供或访问高度敏感的个人数据，这将用户的隐私和安全置于风险之中。③ 但是要注意甄别相关抗辩的真

---

① See Damien Geradin & Dimitrios Katsifis, "The Antitrust Case Against the Apple App Store," *Journal of Competition Law and Economics*, Vol. 17, Issue 3, 2021, pp. 503 – 585.

② See Patrick F. Todd, "Digital Platforms and the Leverage Problem," *Nebraska Law Review*, Vol. 98, Issue 2, 2019, pp. 486 – 489.

③ See Jack Nicas, "Apple Backs Off Crackdown on Parental – Control Apps," *The New York Times*(Nov. 14, 2022) , https://www.nytimes.com/2019/06/03/technology/apple – parental – control – apps. html, last visited on 2023 – 03 – 05.

伪，如果 App Store 以消费者福利为名，歧视性对待平台内经营者或歧视性适用平台规则，那么这种正当理由就可能异化为平台的限制竞争工具。① 另一方面，App Store 也很容易提出效率抗辩。苹果成立伊始就一直奉行垂直控制的策略，如果这种纵向一体化能够产生效率增进，那么同样有可能通过豁免测试。确实有大量的产业经济学研究认为上下游产业链的纵向一体化可以提高市场效率，如果下游市场是非完全竞争状态且边际收益高于边际成本，上游垄断者向下游整合可以减少价格竞争，降低交易、仓储、协商、运输、生产等成本，同时提升消费者福利。但是，这是一种供给侧导向的纵向一体化，旨在降低供给侧层面的成本；而在数字时代，苹果等平台企业实施纵向一体化可以实现需求侧用户注意力成本的降低。这种需求侧的纵向一体化会强化用户锁定效应，进而引发剥削性和排他性的反竞争损害风险。② 我国《互联网平台落实主体责任指南（征求意见稿）》第三条将"开放生态"作为超大型平台经营者的一项责任③，其来即在于此。因此，在具有网络效应的数字环境中，苹果公司长期奉行的垂直控制模式逐渐丧失了正当性。

5. 新市场要件的分析

对 App Store 适用必需设施理论，还需要满足封锁了二级市

① 参见宁立志、喻张鹏：《平台"封禁"行为合法性探析——兼论必需设施原则的适用》，载《哈尔滨工业大学学报（社会科学版）》2021 年第 5 期，第 39—45 页。

② 参见马辉：《互联网平台纵向一体化的反垄断规制研究——基于需求侧视角的分析》，载《南大法学》2022 年第 2 期，第 36—53 页。

③ 《互联网平台落实主体责任指南（征求意见稿）》第三条：超大型平台经营者应当在符合安全以及相关主体权益保障的前提下，推动其提供的服务与其他平台经营者提供的服务具有互操作性。超大型平台经营者没有正当合理的理由，应当为符合条件的其他经营者和用户获取其提供的服务提供便利。

场的新市场要件。近年来，苹果公司推出了多款应用程序，直接与其"货架"上的第三方产品进行竞争。通过拒绝交易行为，苹果公司可以把一些有利于固化其垄断生态循环的二级市场把持在自己手中，服务应用程序的支付业务市场就是这样一个能给初级市场垄断者带来厚利的二级市场。通过控制这个二级市场，苹果能直接对数以万计的应用程序商征税，进而实现流量的货币化。

在 Epic Games 诉苹果垄断案中，Epic Games 就援引了售后市场力量，认为 iOS 应用程序分发市场是主市场，而用于 iOS 应用程序的支付处理市场构成其售后市场。但是，法院并没有支持 Epic Games 的主张，因为法院认为如果没有产品，就不会有市场。苹果公司的 IAP 支付系统只是苹果操作系统的附属功能，不是独立的产品，因此不存在独立的市场。起源于柯达案的售后市场理论蕴涵了丰富的判断指标，一般需要关注如下因素：（1）售后市场从初始市场衍生并依赖于初始市场。（2）售后市场不受初始市场的约束，与初始市场是相互独立的。（3）垄断者没有依靠合同条款在售后市场获得市场力量。但是，法院不愿意轻易认定售后市场的存在。因为如果不加以限制，那么任何需要提供售后服务的产品理论上都存在一个独立的售后市场，且产品提供者都是自身售后服务市场的垄断者，那反垄断法对市场的广泛干预可想而知。但是在数字经济时代，就如同必需设施理论迎来复兴，售后市场理论可能迎来展示的舞台。当前，平台企业的竞争主要是以平台为核心的商业生态系统之间的对抗，而纵向一体化是平台生态建构的主要方式。① 在平台发展初

---

① 参见马辉：《互联网平台纵向一体化的反垄断规制研究——基于需求侧视角的分析》，载《南大法学》2022 年第 2 期，第 36—53 页。

期，创建一个具有开放性的售后市场吸引越来越多的互补品供应商能够强化间接网络效应；当平台获得稳固的市场支配地位后，更倾向封锁和把持售后市场，建立生态垄断闭环。

因此，启动售后市场理论分析有助于开放平台生态，让中小企业能够围绕大型平台主营业务的"长尾"进行竞争，形成可持续的分层垄断竞争结构。李剑教授指出，能否构成售后市场，不仅取决于初级市场的竞争程度，还取决于许多其他因素，包括消费者可获得的信息质量、获得信息的成本、售后市场相对于前市场的规模、合同解决方案的可用性、不知情消费者的数量、锁定效应的大小和转换成本等。[①] 2020 年全球的消费者在应用商店的支出总额达到 1110 亿美元，这个数字几乎是 2017 年的两倍。[②] 用于 iOS 应用程序的支付处理市场的规模已经不容忽视，大量的消费者被锁定其中，而该售后市场上还存在微信支付、支付宝支付等竞争性支付服务。因此，应当认定其构成一个单独的市场，而且是应用程序分发市场的售后市场和相邻市场。

新市场要件下，如果苹果通过下架、禁止更新、禁止访问等直接拒绝行为或者通过收取过高佣金或其他抬高下游竞争对手成本的间接拒绝行为，大范围限制相邻市场的竞争，那么就有必要启动必需设施分析，保障售后服务市场这一相邻市场的可参与性。新市场要件并不要求 App Store 对其他竞争性的应用商店开放，因为该要件对旧市场保护尊让，而重点眷注新市场

---

① 参见李剑：《应用商店的反垄断法问题——Epic Games v. Apple 案评论》，https://mp.weixin.qq.com/s/5YsrLIt4IIPcMRTrpaWDNQ，最后访问日期：2023 年 1 月 20 日。

② See John M. Yun, "App Stores, Aftermarkets, and Antitrust," *Arizona State Law Journal*, Vol. 53, No. 4, 2021, pp. 1283 – 1328.

的竞争通道是否顺畅。有学者呼吁应该重新建立应用商店分发市场的竞争，保障横向互操作性，但这主要依靠有持续监督能力的行政管制法。必需设施理论的谦抑性要求它在高度动态的数字市场保持克制，只负担打通新市场的竞争职能，让应用程序消费者拥有对支付服务等售后产品的选择自由。

通过上述分析，可以看出 App Store 的拒绝交易行为较为符合必需设施理论。安格利尼也预言未来有可能会看到一个针对 App Store 的成功适用必需设施理论的反垄断判例。[①]

第二节　必需设施理论在大数据领域的适用

一、在大数据领域适用必需设施理论的争议与澄清

（一）必需平台设施与必需数据设施之辨

数据已成为劳动、资本、土地等传统生产要素以外的新型生产要素。[②] 但是在实现巨大社会福祉增进的同时，数据也带来了新的竞争风险关切。拥有技术和资本优势的大型数字企业能够大幅提高收集的用户信息的广度（量）和深度（质），把自己变成"超级大数据中心"[③]，然后通过设置数据壁垒、拒绝许

---

① See Tyler Angelini, "Reviving the Essential Facilities Doctrine: Revisiting Verizon Communications, Inc. v. Law Offices of Curtis V. Trinko, LLP to Assert an Essential Facilities Claim against Apple and the App Store," *Chapman Law Review*, Vol. 25, No. 1, 2021, p. 289.

② 2020 年 4 月，中共中央和国务院公布了《关于构建更加完善的要素市场化配置体制机制的意见》，其中就把数据列为同土地、劳动力、资本、技术并列的生产要素。

③ 参见孙瑜晨：《数字平台成瘾性技术的滥用与反垄断监管》，载《东方法学》2022 年第 6 期，第 58—68 页。

可大数据①资源就可以达到挤压竞争对手生存空间的效果。德国在《反限制竞争法》（第十次修订）中，将"拒绝提供相关数据"明确为拒绝提供必需设施的表现形式。② 2020 年 11 月国家市场监督管理总局发布的《关于平台经济领域的反垄断指南（征求意见稿）》粗线条地勾勒了认定必需数据设施和必需平台设施的标准，其中指出认定相关数据是否构成必需设施，一般需要综合考虑数据对于参与市场竞争是否不可或缺，数据是否存在其他获取渠道，数据开放的技术可行性，以及开放数据对占有数据的经营者可能造成的影响等因素。有论者评价道："尽管对数据构成必需设施的认定标准仍需完善，但明文将数据视为必需设施是反垄断系列法律法规对数字经济发展在世界范围内里程碑式的回应。"③

我国先后发生了微博和脉脉、菜鸟和顺丰等数据之争，反映了在大数据治理领域适用必需设施理论的强烈需求。2021 年 11 月，湖南蚁坊软件对新浪微博运营商提起诉讼，以被告拒绝数据许可的行为构成垄断为由，请求判令允许原告使用新浪微博数据，并赔偿经济损失和合理费用，这是一起具有代表性的

---

① 大数据是指含有 4V 特征的数据，包括规模性（volume）、多样性（variety）、高速性（velocity）、价值性（value）。规模性指可用数据的绝对数量，多样性指数据类型的差异和数据分析的复杂程度，高速性指产生新数据和分析新数据的速度，价值性则指数据的聚合形成的巨大价值。

② See des Bundesministeriums für Wirtschaft und Energie, Entwurf eines Zehnten Gesetzes zur Änderung des Gesetzes gegen Wettbewerbsbeschränkungen für ein fokussiertes, proaktives und digi – tales Wettbewerbsrecht 4. 0（GWB – Digitalisierungsgesetz）, https://www. bmwk. de/Redaktion/DE/Downloads/G/gwb – digitalisierungsgesetz – referentenentwurf. pdf?_ blob = publicationFile&v = 10, last visited on 2023 – 03 – 05.

③ 李世佳：《论数据构成必需设施的标准——兼评〈关于平台经济领域的反垄断指南〉第十四条之修改》，载《河南财经政法大学学报》2021 年第 5 期，第 77 页。

拒绝数据许可引发的反垄断诉讼。[1] 遗憾的是，2021 年最终通过的立法文本删除了必需数据设施的相关表述。不可否认，数据是建立平台以及形成网络效应的基础，但是数字平台始终不是简单的数据结合体。确实很多涉及平台拒绝交易的案件中最核心的争点就是平台拒绝分享数据，由此导致必需平台的分析与必需数据的分析重合。但是一些超级平台除了控制核心数据，其拥有的算法和其他技术也有发展成必需设施的可能性；更为重要的是，必需平台设施分析语境中构成必需设施的是作为空间媒介、商业模式和交易场所的平台本身，而不是平台拥有的数据和算力资源。"在数字经济体系中，平台是组织基础，数据是生产要素。如果把互联网平台比作树，那么数据就是树的脉络。"[2] 因此，我们无法理所当然地用必需平台设施概念去吸收必需数据设施概念。值得一提的是，虽然 2021 年《国务院反垄断委员会关于平台经济领域的反垄断指南》删掉了必需数据设施的相关概念，但是在必需平台设施之外，还单独规定了平台经济领域必需设施的上位概念。由此，大数据、核心算法、关键技术等数字设施仍然可能单独构成必需设施，列于该上位概念之下。

在我们的经济生活中，构成潜在必需设施的数据不一定产生于互联网行业，一些传统大型垄断企业也有可能获得对市场竞争有举足轻重影响的关键数据。例如，在法国竞争管理局处

---

① 《新浪微博因拒绝许可数据被蚁坊公司起诉数据垄断》，载知产前沿网，http://www.ipforefront.com/m_article_show.asp?id=1392&BigClass=%E8%B5%84%E8%AE%AF，最后访问日期：2022 年 3 月 17 日。

② 李世佳：《论数据构成必需设施的标准——兼评〈关于平台经济领域的反垄断指南〉第十四条之修改》，载《河南财经政法大学学报》2021 年第 5 期，第 77 页。

理的 GDF Suez/Direct Energie 案中，GDF Suez 就是一家具有市场支配地位的天然气供应商，它拒绝向竞争对手 Direct Energie 提供其历史档案中的部分客户数据，这使得后者无法展开有效竞争，法国竞争管理局责令 GDF Suez 向竞争对手披露客户数据，因为这些数据对确保竞争对手进入相关市场是绝对必要的。① 2017 年，欧盟委员会对一些商业银行拒绝向非银行类金融科技公司提供数据的行为发起调查，委员会认为这种拒绝行为违反了欧盟竞争法。② 这些都不是个案或孤例，因为在数字时代下数据已然成为各行各业的重要因素，即使在非互联网领域中很多企业实现了数字化和云上迁移，也能产生或获得很多重要数据。还有一个例子来自医药行业，仿制药企如果无法获得原研药企的相关数据③，可能就无法证明仿制药具有符合法律规定的生物等效性（bioequivalent），进而无法进入市场，这同样会产生需要必需设施理论救济的瓶颈问题。④ 李世佳主张："应当明确辨析数据作为必需设施与平台作为必需设施分属不同的垄断生发层面，二者不可混为一谈，回归《指南（征求意见稿）》将数

---

① See Rok Dacar, "Is the Essential Facilities Doctrine Fit for Access to Data Cases? The Data Protection Aspect," *Croatian Yearbook of European Law and Policy*, Vol. 18, 2022, p. 66.

② 转引自袁波：《大数据领域的反垄断问题研究》，上海交通大学博士学位论文，2019 年，第 196 页。

③ 美国的《哈奇—韦克斯曼法》规定了简化版的新药申请程序（Abbreviated New Drug Application，简称 ANDA），允许仿制药制药商使用品牌制药商已经证实过的临床经验数据，以证明其仿制药版本与专利药具有生物等效性，这样就可以获得 FDA 批准而得以上市销售。See 21 U. S. C. § 355（j）（2）（A）.

④ 相关文献，可参考 Tyler A. Garrett, "Anticompetitive Manipulation of REMS: A New Exception to Antitrust Refusal – to – Deal Doctrine," *William & Mary Law Review*, Vol. 60, No. 2, 2018, pp. 655 – 700.

据作为必需设施的内容专款规制。"①

应当承认，在数字经济时代拥有强大算力的超级平台逐渐成为最重要的数据设施控制者，平台和数据的联系愈发密切，但是二者之间始终有一线之隔。本章涉及的很多必需数据拒绝交易案件的分析中，行为主体就是大型平台企业，而客体就是数据；而在前文提及的必需平台拒绝交易案件中，主体是控制平台的企业，而客体是作为互联网交易场所和数字虚拟空间架构的平台本身。美国联邦贸易委员会曾经调查了 9 家数据经纪商，并指出这些数据商存储了数十亿的数据元素，几乎涵盖了每一个美国消费者。这些数据经纪商并不都是平台型企业，而且可以预见在数字时代会有更多的专业数据商涌现并掌握关键性的大数据。王健和吴宗泽指出许多以往仅由大型互联网平台企业所收集的数据，经营者也可能从第三方数据供应商处获得，还存在各类咨询服务机构，其获取数据、分析数据的功能也能有效缓解数据的集中和封闭。② 因此，在必需数据设施的分析中，也要密切关注这些主营业务就是数据业务的非平台型企业滥用必需数据设施的问题。

（二）必需知识设施与必需数据设施之辨

必需数据设施的概念无法被必需知识设施的概念吸收。不可否认，从广义上说知识产权就是一种搭载技术知识的数据信息形式，很多数据受到版权法或专利法的保护，被封装在版权

---

① 李世佳：《论数据构成必需设施的标准——兼评〈关于平台经济领域的反垄断指南〉第十四条之修改》，载《河南财经政法大学学报》2021 年第 5 期，第 77 页。

② 参见王健、吴宗泽：《论数据作为反垄断法中的必要设施》，载《法治研究》2021 年第 2 期，第 102—114 页。

或专利之中，二者存在千丝万缕的联系。① 前文提到的微软案中，构成必需设施的是互操作信息，这显然属于典型的数据设施案件，但因该互操作信息受版权保护，该案最终适用了新产品要件为特征的必需知识设施分析。但是，必需知识设施与必需数据设施有以下几点区别，不能被掩盖。

第一，有大量的数据信息是以商业秘密或公共知识的形态存在。公共知识领域的数据之所以能够发展成为必需设施，往往是因为数据获取壁垒过高、数据的规模太大或相关企业的数据算力强大，让其他企业离开这些数据就无法竞争，上述这些因素都与知识产权无很强的关联性或者至少可以说知识产权不是重要贡献因子。

第二，知识产权的期限是确定的，如发明专利的保护期限为 20 年。但是数据的期限确实难以被确定，一些数据理论上可以无限期存续下去，但也有大量的数据却表现出较强的时效性，需要进行不断地追踪、捕获和更新，否则数据的衍生价值将随着时间而不断减损。

第三，知识产权的确权是较为稳定的，尽管也饱受模糊性等方面的责难，但是依然存在一些共识性的授权标准，如独创性、非显而易见性等。但是，数据的确权问题一直是法学研究中的一大难题。垄断企业是否对原始数据、观测数据、衍生数据、计算数据等拥有完整的所有权等问题并无绝对的定论。如果强制确权，可能会阻碍数据要素和知识的流动，从而阻碍竞争和创新。因此，确定垄断者对数据设施的占有问题时，可能

---

① See Maxwell Meadows, "The Essential Facilities Doctrine in Information Economies: Illustrating Why the Antitrust Duty to Deal Is Still Necessary in the New Economy, Fordham Intellectual Property," *Media & Entertainment Law Journal*, Vol. 25, No. 3, 2015, pp. 795 – 830.

会比知识设施要复杂。

第四，微软案中，法院对互操作信息适用了新产品要件，这是因为该案的争议本质是必需知识设施的拒绝交易问题。但是对于非知识产权的大数据设施拒绝交易案件，新产品要件的分析可能窒碍难行。因为在数字经济中，数据是绝大多数产品或服务的投入。不管是新产品还是旧产品，都需要用到数据原料，这导致在大数据领域中，准确区分新旧产品是一项很困难的任务。不过，在大数据领域中区分新旧市场却有现实意义。很多大型平台就是依靠大数据形成基本盘，从数据分析中获得能够带来显著竞争优势的洞察，并以此为基点，快速渗透、包络和垄断相邻或衍生的数据服务市场或数据应用市场。这意味着新市场要件的分析在大数据领域将有重要的功能担当。

总之，基于以上种种分殊，提炼独立的必需数据设施概念并建构针对性的认定标准是有必要的。

（三）大数据构成必需设施的相关争议

数据能否构成必需设施是数字经济反垄断研究中最具争议性的论题之一，可能比平台是否构成必需设施的辩论更加聚讼纷纭。支持者认为大数据已经成为进入壁垒，法律适时监管具有正当性。[1] 而反对者认为有丰富数据资源的公司不是经济威胁，而是创新的源泉;[2] 将大数据界定为必需设施如同打开了潘多拉魔盒，会产生我们不期望的后果。[3]

---

[1] See Daniel L. Rubinfeld & Michal S. Gal, "Access Barriers to Big Data," *Arizona Law Review*, Vol. 59, Issue 2, 2017, pp. 339–382.

[2] See Joe Kennedy, "The Myth of Data Monopoly: Why Antitrust Concerns About Data Are Overblown,"http://www2.itif.org/2017–data–competition.pdf, last visited on 2023–01–30.

[3] See John M. Yun, "Antitrust after Big Data," *Criterion Journal on Innovation*, Vol. 4, 2019, pp. 407–429.

在分析大数据设施是否具有必需性、是否是构成市场主体必不可少的投入时，我们会遭遇困惑。因为数据具有非竞争性和多归属性①，似乎与唯一投入品、瓶颈垄断等问题风马牛不相及。数据的非竞争性是指单个用户对数据的使用并不会减少数据的供应总量，也不会影响其他用户的使用，数据边际成本几乎为零。而且，不同的相关市场可以同时作为数据源，比如想要获得用户地理信息的竞争者可以从多个应用程序去追踪，因为绝大多数用户都会对多款应用软件开启"定位"或"位置"功能，留下"多种数据足迹"②。即便有的用户对某款应用程序情有独钟，只对其授权自己的地理信息，其他竞争者还可以从该用户的消费信息中推断出地理位置信息。这意味着，数据似乎总是很难满足唯一性要求。索科尔和科默福德指出数字经济的历史提供了很多例子，在既有竞争者已经建立强大网络效应的情况下，缺乏用户数据的新进入者通过对消费者需求的研究和洞察，依然使得进入市场和快速成功变为可能。③ 而且很多成功的商业实践中，光有大数据也不一定会成功，还需要依靠技术性人才、服务质量、创新、对消费者需求的关注才能获得成功。④ 但是，如果我们只关注到一些已获成功的案例，那容

① See Greg Sivinski, et al., "Is Big Data a Big Deal: A Competition Law Approach to Big Data," *European Competition Journal*, Vol. 13, No. 2 – 3, 2017, p. 200.

② See Anja Lambrecht & Catherine E. Tucker, "Can Big Data Protect a Firm from Competition?"http://papers.ssrn.com/sol3/papers.cfm?abstract_ id = 2705530, last visited on 2023 – 01 – 15.

③ See D. Daniel Sokol & Roisin Comerford, "Does Antitrust Have a Role to Play in Regulating Big Data?"In Roger D. Blair & D. Daniel Sokol(ed.), *The Cambridge Handbook of Antitrust, Intellectual Property, and High Tech*, Cambridge University Press, 2017, pp. 293 –316.

④ See D. Daniel Sokol & Roisin E. Comerford, "Antitrust and Regulating Big Data," *George Mason Law Review*, Vol. 23, Issue 5, 2016, pp. 1129 – 1162.

易以偏概全、以点带面。数字经济的历史同样也为我们提供了大量竞争对手因无法访问重要数据资料而被排除市场、失去生存机会的失败例子（下文将详述个别代表性案例）。更加复杂的问题还在于数据具有价值易变性和时效性。一些数据可能在某个时间段有价值，而一旦经过特定期限则失去经济意义；一些数据可能对特定的消费者有价值，但对其他消费者并无经济意义。[①] 再者，当数据汇聚到一定规模后，又会出现低价值密度特征，即数据规模越大，价值密度反而越低，这意味着不同主体从大数据中获得的价值是不确定的。上述种种因素导致监管者从供给端的角度去分析数据是否具有必需性、对于下游竞争是否必不可少、数据是否存在其他获取渠道等问题时会遭遇困惑。不过，这并不是说没有解决方案，如果我们从需求端的角度去分析关闭数据设施对消费者的影响以及对下游市场的影响，那么仍然能得到正确的必需设施认定结论。

数据属于原始数据或是衍生数据、是公开数据或是隐私数据等问题进一步恶化了必需设施分析的困境。一种观点认为，原始数据不能作为必需设施理论适用的对象，衍生数据才是讨论的焦点。[②] 因为很多学者认为大数据的价值产生于对原始数据的推断、加工、分析和计算，而不是来源于大数据原料本身。"原始数据一般价值不大，数据只有经过加工，产生无法从原数

[①] See Catherine Tucker, "Digital Data, Platforms and the Usual [Antitrust] Suspects: Network Effects, Switching Costs, Essential Facility," *Review of Industrial Organization*, Vol. 54, 2019, pp. 683 - 694.

[②] See Giuseppe Colangelo & Mariateresa Maggiolino, "Big Data as Misleading Facilities," *European Competition Journal*, https://ssrn.com/abstract = 2978465, last visited on 2023 - 2 - 10.

据直接获得的新信息时，才变得有价值。"① 不可否认，某些情形下原始数据确实无价值，技术企业通过人工智能算法处理和加工原始数据所得的观察数据和推断数据可能对于下游竞争更为关键，但是确实也存在一些情景，只有大型技术企业才有能力虹吸大规模和高纬度的数据集，原始的大数据本身就可能构成某种瓶颈设施，其他竞争对手去收集这种体量的数据已经丧失了经济上的合理性。例如，LinkedIn 案中涉嫌构成必需设施的就是 LinkedIn 的公开用户资料这一原始数据，竞争对手 HiQ 并无经济能力自行收集之。更为重要的是，原始数据无论是对于算法技术，还是对于衍生数据的获取都具有不可替代的重要价值，能够获得衍生数据的算法技术需要源源不断的原始数据进行喂养。另一方面，数据的公开性抑或秘密性还会带来可开放性、安全性、隐私保护等一系列衍生难题。在蚁坊公司与新浪微博垄断纠纷中，系争数据为公开的微博数据；而在顺丰与菜鸟数据访问纠纷中，系争数据为私密的用户物流信息。监管者在分析如下问题时会陷入两难：提供公开数据是否一定具有可行性而提供非公开数据一定就不可行？如果允许提供非公开性数据，那么应该如何保护消费者的隐私利益？如果竞争者以"隐私保护"为名行锁定用户、建数据孤岛之实，监管者又该如何判定？此外，除了隐私风险之外，数据作为必需设施而被开放访问后很可能会促进经营者之间的数据交换和分享，进而成为竞争者达成卡特尔的媒介，这存在助长垄断的风险。

面对诸多的困惑，有学者直言："实际上，数据概念的不确定加之制度设计的不完整，使得数据作为必要设施在具体实施

---

① 张钦昱：《数字经济反垄断规制的嬗变——"守门人"制度的突破》，载《社会科学》2021 年第 10 期，第 111 页。

中会产生极大的争议，并对正常市场经营活动造成不良影响。"①

（四）涉及数据必需设施的典型案例：LinkedIn案

反垄断分析从来都是充满争议和困难的，转售价格维持、技术性搭售、掠夺性定价等垄断行为的分析都是在争议中不断提炼共识。在大数据领域，我们不能仅仅因为数据的模糊易变等特性而产生畏难心理，拒绝分析相关数据设施对竞争的影响。判断是否适用必需设施理论的关键还是要思考这种分析工具的激活是否有助于打通市场梗阻、保障可参与性竞争。不可否认，一定的量变引起质变。随着一些企业对数据的收集能力、存储能力和计算能力大幅提高，数据能提供的价值也呈现指数级增长。很多公司比以往任何时候都更依赖数据驱动策略来提高经营效率。② 当一个企业拥有更为充足的数据、掌握更为高效的数据分析技术，它就更容易在市场竞争中存活下来，甚至脱颖而出。③ 现实中，已然出现相当比例的拥有数据霸权企业所实施的通过拒绝交易封锁相邻市场的非正义行为，这就产生了需要必需设施理论救济的瓶颈垄断问题。

LinkedIn案就是一个非常典型的必需数据设施拒绝交易案件，在中外学界均引发了数据能否构成必需设施的学理争论。该案中，HiQ是以职业数据分析服务为主要业务的数据分析企业，其使用网络爬虫技术自动抓取LinkedIn的公开用户资料，然后开发和销售职业数据分析工具。随后不久，LinkedIn也推出

① 王健、吴宗泽：《论数据作为反垄断法中的必要设施》，载《法治研究》2021年第2期，第102页。

② See Debbie Feinstein, "The Not – So – Big News About Big Data," FED. TRADE COMM' N, https://www.ftc.gov/news – events/blogs/competition – matters/2015/06/not – so – big – news – about – big – data, last visited on 2023 – 03 – 03.

③ 参见陈永伟：《数据是否应适用必需设施原则？——基于"两种错误"的分析》，载《竞争政策研究》2021年第4期，第5—17页。

自研的人力资源分析工具 Talent Insight。LinkedIn 多次致函 HiQ 要求后者停止访问 LinkedIn 的公开用户资料数据。于是，HiQ 向美国加利福尼亚州北区法院提起诉讼，宣称 LinkedIn 通过拒绝开放必要设施获得并维持在专业社交网络市场和职业数据分析市场的垄断权力。地区法院作出禁止 LinkedIn 阻止 HiQ 访问和抓取公开用户资料的临时禁令。美国第九巡回上诉法院并没有对 HiQ 提起的反垄断指控做出回应，而是认为本案关键问题在于违反网站协议抓取可公开访问信息的行为是否为《计算机欺诈与滥用法》（CFAA）所禁止。① 当计算机网络通常情况下允许公开访问相关数据时，行为人访问这些公开数据不会构成《计算机欺诈与滥用法》所禁止的非授权行为。法院指出 HiQ 访问、抓取的信息是任何网络浏览器都能接触到的，访问公开数据不会构成《计算机欺诈与滥用法》所禁止的非授权行为。

尽管结果有利于 HiQ，但是该案中的必需设施反垄断指控并不顺利。地区法院以 HiQ 未准确界定相关市场且反垄断指控不充分为由，驳回反垄断部分的诉讼请求。② 地区法院认为 HiQ 没有提供充足证据证明其使用被 LinkedIn 控制用户公开资料的数据分析产品与其他的使用企业内部数据或其他公司公开用户资料的数据分析产品有何不同，不能表明职业数据分析产品或服务构成一个独立的相关市场。且 HiQ 无法证明从 LinkedIn 上获取的数据不能从其他途径获得，比如谷歌、Facebook 或行业目录等其他获取途径。但是需要注意的是，法院没有否定必需设施理论，反而基本认可该理论的理念，法院也认可 LinkedIn 向相邻市场延伸垄断的行为有悖于《谢尔曼法》的目的。该案没

---

① See HiQ Labs, Inc. v. LinkedIn Corp. , 938 F. 3d 985(9th Cir. 2019).

② See HiQ Labs, Inc. v. Linkedin Corp. , Case No. 17 – cv – 03301 – EMC at 15(N. D. Cal. Sep. 9, 2020).

有直接适用必需设施理论的原因在于法院认为 HiQ 未能完成证明义务。实际上，该案的上诉法院第九巡回上诉法院早在 20 世纪的 Alaska Airlines 案中就表示，当控制必需设施的经营者拒绝其他经营者合理使用必需设施产品或服务的请求，使得其他经营者无法与控制必需设施的经营者展开市场竞争时，才有必要适用必需设施原则对控制必需设施的经营者施加强制性义务。①但是，该案也说明如何准确界定相关数据市场将是必需设施理论在大数据领域顺利适用必须克服的技术问题。数据只是一种市场要素，光数据的存在并不能形成一个市场，必须存在数据交易行为或者形成有消费者需求的数据产品集才能构成市场。但是，该案也向我们展示了拒绝开放数据对相关市场参与者的影响，即垄断者通过利用基于数据设施的拒绝行为就能够对二级市场产生很明显的封锁。在 Craigslist 诉 3Taps 案中，Craigslist 无法获得关键数据原料后就宣布倒闭。②无独有偶，Facebook 诉 Power Ventures 案中，Power Ventures 在败诉不久之后就宣告了破产。③

　　我国也发生了一些涉及必需数据拒绝交易的案例，其中最为知名的就是菜鸟网络与顺丰物流公司的数据访问争议。顺丰宣告关闭对菜鸟的数据接口，并且中止给淘宝平台上的所有包裹回传相关物流信息。因为顺丰认为，菜鸟为谋取私利，要求顺丰旗下的丰巢快递系统向其提供与业务无关的用户数据，而此类信息关涉用户隐私利益保障。菜鸟则辩称，为保护消费者隐私以及电话信息安全，菜鸟需要快递柜等控制的物流数据进

---

①　See Alaska Airlines, Inc. v. United Airlines, Inc., 948 F. 2d 536, 544 (9th Cir. 1991).

②　See Craigslist Inc. v. 3Taps Inc., 942 F. Supp. 2d 962(2013).

③　See Facebook, Inc. v. Power Ventures, Inc., 844 F. 3d 1058(9th Cir. 2016).

行多重穿插验证，以便对物流数据进行安全升级。尽管该争议没有进入司法系统，而是在行业监管者的协调下和解，但是仍向我们揭示了在数据成为关键要素的市场中，拒绝开放相关数据设施可能带来的影响和可能引发的理论争议。随着欧盟《数字市场法》的施行，欧盟除了运用竞争法的必需设施理论，还可以依靠该法案对守门人规定数据分享条款来疏通市场。而在我国的法律体系下，监管者缺少像欧盟委员会一样丰富的制度工具箱，这意味着必需设施理论可能是更为重要的数据设施疏通工具。下文将逐步解析大数据构成必需设施的认定标准，以期让必需设施理论这一市场秩序疏通工具能够在大数据领域继续发挥重要功能。

二、大数据构成必需设施的认定标准建构

（一）市场支配地位与数据设施的必需性

必需设施认定标准的第一步就是判断涉案的数据设施控制企业在相关市场上是否具有市场支配地位。玛丽娜·劳指出，当一家公司在市场上缺乏市场力量时，把必需设施理论应用于信息领域是不谨慎的。[1] 扎卡里·阿伯拉罕森也提出认定构成必需数据设施的一个条件是原告必须证明被告在反垄断市场中拥有垄断能力。[2] 具有支配地位的前置性要求是必要和正当的，因为必需数据设施的分析也要遵循拒绝交易行为的一般性分析框架，而该框架的分析起点就是要求行为人在相关市场拥有市场支配地位。当一家对市场有举足轻重影响的企业持有非常关键

---

① See Marina Lao, "Networks, Access, and Essential Facilities: From Terminal Railroad to Microsoft," *SMU Law Review*, Vol. 62, No. 2, 2009, p. 583.

② See Zachary Abrahamson, "Essential Data," *Yale Law Journal*, Vol. 124, Issue 3, 2014, p. 871.

的数据设施时，反垄断法并不会推定它违法，更不会没收它的数据，而是要求它不能利用该数据设施来延伸垄断势力。如果该企业属于平台企业时，《国务院反垄断委员会关于平台经济领域的反垄断指南》第十四条规定具有市场支配地位的平台经济领域经营者控制平台经济领域必需设施且拒绝与交易相对人以合理条件进行交易时可能构成拒绝交易。大数据无疑是平台经济领域必需设施的典型代表，当然算法技术、平台本身也可能构成该领域的必需设施。需要注意的是，这里界定的相关市场是数据设施所在的市场（一级市场），这个市场不一定就是相关数据市场，还可能是平台主营业务所在的市场。对于搜索服务、社交网络等平台业务市场，大数据一般是存在于这些一级市场上的极为核心的设施和资产，也容易引发必需大数据设施通过拒绝交易封锁二级下游市场的垄断争议。在德国 Facebook 滥用市场支配地位收集用户数据垄断案中，德国联邦卡特尔局将相关市场界定为社交网络市场；Facebook 滥用的是其在社交网络这一相关市场上的市场支配地位，而不是在相关数据或信息市场上的市场支配地位。在谷歌搜索引擎引发的数据拒绝交易纠纷中，我们说谷歌是垄断者，指的是它在搜索引擎服务这个相关市场上构成的垄断，其拒绝下游广告市场竞争者使用来自搜索引擎服务市场的数据，这就引发了必需设施问题，因此"数据被垄断者拥有"这个条件是可以得到满足的。拥有初级市场上的市场支配地位这一事实要求垄断者必须从事以市场表现为基础的竞争，不能通过拒绝开放必需数据、搭售、在算法或技术方面设置不合理条件等方式进行纵向封锁。不过，在必需数据设施拒绝交易行为中，上游初级市场可能并不是相关数据市场，但是下游的二级市场往往涉及相关数据市场，而相关数据市场的界定充满争议（下文将详述之）。

满足市场支配地位要件后，下一步就是判断相关大数据是否具有必需性，数据的异质性特征导致该子要件的分析极为复杂。具有必需性代表这些数据对于二级市场的竞争是必不可少的且竞争对手找不到合理的替代品。一种观点认为数据有极强的替代性，同样的数据可以从不同的数据源处获得，还可能来自于多个相关市场。是故，即使某个企业垄断了某个来源的数据，产生的影响也是有限的，因此似乎不需要强制开放数据。① 例如，下游竞争对手想了解消费者的消费偏好，可以选择从上游的电子商务市场寻求交易记录数据。如果上游垄断性电商平台拒绝开放数据访问，那么竞争对手还可以从上游的搜索引擎市场寻找痕迹数据，也可能获得关于消费偏好的洞见。因此，对于大数据而言，"不可替代""必不可少"等似乎是伪命题。以至于有部分学者认为垄断者难以对其他经营者的数据行为施加有效限制，数据市场处于有效竞争状态，反垄断法规制属于"无源之水、无本之木"。②

上述分析将数据的非竞争性分析错误等同于数据的不可替代性分析。离散的数据本身是很容易获得的，但是当这些海量数据端点汇聚成具有规模性、价值性、差异性等特征的大数据时，就会切实存在反竞争的风险。

第一，大数据设施能产生明显的先发优势。③ 锁定效应、依赖效应、生态效应、转换成本、信息不对称等问题的存在导致

---

① 参见陈永伟：《数据是否应适用必需设施原则？——基于"两种错误"的分析》，载《竞争政策研究》2021 年第 4 期，第 5—17 页。

② 参见殷继国：《大数据市场反垄断规制的理论逻辑与基本路径》，载《政治与法律》2019 年第 10 期，第 134—148 页。

③ 参见曹阳：《垄断法下的相关数据市场研究》，载《科技与法律（中英文）》2021 年第 1 期，第 111—126 页。

消费者总是倾向把数据交付给市场上的大型垄断者，而不是交给自己不了解的新进入者。新进入者往往因为无法吸引超过最低临界规模的用户流而无法收集一定规模的数据流。除了数量上的先发优势，新进入者所收集数据在质量上的表现也不尽人意，远无法获得和垄断者一样高纬的用户数据全景图谱。这种先发优势还被网络效应不断放大，逐渐成为一种进入壁垒。

第二，过度关注数据多样性的论者忽略了数据同样具有差异性特征。在数据还未形成规模时，电子商务市场的交易记录数据与搜索引擎服务市场的浏览痕迹数据似乎是可以相互替代的，但是一旦上述这些数据汇集成大数据，那么不同类型的数据之间就存在云泥之别。经营者可能从交易记录大数据中获得关于消费习惯、消费决策偏好、市场趋势、利润前景等方面的情报，然而即使是专业级的垂直搜索大数据也很难提供类似的深刻见解。而且，一切科技企业依靠人工智能算法、机器学习技术等可以从两种不同的大数据聚合体中获得完全不一样的洞察。LinkedIn 案中，成规模的职业大数据对于 HiQ 的生存就已经必不可少了[①]，HiQ 也无法通过其他合理路径获得这种规模的异质性、专业性数据。

第三，大数据具有价值不确定性和时效性，判断它对下游竞争是否必不可少似乎是不可能完成的任务。被观测目标对象的属性和性质可能随时间推移而发生变化，数据所具有的预测价值也会相应降低，即发生概念漂移现象。[②] 例如，个体在电商平台的消费行为很可能随季节不同而产生较大变化，基于上季

[①]　See HiQ Labs, Inc. v. Linkedin Corp., Case No. 17 – cv – 03301 – EMC at 15(N. D. Cal. Sep. 9, 2020) .

[②]　参见王健、吴宗泽：《论数据作为反垄断法中的必要设施》，载《法治研究》2021 年第 2 期，第 102—114 页。

度浏览记录、购买记录等历史数据构建的算法模型的预测精度可能会大幅下降。① 这种动态性和强时效性导致垄断存量数据似乎并不会带来较大的价值增量，如果想让数据分析产生更大的经济价值，就必须保持大数据处在较高的更新频率。有论者指出数据价值寿命是短暂的，任何具有竞争优势的数据价值会很快流失，故此大数据垄断者难以通过大数据设施占有竞争优势。② 上述观点过于强调从动态的角度来分析大数据特征，也过于夸大消费者的行为或决策的变化性。事实上，消费者的行为习惯、选择偏好、态度立场等元素是不容易发生改变的，当相关数据的数量和质量积累到一定程度后，一些大数据公司可以从历史数据中推断、预测一定消费群体未来的行为趋向。一个极端的例子就是剑桥分析公司政治选举操纵案，案涉争议是一家数据分析公司通过8700万Facebook用户的历史数据推断大规模用户的政治选择偏好。因此，忽视大数据的历史价值是不恰当的，现实中确实有大型科技公司能通过聚合化的历史数据和实时数据较为准确地揭示用户的偏好变化并预测新的发展趋势。③

总之，大数据设施能够帮助垄断企业以低成本、低风险的方式快速进入相邻市场，建立垄断生态。垄断企业还会依靠大数据实施包络策略，不断对下游竞争者进行价格挤压、竞争封锁，增大其竞争成本。在网络效应的加成下，垄断企业的数据

① See João Gama, et al. , "A Survey on Concept Drift Adaptation, "*ACM Computing Surveys*, Vol. 1, No. 1, 2013, pp. 1 – 3.

② See Daniel Sokol & Roisin Comerford, "Antitrust and Regulating Big Data, "*George Mason Law Review*, Vol. 23, Issue 5, 2016, pp. 1129 – 1162.

③ 参见曾彩霞、朱雪忠：《必要设施原则在大数据垄断规制中的适用》，载《中国软科学》2019年第11期，第55—63页。

量、数据能力、算法能力也呈滚雪球效应，新进入者与在位垄断者之间出现了巨大的数据鸿沟。强大的数据能力和算法能力又能帮助垄断者降低竞争成本、提高利润空间，让垄断者能通过个性化推荐、心理操纵、隐私控制等方式吸引并锁定更多用户，建立进入壁垒、固化垄断、构筑护城河。① 数据就是数字时代的石油，一些大规模、高纬度、深加工、强相关性的数据已经成为关系下游竞争者生死存亡的稀缺性投入品，但是往往被垄断型企业牢牢把持，反垄断法的介入具有正义性。

（二）数据不可复制性的分析

对于一些评论者而言，数据具有不可复制的观点是不可思议的。今天我们处在一个信息洪流时代，每天都会产生大量的新数据，如同空气一般弥散在我们的数字秩序生活中。这些数据廉价且易获得，数据的生产和分销的边际成本接近于零，用户的多栖性提供了多样化的数据源，任何人都可以通过多种工具和渠道复制这些数据。尤其是云技术的发展让数据能够脱实向虚，复制、传输和储存数据的成本被进一步降低。同样的数据可以被无限次使用，数据被某一个主体使用的同时也可以被任意数量的其他主体使用。即使某一些产业对于数据的依赖性比较重，但竞争者通常可以迅速开发出搜集自己所需数据的方法（如设置 cookie），而无须要求在位者开放它控制的数据设施。②

上述观点忽视了数据和大数据的区别。离散数据的复制成

---

① See Anja Lambrecht & Catherine Tucker, "When Does Retargeting Work? Information Specificity in Online Advertising," *Journal of Marketing Research*, Vol. 50, No. 5, 2013, pp. 561–576.

② 参见陈永伟：《数据是否应适用必需设施原则？——基于"两种错误"的分析》，载《竞争政策研究》2021 年第 4 期，第 5—17 页。

本可能较为低廉，但是产业经济实践中大量的事例都在说明大数据的成本是极为昂贵的，特别要对在位的垄断者形成有经济意义的竞争约束所需要的数据复制成本更是高不可攀。这种成本首先表现为数据收集成本，有论者就指出现实中阻碍企业（尤其是新进入者）获得足够数据的首要原因是数据收集成本过高。① 网络效应的存在导致数据总是向个别垄断者汇集，竞争者很难复制来自具有网络效应的市场的数据。② 垄断者依靠网络效应和生态业务链能够获得源源不断的数据流，形成强大的数据采集循环系统；新进入者要复制这样的大数据需要耗费极大的资本、人力资源等，已经丧失了经济上的可复制性。此外，对于有时效性的数据设施而言，还需要考虑收集数据的时间成本。如果竞争对手投入较高的时间成本后也能收集同等规模和质量的大数据，但是该大数据设施的价值随时间推移已然发生显著贬损，那么此种场合也可被视为具有经济上的不可复制性。

一些数据设施在技术上具有不可复制性。尽管数据具有非竞争性，但是一些有较强科技实力的数据设施控制者可以实现数据的强排他性，能够通过设置技术障碍、爬虫防御系统等多种方式阻碍其他经营者收集同样或类似数据。③ 法国竞争当局与德国卡特尔局在《竞争法与数据》这一报告中指出，尽管数据本身是非竞争性的，但获取这些数据的成本高得令人望而却步，

---

① 参见秦玉琦：《必要设施原则在数据垄断规制中的适用性研究》，载《中国市场监管研究》2021 年第 7 期，第 59—62 页。

② See Zachary Abrahamson, "Essential Data," *Yale Law Journal*, Vol. 124, Issue 3, 2014, pp. 867–880.

③ 参见殷继国：《大数据市场反垄断规制的理论逻辑与基本路径》，载《政治与法律》2019 年第 10 期，第 134—148 页。

因此独家访问这些数据被视为一种重要的竞争优势。① 在 Tom-Tom 收购 Tele Atlas 案中，欧盟委员会指出虽然可以通过收集各种公共数据以相对迅速且有限费用的方式为许多地区编制基本的数字地图数据库，但编制一个可导航的数字地图数据库的费用是高昂的。② 此外，还有一些必需数据资料被管制机构、行业协会等设置了规则壁垒，导致竞争者无法进行复制，这在一些公共数据领域表现得比较突出。2022 年，我国发生了首例公共数据反垄断诉讼案，原告是一家二手车经销商，能获取来自被告运营平台的车险数据是其维持竞争必不可少的，原告认为被告实施的垄断价格、差别待遇等构成了垄断行为。而该案中被告运营的车险信息平台覆盖了全国 68 家车险公司的车险数据，具有垄断地位，而该平台的数据来自由中国银行保险监督管理委员会直接管理的银信宝所运营的信息平台，具有公共属性。对于市场主体而言，复制类似的官方或半官方信息平台显然不具有合理性。

复制数据的成本还表现为对数据分析能力的复制成本。在很多商业场景中，大数据的价值与其说来自大数据（big data）能力本身，毋宁说是源于对大数据的大分析（big analysis）能力。③ 垄断企业在算法和技术的赋能下能够从原始数据材料中去粗取精，获得蕴藏巨大商业价值的分析和推断数据。而且大数据能力和大分析能力之间是相互促进的，数据资源越丰富，算

---

① See Bruno Lasserre & Andreas Mundt, "Competition Law and Big Data: the Enforcers' View, "*Italian Antitrust Review*, Vol. 4, Issue 1, 2017, p. 91.

② See TomTom/ Tele Atlas(Case No Comp/ M. 4854), Commission Decision of 14/ 05/2008, C(2008)1859.

③ 参见［英］维克托·迈尔－舍恩伯格、［英］肯尼思·库克耶：《大数据时代：生活、工作与思维的大变革》，盛阳燕、周涛译，浙江人民出版社 2013 年版，第 1—10 页。

法越精确，企业能获得的市场力量就越强大。即使相关竞争者克服了数据的收集成本和技术难题，接踵而至的数据分析和计算成本可能是其难以承受之重。因此，大数据存在的收集、控制、分析和计算的较高成本门槛导致一些数据资料呈现出瓶颈现象。

（三）必需数据拒绝交易的行为分析

与其他的数字设施拒绝交易行为一样，必需数据拒绝交易的行为也有多种样态。在大数据领域最为典型的拒绝行为就是拒绝开放应用程序编程接口（API），很多数据的导出和传输都是通过 API 实现的。只有经营者开放 API，其他竞争者才能够访问经营者的数据。2020 年 12 月，美国联邦贸易委员会正式起诉 Facebook，其中就指控 Facebook 关闭或限制访问 API 的行为。美国联邦贸易委员会认为 Facebook 有目的性地切断与某些应用程序之间的互操作性，从而阻碍它们未来成长为 Facebook 的竞争对手，这构成了违反《谢尔曼法》第二条的拒绝交易。①

除了依靠公开的 API 访问数据，竞争对手还会选择通过数据爬取技术获取数据。数据爬取已经成为互联网中被广泛使用的基础性数据流通工具，具有中性色彩。"作为自动提取网页的程序，数据爬取所使用的数据爬虫（web crawler）是搜索引擎须臾不可离的工具，甚至可以说，倘若没有数据爬取，用户必将迷失在浩如烟海的互联网信息之中。"② 如果垄断者出于竞争封锁等垄断意图而通过设置技术防御措施去阻止有合理性且未违反 Robots 协议的数据爬取，那么有可能构成违反反垄断法的

---

① 参见焦海涛：《平台互联互通义务及其实现》，载《探索与争鸣》2022 年第 3 期，第 118—128 页。

② 许可：《数据爬取的正当性及其边界》，载《中国法学》2021 年第 2 期，第 172 页。

拒绝交易行为。不过如果数据爬取行为造成服务器过载而影响垄断者的正常经营活动，或是侵犯用户隐私，或带来数据安全问题，抑或侵犯垄断者的知识产权或商业秘密，那么拒绝行为可能有正当合理性而不会被反垄断法责难。

此外，在数据设施领域还存在一种名为"钓鱼策略"的拒绝行为。[①] 理论上，在初级市场取得的大数据可以衍生出无限种的次级商品或服务市场，这是垄断者难以预测或控制的。一些垄断者在对下游市场前景缺乏认知且不愿意进行沉没投资时，会先通过交易大数据吸引潜在的竞争对手进入未知下游市场，作为新兴市场的试验石；待新市场前景明晰之后，再通过大数据设施拒绝交易行为将竞争对手挤出市场。对此，如果不适用必需设施理论去开放必需大数据，那么会严重抑制下游市场的竞争和创新。[②] "钓鱼策略"在一定程度上也反驳了那些认为拒绝开放数据对上游市场垄断者是无利可图的观点。

（四）开放必需数据的可行性论证

一种观点认为开放必需数据设施并不像我们认为的那样低成本且轻而易举，强制开放可能会对数据的生产活动造成较大的影响。[③] 持该观点论者主要基于以下几点理由。

第一，数据的规模性、多样性和模糊性导致大数据设施持有人可能连自己都无法分辨哪些数据才是必不可少的和需要对

① 参见曾彩霞、朱雪忠：《必要设施原则在大数据垄断规制中的适用》，载《中国软科学》2019 年第 11 期，第 55—63 页。

② See Zachary Abrahamson, "Essential Data," *Yale Law Journal*, Vol. 124, Issue 3, 2014, pp. 867–881.

③ 参见陈永伟：《数据是否应适用必需设施原则？——基于"两种错误"的分析》，载《竞争政策研究》2021 年第 4 期，第 5—17 页。

下游市场开放的，是否需要实时更新数据来履行自己的开放义务。[①] 雪上加霜的是，不同企业采用的程序语言、数据存储的格式等都可能存在差异，开放必需数据设施可能还需要垄断者对数据格式和兼容性问题进行优化，这可能给垄断者带来额外的经济成本，或者以降低数据存储质量等方式损害消费者福利。[②] 上述观点忽略了必需设施理论只是确保必不可少的竞争通道不被封锁，并没有要求垄断者为竞争对手提供积极、主动的数据分享服务。很多案例中，监管者和司法者只是要求大数据设施控制者履行开放 API、撤销超过合理边界的爬取技术防御措施等消极义务。事实上，只要维持必需数据设施的通道不被封堵，市场自愈机制会通过施加外部竞争压力的方式催动企业自行解决兼容性、储存标准化等问题，或者孕育出专门的第三方数据服务商来解决兼容性问题。

第二，数据领域存在容量拥挤问题，超过一定体量的大数据的存储、访问、传输等都需要占用不容小觑的储存和运算资源，强制开放可能影响消费者的体验。[③] 这种观点忽视了数据具有非竞争性特征，很难产生"竞争拥堵"问题。这种非竞争性不仅体现在数据消费方面，还体现在生产方面，不同的竞争者可以通过放置 cookie 的方式来获得数据。此外，云计算技术也在飞快发展，随着"云服务器等基础设施的发展和普及，亚马逊、阿里巴巴、腾讯等云服务资源促使数据储存成本进一步下降，如今

---

① See Giuseppe Colangelo & Mariateresa Maggiolino, "Big Data as Misleading Facilities," *European Competition Journal*, Vol. 13, No. 2 - 3, 2017, pp. 249 - 281.

② 参见曾彩霞、朱雪忠：《必要设施原则在大数据垄断规制中的适用》，载《中国软科学》2019 年第 11 期，第 55—63 页。

③ 参见陈永伟：《数据是否应适用必需设施原则？——基于"两种错误"的分析》，载《竞争政策研究》2021 年第 4 期，第 5—17 页。

中小经营者也能够实现广泛、高频的数据收集和分析活动"①。

第三，必需数据的开放还可能引发数据安全、隐私泄露等问题。监管者在决定开放数据时，还必须要求必需数据控制者具备相应的技术条件以保证数据安全和消费者的隐私利益，并有能力承担可能的数据泄露所引发的成本，这可能会导致开放数据设施变得不可行。塔克和威尔福德指出，必需设施救济措施引起了严重的隐私问题，有可能令用户感到不安，强制共享用户信息可能违反公司的隐私政策和相关的监管规范。② 保护用户隐私往往也是必需大数据拒绝交易案件中被告最常援用的正当抗辩理由。此外，有一些数据还涉及国家安全等公共利益，相关大数据设施的共享不仅可能会泄露个人隐私或商业秘密，还可能会给社会和国家带来安全隐患。因此，与传统设施相比，必需大数据设施的共享会存在更多的潜在法律风险。不过在必需设施理论框架下，开放必需数据设施的救济并不一定就与用户隐私保护、公共数据安全等法益保护目标水火不容。一方面，相当比例的数据都是非个人数据，不存在分享障碍；另一方面，对于含有隐私保护法益的个人信息，监管者可以要求大数据设施控制者履行数据脱敏、匿名化处理、征求用户再同意等义务，确保必需设施救济涉及的交易数据都符合个人信息保护法等监管规范的要求，实现竞争法和数据法的协调。

（五）新市场要件在数据市场的运用

大数据设施存在的易变性、非竞争性、重复性、时效性、

① 王健、吴宗泽：《论数据作为反垄断法中的必要设施》，载《法治研究》2021年第2期，第109页。

② See Darren S. Tucker & Hill B. Wellford, "Big Mistakes Regarding Big Data," https://www.morganlewis.com/ - /media/antitrustsource_ bigmistakesregardingbigdata_ december2014.ashx, last visited on 2023 - 01 - 01.

多样性、可及性、边界模糊性等异质性要求我们不能仅仅依靠经典的 MCI 标准分析相关事实，还需要进行新市场要件分析，以充分揭示大数据设施拒绝交易行为的市场损害后果，证成大数据相关拒绝行为的反垄断法可责性和当罚性，最大程度避免威慑过度或威慑不足的两类错误分析。德国马普创新与竞争研究所发布的《数据所有权与数据访问立场声明》指出："从经济角度看，当不干预会使得竞争性市场受到阻滞，或者妨碍一个新市场的形成时，就有必要针对数据访问问题进行监管。"①

大数据设施的市场价值往往是通过数据应用、服务等二级新市场来体现和表征的。大数据具有市场信息反馈和预测功能，在提供关于新市场和消费者潜在需求的洞察方面具有明显的优势，这可以大幅度提高进入新市场的成功率并显著降低进入新市场的风险。② 这导致垄断企业可以不断创建或进入新市场，很容易将现有市场支配地位传递到新的相关市场并获得垄断利润。③ "手里控制着大量数据的互联网平台经营者通过其在某个原市场积攒的市场力量，可以井喷式地在其他看似毫不相关的市场创造竞争增点，形成体系庞大的商业帝国式闭环生态链。"④ 当前，一些超级科技公司就通过大数据不断将垄断力传递到不

① 德国马普创新与竞争研究所：《数据所有权与数据访问立场声明》，袁波、韩伟译，载《竞争政策研究》2021 年第 4 期，第 75 页。

② See Deirdre Ryan, "Big Data and the Essential Facilities Doctrine: A Law and Economics Approach to Fostering Competition and Innovation in Creative Industries," *UCL Journal of Law and Jurisprudence*, Vol. 10, 2021, pp. 84 – 112.

③ 参见曾彩霞、朱雪忠：《必要设施原则在大数据垄断规制中的适用》，载《中国软科学》2019 年第 11 期，第 55—63 页。

④ 李世佳：《论数据构成必需设施的标准——兼评〈关于平台经济领域的反垄断指南〉第十四条之修改》，载《河南财经政法大学学报》2021 年第 5 期，第 80 页。

相关市场和未来相关市场，垄断范围从点到链再到面，将竞争格局从个体间的竞争升华为生态圈之间的竞争。英国竞争与市场管理局发布的《消费者数据的商业使用》报告称，当大数据是产品或者服务的重要原料时，通过拒绝竞争对手准入数据或设置数据准入障碍的能力和动机会增强，将现有市场垄断力跨界传递到其他独立相关市场的行为更容易发生。① 因此，新市场要件的分析能够比较精准地揭示大数据拒绝交易行为的动力学机制及其对市场竞争的影响。

在新市场要件下，监管者的分析可以化繁为简：大数据是否构成必需设施的关键并不取决于数据的边界确权、数据的性质等模糊定性问题，而是从需求端去监测拒绝开放相关大数据设施是否会封锁下游依赖该大数据的数据分析市场、数据监测市场等次级市场。在蚁坊公司与新浪微博的垄断纠纷中，新浪对微博数据访问通道的关闭将摧毁蚁坊公司的舆情监测与分析业务。法官可以结合市场调研、消费者需求问卷调查、剩余竞争者或潜在竞争者情况调查等，进一步判定舆情监测与分析服务能否构成一个相对独立的新市场。如果构成，则继续研判拒绝开放相关大数据设施的行为是否会封锁该新市场的竞争。如果蚁坊公司可以找到替代微博的数据源，那么下游新市场的竞争通道不存在被封锁的可能。但是在顺丰与菜鸟的数据访问纠纷中，拒绝交易行为就发生在物流信息服务市场这一初级旧市场上，我们无法找到一个不同于初级市场的受到封锁的衍生新市场，因此关闭数据设施的行为因不满足新市场要件而失去触

①　See Competition & Market Authority, "Commercial Use of Consumer Data," https://assets. publishing. service. gov. uk/government/uploads/system/uploads/attachment_data/file/435817/The_ commercial_ use_ of_ consumer_ data. pdf, last visited on 2023 – 01 – 25.

发必需设施救济的资格。不过此种场合当事人仍然可以依靠互通互联条款、个人信息保护条款、反不正当竞争法下的恶意不兼容条款等更温和的法律工具来寻求救济。在美国 PeopleBrowsr 诉 Twitter 案中，法官对 Twitter 拒绝开放数据行为能否获得垄断利润、是否属于 Twitter 的经营自主权等问题投入精思密虑。实际上，PeopleBrowsr 提出的一个关键抗辩被忽略了：PeopleBrowsr 成功证明存在一个有利润前景空间的分析市场后，Twitter 才拒绝分享数据。① 这反映了后者可能具有把持这个新市场的垄断意图。如果拒绝行为导致这个新市场被封锁，那么必需设施救济就可能被激活。新市场要件蕴含尊重旧市场、开放新市场的平衡理念，不会没收一级市场上的大数据设施，也不会挫伤创新和投资激励。这对于大数据的发展是意义重大的，因为大数据技术和相关产业的发展，需要市场主体对数据开发与利用的整个价值链进行大量的投资，不损害市场投资激励机制显得尤为重要。

大数据设施中启动新市场要件分析还需要克服一个前置性的障碍，就是如何去界定数据相关的二级市场，因为一种比较有学术影响力的观点认为不存在数据市场的概念。有学者直言，尽管我们经常把数据比作数字时代的石油，但是二者的不同在于石油有市场，而名为大数据的资源却没有市场。② LinkedIn 案中，美国法院就认为 HiQ 没有提供充足证据证明职业数据分析产品或服务构成独立的相关市场。实际上，今天数据相关市场的发展可能比 HiQ 提起诉讼的 2017 年要成熟得多。经营者的数

---

① See Zachary Abrahamson, "Essential Data," *Yale Law Journal*, Vol. 124, Issue 3, 2014, p. 867.

② See Giuseppe Colangelo & Mariateresa Maggiolino, "Big Data as Misleading Facilities," *European Competition Journal*, Vol. 13, No. 2 – 3, 2017, pp. 249 – 281.

据收集、存储、分析和交易行为日渐频繁，一些大型的数据经纪商开始涌现。数据作为一种商品已经开始被广泛地交易①，国内贵阳、武汉、上海等地成立了大数据交易中心，这都说明存在独立的数据相关市场。国内阿里云、华为云等大型公司，帆软、浪潮、探码科技等数据分析公司以及大量的人力资源服务公司实际上都已经在从事 LinkedIn 案中涉及的职业数据分析业务，且存在激烈的竞争，因此应当被视为存在一个独立的数据衍生市场。2023 年 3 月 7 日，根据国务院关于提请审议国务院机构改革方案的议案，我国组建了国家数据局。可以预见我国的数据相关各类新市场将迎来大繁荣和大发展，因此更有必要规制上游必需数据控制者对新数据相邻市场实施的封锁。

三、必需数据设施开放救济的风险及因应机制

在必需数据设施救济的设计方面，如果垄断者和下游竞争者之间已经存在过数据交易或流通行为，那么就证明该必需数据设施的开放不存在障碍，监管者可以采取责令垄断者重新恢复数据传输的救济措施，如履行数据移植义务、打开 API、撤销技术防御措施、取消屏蔽技术、允许反向工程等。英国弗曼教授发布的报告就呼吁将个人数据转移和开放性作为竞争措施。②但是如果开放救济措施涉及的数据尚未被交易过，那么保障互操作和数据移植的措施可能会引发隐私风险、共谋风险等。这

---

① See Greg Sivinski, et al. , "Is Big Data a Big Deal: A Competition Law Approach to Big Data, "*European Competition Journal*, Vol. 13, No. 2 – 3, 2017, p. 200.

② See Jason Furman, "Unlocking Digital Competition: Report of the Digital Competition Expert Panel, "https://assets. publishing. service. gov. uk/government/uploads/system/ uploads/attachment_ data/file/785547/unlocking_ digital_ competition_ furman_ review _ web. pdf, last visited on 2023 – 03 – 10.

并不代表相关数据是不可访问或无法开放的，而是要求监管者在设计必需数据设施的救济措施的同时，应当进行一些配套制度设计，以防范相关风险。

（一）共谋风险的防范

必需数据设施的救济可能引发共谋的风险。如果满足 MCI 标准和新市场要件，那么大数据设施控制者要承担分享数据资料、保持互操作性等开放义务。但是这类义务的履行却有可能便利垄断企业和竞争对手进行信息联络和意思交流，容易达成一些协调，而反垄断法通常对这种协调持严格反对立场。更为严峻的是，这些协调往往都是一些很难被察觉的默示协调，在算法的加成下可能比明示卡特尔更加隐蔽和更具危害性。因此，如果缺少相应的监管，开放必需数据设施的救济在大数据领域不仅不会提高市场平等和开放性，反而可能会助长垄断力量。Facebook、苹果、谷歌、微软等技术平台就曾联合组建"数据传输项目"①，但该项目对其他竞争者（特别是中小平台）保持封闭性，很多学者指责其构成一个数据卡特尔。

一些观点认为反垄断执法者并没有能力进行持续的监督，这实际上大大低估了反垄断执法机构的事后管理能力。在反垄断法中，已经存在一些持续性的救济监督措施。如在企业并购中，对不予禁止的经营者集中，我国竞争执法机构可以附加减少集中对竞争产生不利影响的限制性条件。其中，剥离资产、开放网络或平台等基础设施、许可关键技术等限制性条件的执行就需要外部监督，竞争执法机构可以选择通过监督受托人等机制实现持续性监督。在谷歌案中，欧盟委员会寻找相关监督

---

① See Data Transfer Project, https://datatransferproject. dev, last visited on 2023 – 01 – 12.

受托人，负责监督谷歌的算法调整，以判断谷歌能否保证平等对待其他竞争对手的产品。[1] 在我国的阿里巴巴"二选一"垄断案中，国家市场监督管理总局下发了行政指导书，要求阿里巴巴公司定期向监管部门报告合规情况，自觉维护公平竞争的市场秩序。在数字竞争执法活动中，可以预见类似的持续性监督可能会成为一种常见措施。对于必需数据设施的开放救济，配置类似的持续监督措施是必不可少的，可以防止必需数据设施控制者假数据分享之名行达成并实施数据卡特尔之实。

（二）隐私风险的防范

竞争法下的必需数据开放救济与隐私法可能存在冲突。在 Asnef – Equifax 案中，欧洲有法院指出与个人数据的敏感性有关的任何可能问题本身都不是竞争法的问题。[2] 在 Facebook/WhatsApp 与 Google/DoubleClick 合并案中，欧盟委员会继续坚持这一立场，声明因交易导致 Facebook 控制范围内的数据日益集中而产生的任何隐私相关问题都不属于欧盟竞争法规制的范围，而是属于欧盟数据保护规则的范围。但是这种回避冲突的方式解决不了问题，当越来越多的竞争法干预可能不可避免地引发隐私问题时，监管者和司法者应迎难而上，寻找一套平衡机制，在竞争法框架下妥切评估隐私问题对市场竞争产生的影响以及竞争法介入对隐私利益的影响。

首先，我们要明确的一个前提是并不是所有的数据都会涉及隐私保护问题，执法者应当进行区分对待。一些数据无法识别出自然人有关的各种信息，或者与自然人并无关联性，则不属于个人信息，对这种公共性数据实施必需设施救济不会引发

---

① 参见蔡莉妍：《基于区块链技术应用的反垄断法律规制研究》，载《大连理工大学学报（社会科学版）》2021 年第 4 期，第 105—112 页。

② Case C – 238/05 Asnef – Equifax ECLI: EU: C: 2006: 734.

与隐私利益相冲突的问题。一些属于自然人的个人信息，经过匿名化和脱敏处理，仍然可以流入公共领域，不存在来自隐私法方面的分享障碍。对于确实涉及个人信息且满足必需设施认定标准的数据，也不是全然不可访问的，只是可能需要竞争监管机构进行更加谨慎和周全的平衡设计。法国竞争管理局处理的 GDF Suez/Direct Energie 案就提供了一个较好的示例。该案中具有市场支配地位的天然气供应商 GDF Suez 拒绝向竞争对手提供其历史档案中的部分客户数据，这使得后者无法平等地参与有效竞争。法国竞争管理局责令 GDF Suez 向竞争对手提供客户数据，因为这些数据原料对确保竞争对手进入相关市场是绝对必要的。更为重要的是，法国竞争管理局还强制要求 GDF Suez 引入一个系统来确保其客户"同意"对这些数据的转移，通过这一手段法国竞争当局实现了公平竞争与个人信息保护之间的平衡。① 我国《个人信息保护法》也内嵌了制度装置，其第二十二条规定"个人信息处理者因合并、分立、解散、被宣告破产等原因需要转移个人信息的，应当向个人告知接收方的名称或者姓名和联系方式。接收方应当继续履行个人信息处理者的义务。接收方变更原先的处理目的、处理方式的，应当依照本法规定重新取得个人同意"。这里的"等原因"应当涵盖因违反各类法律规定（其中当然包括反垄断法）而被行政机关和司法机关要求转移个人信息的情况。因此，如果必需数据设施的开放救济确实不可避免地涉及个人信息的转移，那么必需数据设施控制者应当履行重新取得每个用户同意、告知必要信息等义务。申言之，如果使用反垄断法的必需设施理论强制共享基本个人

---

① 转引自袁波：《大数据领域的反垄断问题研究》，上海交通大学博士学位论文，2019 年，第 196 页。

数据，那么必须符合个人信息保护法规定的实体标准和程序规则。通过这种平衡设计，可以实现公平竞争保护和个人信息保护的协调。

最后还需要注意，我们既需要关注个人信息保护、隐私利益维护等正题，还要防止一些必需数据设施控制者滥用个人信息保护规则，以此为挡箭牌或由头拒绝履行任何涉及个人信息的数据开放义务，或者通过过度匿名化、过度脱敏处理导致数据几乎丧失价值。① 总之，相比必需平台设施、必需知识设施等，必需数据设施中的开放救济因为涉及隐私关切等问题而变得更加微妙和复杂，需要监管者和司法者抽丝剥茧，投入更多监管注意力，实现各方冲突利益的妥当平衡。

第三节　数字技术构成必需设施的认定标准探讨

具有网络效应和自然垄断倾向的软件、算法、技术、数据库等可能获得专利或版权保护，成为必需知识设施②，如何对这些数字技术适用必需设施理论应该遵循必需知识设施的相关认定标准。不过在现实经济中，还有大量的数字技术不受知识产权保护，或者远超过知识产权的范畴，或者是知识产权技术和其他非知识产权投资的结合。换言之，它们能成为产业中的瓶颈，并不主要归因于知识产权带来的边界排斥，而主要归功这

---

① See Deirdre Ryan, "Big Data and the Essential Facilities Doctrine: A Law and Economics Approach to Fostering Competition and Innovation in Creative Industries," *UCL Journal of Law and Jurisprudence*, Vol. 10, 2021, pp. 84 – 112.

② See David McGowan, "Regulating Competition in the Information Age: Computer Software as an Essential Facility under the Sherman Act," *Hastings Communications and Entertainment Law Journal(Comm/Ent)*, Vol. 18, No. 4, 1995 – 1996, pp. 771 – 852.

种技术带来的网络效应。这些数字技术往往具有固定成本高而可变成本低的特点，前期需要投入大量的研发投资，一旦成功建立这种技术，依托于该技术的或搭载该技术的产品或服务的可变成本或再生产成本相对较小，于是形成规模效应。此外，这类技术还具有"知识溢出"特征[①]，即这种技术的开放与共享将有益于整个社会的知识增进。这种数字技术又因为虚拟性、非竞争性等特征而属于数字设施的范畴，与物理设施保持一定距离。本章将以云计算技术和区块链技术为示例，探讨数字技术构成必需设施的认定标准。

一、云基础架构成为必需设施的认定标准

（一）问题的引出：在"云端"的竞争

数字技术和网络设施的发展推动数字经济进入云时代，如今云对于企业就如同互联网对于普通消费者。所谓云计算，就是互联网资源的在线化，通过建构在线化的互联网资源共享池，客户企业可以全时空地按需进行访问，由此实现成本的显著下降和效率的极大提升。相关云计算公司提供的云服务实际上是一个多层次的复杂生态，具体可以分为三层，一是云基础架构服务（Infrastructure – as – a – Service，简称 IaaS），主要涉及的业务技术是云服务提供者供给存储、硬件、服务器、网络等基础互联网资源；二是平台作为服务（Platform – as – a – Service，简称 PaaS），云服务提供者提供一个满足客户的设计、开发、测试、部署应用程序等各种需求的平台；三是软件作为服务（Software – as – a – Service，简称 SaaS），主要涉及的服务是供应

---

① See Sunny Woan, "Antitrust in Wonderland: Regulating Markets of Innovation," *Temple Journal of Science, Technology & Environmental Law*, Vol. 27, Issue 1, 2008, pp. 53 – 78.

成品的软件。① 一系列云服务中，位于底层的 IaaS 开始彰显必需性和重要性，进而具备成为必需设施的资格。IaaS 能为用户提供数以万计的服务器、网络、储存空间、操作系统等资源。大中型企业可以通过付费使用这些资源以满足自身生产经营的数字化需求，而不必再自行搭建内部的昂贵的互联网基础架构。更为重要的是，IaaS 是 PaaS 和 SaaS 的必经通路，有了 IaaS 提供的基础架构和资源，才能开展 PaaS、SaaS 等衍生市场业务。

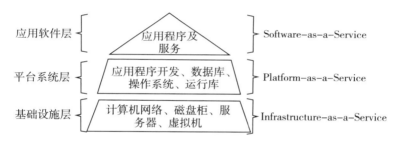

图 3　云计算服务的多层次结构示意图

后疫情时代，大量的企业加速了自身数字化进程，对 IaaS、PaaS、SaaS 等云技术服务产生了巨大的需求。2021 年以 IaaS、PaaS、SaaS 为代表的全球公有云市场规模达到 3307 亿美元，增速为 32.5%。我国云计算市场同样持续高速增长，2021 年云计算总体处于快速发展阶段，市场规模达 3229 亿元，较 2020 年增长 54.4%。② 理论上，巨利诱惑之下云计算服务的竞争应该是非常激烈的，但是这种数字技术设施的特殊性导致市场出现了瓶

---

① 参见陈永伟：《在云端：云市场上的竞争》，https://baijiahao.baidu.com/s?id=1741244434094825540&wfr=spider&for=pc，最后访问日期：2023 年 2 月 10 日。

② 参见陈文博：《"十四五"数据中国建设下云计算行业投资规划及前景预测报告》，https://www.sohu.com/a/648806914_121424169，最后访问日期：2023 年 3 月 5 日。

颈垄断问题。无论是美国抑或是中国的云计算市场，都出现了市场被少数超级科技公司控制的寡占特征。这是因为 IaaS 市场具有显著的规模经济效应，需要投入大量的固定成本，但是一旦建立起超过最低临界规模的云技术设施，就又会呈现可变成本下降和边际收益递增效应。2017 年，IaaS 在整个中国公有云市场中的占有份额为 56.1%，而 2021 年 IaaS 的份额飙升到 74%。[①] 因此，探究 IaaS 的垄断风险及治理因应，具有重要研究价值和意义。本兹纳指出，鉴于 IaaS 在我们的经济以及互联网生活中发挥着日益重要的作用，国家监管机构应采取措施确保消费者利益和竞争利益在新兴的云经济中得到保护。[②]

（二）认定云基础架构为必需设施的标准分析

亚马逊于 2006 年率先进入云市场，如今在全球 IaaS 市场中占据了一半以上的份额。2021 年我国云服务市场中，阿里云占 37% 的市场份额，已然成为行业领导者；阿里云、华为云、腾讯云、百度云四大云供应商共同占 80% 的市场份额，表明市场集中程度较高。[③] 如果考虑到目前 IaaS 供应商为抢夺市场都奉行低价策略，我国 IaaS 服务的盈利能力通常较低，利润率大约在 10% ~ 15% 之间[④]，那么云市场真正的垄断程度可能比市场份额所反映的更为严峻。

---

① 参见智研产业研究院：《云计算产业规模及市场格局分析》，http://k.sina.com.cn/article_ 2600713725_ 9b03bdfd00100yf9v.html，最后访问日期：2023 年 3 月 3 日。

② See Kamila Benzina, "Cloud Infrastructure – as – a – Service as an Essential Facility: Market Structure, Competition, and the Need for Industry and Regulatory Solutions," *Berkeley Technology Law Journal*, Vol. 34, No. 1, 2019, pp. 119 – 142.

③ 参见智研咨询：《2021 年中国云服务行业市场规模、竞争格局及投融资分析》，https://baijiahao.baidu.com/s?id = 1730412580574811305&wfr = spider&for = pc，最后访问日期：2023 年 2 月 10 日。

④ 参见陈永伟：《在云端：云市场上的竞争》，https://baijiahao.baidu.com/s?id = 1741244434094825540&wfr = spider&for = pc，最后访问日期：2023 年 2 月 10 日。

在数字市场中，市场支配地位的认定除了考虑市场份额，还应当考虑锁定效应、转换成本等因素。而 IaaS 服务市场表现出强锁定效应，存在较高的转换成本，"跨云"或"多云"存在困难，这会进一步恶化垄断问题。相关企业一旦选择特定的 IaaS 后，出于兼容性、安全性、便利性和转换成本的考虑，都倾向选择该 IaaS 提供者的 PaaS、SaaS 等衍生业务。提供 PaaS、SaaS 的服务商一般也会优先使用 IaaS 提供者的编程语言、代码库、工具、服务、应用程序等，并将产品直接部署在 IaaS 之上。此外，将数据从一个 IaaS 提供商转移到另一个 IaaS 提供商既困难重重又异常昂贵。一项调查显示，即使给予 20% 的折扣，大多数受访企业不会更换 IaaS 提供商，因为更换会带来新的风险，而且在陌生界面上重新开发工具会增加成本。[1] 凡此种种逐步催生 IaaS 市场上形成垄断生态，及时展开反垄断监管是有必要的。

IaaS 设施具备了必需性和不可复制性特征。IaaS 是所有其他云服务所依赖的基础层，离开了 IaaS 提供的服务器、存储资源、计算资源、操作系统资源等，PaaS、SaaS 等其他衍生下游市场就无法运作和发展。很多企业都实现了数字化，访问 IaaS 对企业的竞争至关重要，对企业的"无云"政策就像对消费者的"无互联网政策"一样。[2] 然而，对 Web 3.0 时代[3]如此关键的必需技术设施却被高度垄断，市场上除了个别大型垄断者的

---

① See John DeWolf, "The Future of the Cloud: Will AWS Continue to Dominate?"https://www.backupify.com/blog/the-future-of-the-cloud-will-aws-continueto-dominate, last visited on 2023-03-05.

② See Kamila Benzina, "Cloud Infrastructure-as-a-Service as an Essential Facility: Market Structure, Competition, and the Need for Industry and Regulatory Solutions," *Berkeley Technology Law Journal*, Vol. 34, No. 1, 2019, pp. 119-142.

③ 参见陈永伟：《Web 3.0：变革与应对》，载《东北财经大学学报》2022 年第 6 期，第 27—39 页。

IaaS，几乎没有替代性选择。咨询公司 Gartner 指出超大规模 IaaS 提供商的主导地位日益增强①，而与之对应的是中小型云服务提供商的市场份额则在不断萎缩，不得不放弃或退出 IaaS 市场。这是因为云服务提供商要维持 IaaS 的竞争力，就必须对相关设施和技术进行大量投资，以构建和维护需要数以万计的服务器支撑的每天 24 小时运行的超级数据中心，以保障云计算具有高弹性、可扩展性等基本云特征。除了这些投资以外，相关企业还要对数据技术、分析技术、计算技术、扩展技术、虚拟技术、自动化技术等进行超体量的投资，从而使自己的云基础设施获得超高的利用率。对于绝大多数竞争者而言，这实际意味着复制上述云基础架构设施在经济上已经不可行了。让下游市场一些企业浪费资源在内部建立基础互联网设施资源或者耗费巨额开支访问私有云，只会让它们进行无经济意义的竞争。访问公共云的 IaaS 可能是唯一经济可行的方式，但是 IaaS 被少数垄断者把持。

在存在拒绝行为和开放可行性两个要件的分析方面，可以肯定的是当前有很多大型供应商为了建立云垄断生态，开始利用 IaaS 的瓶颈权力去封锁 SaaS、PaaS 等下游市场。例如，亚马逊的云服务部门要求其 IaaS 客户购买其自营的云数据库 Amazon Aurora，这就有可能限制下游云数据库市场的竞争。亚马逊更具争议的排他性行为是"露天开采软件"（strip‐mining‐software）。具言之，当亚马逊发现比较有消费需求的软件后，就会要求对应的开发商将软件捆绑在亚马逊云服务上。如果软件开

---

① See Press Release, Gartner, Inc. , "Gartner Forecasts Worldwide Public Cloud Revenue to Grow 21. 4 Percent in 2018,"https：//www. gartner. com/en/newsroom/press‐releases/2018‐04‐12‐gartner‐forecasts‐worldwide‐public‐cloud‐revenue‐to‐grow‐21‐percent‐in‐2018, last visited on 2023‐03‐05.

发商拒绝合作，亚马逊就会在云端屏蔽这些软件，或者亚马逊会推出山寨产品并给予自我优待。例如，Elastic 是用于搜索和分析数据的软件工具，作为创新产品大获成功，但是亚马逊的云计算部门推出了 Elastic 的山寨产品 Elasticsearch，这让 Elastic 几乎无利可图。价格挤压也是大型 IaaS 提供商的惯用手段，一方面在生产投入方面提高竞争对手访问 IaaS 的服务价格，另一方面降低自己 SaaS、PaaS 产品的销售价格，这导致竞争对手的利润空间被挤压。通过上述这些反竞争手段，IaaS 层的垄断者可以封锁 SaaS、PaaS 等层面的市场竞争。而大型 IaaS 供应商以合理价格开放访问是完全可行的，其之所以实施拒绝战略就是希望在自己的云服务生态上集成大量的自营应用，形成强大的间接网络效应，建立固化其垄断地位的护城河。

按照新市场要件，如果 IaaS 提供商采取一系列排他行为，迫使用户购买自己的 SaaS、PaaS 或其他衍生产品，通过价格挤压、歧视性待遇、拒绝交易等方式排斥竞争性产品，那么可能会大范围封锁下游衍生或相邻市场的竞争，从而成就必需设施理论的新市场要件。当前，我国的云计算市场方兴未艾，不过相比美国，国内的 PaaS 和 SaaS 市场发展不足，企业级软件的供给严重不足。[1] 而 PaaS 和 SaaS 服务具有较强的差异化和个性化特征，不同的企业表现出不同的需求，这产生了巨大的市场潜力。竞争监管机构应当未雨绸缪，防止超级技术企业通过滥用 IaaS 层的必需设施垄断地位不断封锁和瓜分 PaaS 和 SaaS 市场。此外，新市场要件内涵的谦抑性要求反垄断干预主要眷注

---

① Gartner 的数据指出，2021 年 IaaS、PaaS 和 SaaS 市场的规模分别为 916 亿美元、869 亿美元和 1522 亿美元。而 2021 年我国的云计算市场中，IaaS 的份额为 74%，PaaS 的份额为 9%，而 SaaS 的份额则被压缩到了 17%。因此，我国的 SaaS、PaaS 服务市场还存在巨大的发展空间。

SaaS 层、PaaS 层等二级市场的竞争活力,对一级市场则保持克制。不可否认,提高一级市场的互操作性,让企业可以低成本"多云"或"跨云",将会带来巨大的效率增进。但是在当前的云计算市场中,数据安全性问题严重①、各种互操作性标准千差万别、服务协议五花八门,反垄断执法机构是否有能力监督一级市场的开放进程是值得怀疑的,可能相较而言行业监管机构更适合去监管一级市场的互操作性问题。此外,考虑到IaaS 的投资风险和成本高昂,坚持保存一级市场、开放二级市场的新市场要件将保护相关企业投资激励,促进 IaaS 市场的创新与发展。

二、区块链技术构成必需设施的认定标准

(一) 问题的引出:区块链反垄断悖论

区块链技术(也称分布式账本技术)是一种集成分布式数据存储、点对点传输、共识机制、密码学技术等多种前沿技术于一身的新型颠覆性数字技术。② 我们熟悉的比特币就是一种区块链技术的运用实例,但是除了加密货币场景,金融和保险、供应链和物流管理、认证和公证、社交通讯、数字版权等多种场景都可能是该技术的"龙兴之地"。可以肯定地说,区块链技术已经逐渐成为全球技术发展的前沿领域,全球科技大国正加

---

① 谷歌公司提出了"多云"(multi - cloud)战略,试图解决一个客户只能选择一种云的消费痛点,但是这对安全性提出巨大挑战。为此,2022 年谷歌耗资近 54 亿美元,收购了擅长漏洞处理等安全问题的 Mandiant 公司,这是谷歌历史上金额第二高的收购案。

② See Evan Miller, "Antitrust Live: The New Blockchain Era of Antitrust," *Columbia Science and Technology Law Review*, Vol. 24, Issue 1, 2022, pp. 106 – 124.

紧在该领域布局。① 世界经济全球论坛调查表明，到 2027 年全球 GDP 的 10%将"存储"于区块链中。② 我国也在加速布局区块链产业，2016 年国务院印发的《"十三五"国家信息规划》将区块链技术列为战略性前沿技术，2018 年工信部印发《工业互联网发展行动计划（2018—2020 年）》鼓励区块链等新兴技术在工业互联网中的应用研究与探索。2019 年，习近平总书记在中共中央政治局第十八次集体学习时强调，要把区块链作为核心技术自主创新的重要突破口，明确主攻方向，加大投入力度，着力攻克一批关键核心技术，加快推动区块链技术和产业创新发展。

但是，伴随着这种数字技术的纵深发展，也产生了一些令人担忧的风险，垄断风险就是其中之一。2018 年，一家名为 UnitedCorp 的数字电信战略公司向美国佛罗里达州南部地区法院起诉了最大的比特币矿池 Bitmain 和一些利益相关方，这是首个针对区块链的反垄断相关诉讼。原告指控被告方共同对比特币现金网进行了操纵，对原告及其他比特币现金网的利益相关者造成重大损失。尽管该案中关于作为矿工的 UnitedCorp 是否是适格原告、UnitedCorp 受到的损失与被告的行为是否存在因果关系等问题存在争议，但是直接指向了区块链中存在的算力垄断现象。原告提出的被告方"旨在使去中心化交易系统集中化，从而使比特币现金网的民主和中立原则遭到破坏"的主张发人深省。实际上，区块链算力垄断问题已经引发了广泛关注。根据著名的区块链查询网站 Blockchain. info 的统计，区块链的算力

---

①　参见蔡莉妍：《基于区块链技术应用的反垄断法律规制研究》，载《大连理工大学学报（社会科学版）》2021 年第 4 期，第 105—112 页。

②　参见孙晋、袁野：《区块链技术应用的反垄断隐忧及应对》，载《学习与实践》2019 年第 9 期，第 81—90 页。

分布已高度集中，2020年3月仅头部5家矿池的算力就已经占据全球比特币算力总能的半壁江山。在区块链场景中，算力直接对接记账权，能决定代币获取的激励机制，因此拥有资本优势的金融企业和科技企业都有巨大动机去追求算力的集中乃至垄断，渴望引领市场。拥有了算力资源，就能够操控区块链代币的价值波动，于是大量资本涌入并引发算力争夺大战，造成算力垄断的形成，这也与区块链去中心化、民主化运作的初心越来越远。90%的算力可能集中在十几家大型企业手中，而在类似比特币的区块链工作量证明机制下，掌握了51%的算力就可以去更改区块链一些底层的语法规则和架构协议。[①] 以上的讨论都是针对开放性的公有链，如果将目光聚焦私有链[②]和联盟链[③]，就会发现更多的限制竞争问题。私有链和联盟链中最为常见的一种垄断行为就是拒绝交易，通过设置独占性的验证机制、技术标准等方式构筑入链壁垒，限制竞争者访问区块链。即使能够侥幸进入区块链，私有链和联盟链的支配主体仍然能通过修改区块链的共识机制或更高层的智能合约来实施掠夺性定价、拒绝交易等垄断行为，以实现剥削竞争资源、驱逐有效率的竞争者的垄断目的。日本公平贸易委员会就曾表示可能会调查涉及基于区块链的加密货币的竞争政策问题；美国联邦贸易委员会宣布成立内部区块链工作小组，工作关注之一就是涉及区块

---

① 参见陈永伟：《区块链能促进竞争，也可能造成新的垄断》，https://baijia-hao. baidu. com/s? id = 1655949052659565697&wfr = spider&for = pc，最后访问日期：2023年1月30日。

② 私有链也称许可链，是由单一实体控制的非公开链。外部主体未经授权许可是无法进入链中的，现有链中参与者可以挑选未来的参与者。链上各个节点的读写权限都被单一实体严格控制。

③ 联盟链是指由多个机构共同参与管理的区块链，每个组织或机构管理一个或多个节点，其数据只允许联盟内不同的机构间进行读写和发送。

链的竞争政策；经济合作与发展组织发表了题为区块链技术与竞争政策的文件。凡此种种都说明区块链反垄断是有价值的论题。

但是，当区块链碰到反垄断法会产生让人望而却步的适用困扰，因为区块链这项技术的初衷就是为了实现自由竞争、民主参与、打破网络效应、反对垄断等价值目标。这种技术蕴含的多种特征都与垄断背道而驰，反而可以实现反垄断的目的。

首先，在数字经济时代，网络效应的存在促成了一些具有马太效应的超级平台的诞生。它们通过把自己变成中心化的媒介或界面找到了持续垄断的方式，后来者很难克服网络效应的壁垒。区块链技术的初心某种意义上就是为了反中心化组织，其具有的代币效应似乎是网络效应的天然克星。尽管代币的价值与区块链平台的大小成正相关，但是用户加入区块链的激励却与代币价值并无相关性；相反，在代币价值较低和区块链平台较小时，用户因为获取代币更为容易而更倾向放弃主导平台、转而选择加入小型平台。成为代币持有人后，用户有巨大激励建设区块链，让新兴区块链平台快速繁荣，这就打破了数字时代超级平台强者恒强的定律。

其次，区块链用户可以完全控制自己的数据，不需要再将数据集中到大型中介平台上，可以避免让大型平台获得关于自己行为特征的数据档案和画像。而且这些数据在区块链上是可见的且不可私自篡改的，允许实体删改数据将破坏区块链特有的可见效应（visibility effect）①。换言之，链内成员无法通过数据垄断获取数据资源的优势，从而似乎能解决数字时代平台企

---

① See Thibault Schrepel, "Is Blockchain the Death of Antitrust Law? The Blockchain Antitrust Paradox," *Georgetown Law Technology Review*, Vol. 3, No. 2, 2019, pp. 281 – 338.

业利用信息不对称实施垄断的问题。

最后，区块链依靠密码学技术建立了新的信任机制，让用户在具有匿名化或假名化特征的不可信环境下也能取得信任与共识，并进行点对点、端对端的交互与传输，不需要再登陆中介平台来链接、购买比特币或其他的区块链产品，实现了信息互联网向价值互联网的变迁。这些特质使得区块链能够实现去中心化、减少大型科技公司的作用、贯彻自由平等和民主决策的逻辑。①

因此，理论上区块链技术本身就是市场逻辑和竞争理念的体现，鼓励参与者公平地依靠哈希运算竞争来获得记账权和激励代币，对这项技术反垄断似乎存在荒诞的逻辑错误，以至于有学者提出了"区块链反垄断悖论"的观点，也有学者指出区块链宣告反垄断法律的死亡。②

但是，事物都有两面性，区块链的这些优点如果在零监管的环境中可能被私主体不当运用而转化为缺点，"去中心化"的出发点也可能沦为"再中心化"的落脚点。实际上，代币效应比网络效应更具激励性，在代币巨大经济利益诱惑之下很多大型企业开始追求形成算力上的规模效应，因此代币效应似乎只是网络效应的一种变种。尽管为了防止数据的随意篡改、贯彻经济民主和公开性，区块链要求具有全网51%的算力才有可能修改数据或者突破区块链所设定的固有规则，但在数字经济时代我们已经感受到51%的份额对于数字企业并不是天文数字，甚至在一些细分行业已经司空见惯。现实中，已经有一些算力

---

① See Giovanna Massarotto, "Antitrust in the Blockchain Era," *Notre Dame Journal on Emerging Technologies(JET)*, Vol. 1, No. 2, 2020, pp. 252 – 279.

② See Thibault Schrepel, "Is Blockchain the Death of Antitrust Law? The Blockchain Antitrust Paradox," *Georgetown Law Technology Review*, Vol. 3, No. 2, 2019, pp. 281 – 338.

联盟和算力垄断者为了追求的算力份额而达成共谋和发起并购。① 极具垄断性的大型矿池、高度中心化的算力垄断组织的出现以及区块链反垄断诉讼的兴起都说明区块链领域确实存在垄断隐忧。又比如，区块链标榜"去中心化"，但是在私有链和联盟链中"谁是中心"是比较明确的，这些中心体比较容易实施拒绝交易行为。在公有链中，底层的共识机制也不是完全不可修改的，算力的集中、离链和侧链机制这类新治理模式的引入导致共识的修改成为可能，由此公有链也有可能发生拒绝、排挤行为。对此，黄奇帆指出，区块链的"去中心化"很可能是在"去化别人的、传统的中心，而确立自己为中心"。② 区块链的分布式、匿名性既是其自身发展的关键性要素，但是也容易成为滋生反竞争行为的温床，这种"不透明性效应"容易促成经营者合谋、实施歧视性反竞争行为。

　　总之，区块链本身是一项中性的技术，但是具体主体在应用这项技术过程中会引发竞争关切。③ "区块链的代币激励显现出比传统数字平台更强的网络效应和规模化优势，平台参与者的趋利性导致算力集中，形成新的市场支配力量。"④ 在一些具体的细分领域，区块链垄断问题已经比较严峻。例如，大连海

---

　　① 据 Blockdata 统计，在 2021 年 8 月到 2022 年 8 月的一年时间里，共发生了 251 笔涉及区块链并购。其中大部分集中在交易平台、NFT 市场、区块链开发平台和基础设施工具等领域。

　　② 参见黄奇帆：《区块链在理论和实践上有三个问题无法回避》，https://baijiahao. baidu. com/s? id = 1650344303028924630&wfr = spider&for = pc，最后访问日期：2023 年 1 月 30 日。

　　③ 参见马金仪：《区块链应用中的反垄断风险与规制研究》，载《上海法学研究》2020 年第 2 期，第 198—213 页。

　　④ 黄运康：《从代码到法律：区块链平台数字竞争规则的建构》，https://kns. cnki. net/kcms/detail/50. 1023. C. 20220309. 1022. 002. html，最后访问日期：2023 年 3 月 20 日。

事大学朱作贤教授指出，在国际航运领域，区块链技术已经出现高度垄断趋势，TradeLens 等区块链获得极高的市场份额。[①]因此，我们需要为区块链反垄断执法寻找合理的分析框架，而不是采取直接予以豁免的放任做法。"为了确保这场竞争的公平性，反垄断当局和监管机构必须考虑如何最好地形塑区块链技术的反垄断执法和竞争政策。"[②]

（二）区块链技术构成必需设施的认定标准

塞缪尔·N. 韦恩斯坦指出促进共谋和拒绝交易是区块链两类主要的垄断问题[③]，目前我国学者主要关注区块链共谋问题[④]，对区块链拒绝交易行为的讨论较少，下文将探讨区块链拒绝交易行为的具体分析理路。

区块链技术的一个弊端就是对计算设备、存储空间等基础设施有较高的要求，而且区块链越发展，对基础设施的要求就越高。如果一个区块链有 10 万人在使用，那么就需要建立十万人次的节点，每一次的验证、读取、计算、交互等都在耗费着大量的存储空间、算力、电力等资源，这意味着区块链的发展需要建立一些昂贵的运算必需设施。如果个别企业控制了这些必需设施且实施垄断行为，那么必需设施的救济就有用武之地了。比特币的矿池就是一个例子。很多参与者为了获得代币奖励，都会为比特币作出贡献，这个过程被称为挖矿。付出努力

---

① 参见朱作贤：《强化全球航运区块链反垄断监管》，载《中国社会科学报》2022 年 1 月 26 日第 004 版。

② Samuel N. Weinstein, "Blockchain Neutrality," *Georgia Law Review*, Vol. 55, No. 2, 2021, p. 537.

③ See Samuel N. Weinstein, "Blockchain Neutrality," *Georgia Law Review*, Vol. 55, No. 2, 2021, pp. 499–592.

④ 参见陈爱飞：《区块链共谋的反垄断监管》，载《现代法学》2022 年第 4 期，第 145—157 页。

的个人被称为矿工，很多场景中其往往兼具消费者和生产者的特征。挖矿的形式有很多种，但无一例外的是都需要强大的算力支持。为了节省成本、提高挖矿效率，矿工倾向将算力集中起来组成矿池，再根据工作量分配收益。矿工只依靠自己的"单兵作战"，已经很难获得算力竞争优势，于是一些大规模矿池开始形成，且随着挖矿产业的发展大型矿池的挖矿和存储设备越来越专业和昂贵。新的矿工更愿意服务于大型的矿池，由此区块链从"去中心化"向"再中心化"转变，平台垄断时代的网络效应再次死灰复燃。① 全球范围内 10 余家矿池垄断了90% 以上的算力，出现了强者恒强的垄断局面。出于防范金融风险、节约电力资源、防止偷逃税等公共政策目标考量，我国监管机构对比特币挖矿产业进行了严格管制，很多矿池向海外迁移。其实，从反垄断法的视角，矿池的形成还会引发必需设施垄断问题。

由于区块链技术对算力和存储能力有极高的要求，即使虚拟货币领域的矿池等受到严格封禁，其他非虚拟货币领域的区块链中仍然会存在算力集中和垄断问题，仍有迫切的反垄断监管需求。如果现阶段我们无法为存储和计算带来颠覆性的技术创新，那么公有链的验证节点随着时间的推移总是会呈现出"再中心化"特征，进而引发严重的反垄断隐忧。对此，应当保留反垄断法必需设施理论在这一前沿技术领域的适用可能性。"随着基础设施的不断完善，区块链将成为某些应用的必要设施，如果区块链平台占支配地位，并为其他区块链或服务提供必要的商品或服务，就必须考虑与反垄断相关的可能的排他性

① See Giovanna Massarotto, "Can Antitrust Trust Blockchain?" In Aurelien Portuese (eds), *Algorithmic Antitrust*, Economic Analysis of Law in European Legal Scholarship, https://doi. org/10. 1007/978 – 3 – 030 – 85859 – 9_ 6, last visited on 2023 – 03 – 20.

行为。"①

实际上，必需设施理论蕴含着的开放、平等、非歧视、可参与性竞争等理念与"去中心化"、分布式、开放性、匿名性、消除网络效应等区块链技术所追求的价值目标是高度相容的。在区块链技术发展过程中，如果一些算力基础设施、关键资源池、超级节点、上层应用程序、底层开发者协议、核心代码区、共识机制、技术标准等成为竞争的瓶颈，那么就可以依靠必需设施理论进行开放救济，保障区块链的平等和开放。例如，协议开发者所提供的服务看似没有商业价值，实则掌握着代币的分配权力，且因为能决定激励机制和分配规则而成为区块链的生态核心，因此底层开发者协议就容易具有必需设施属性。又如，一些超级节点可能因为拥有强大的算力和存储设施而产生吸引用户不断参与的网络效应，此时就有可能出现必需设施问题。不过，这里我们只回答了反垄断介入的可欲性问题，在反垄断介入的可行性论证方面仍然存在巨大的挑战。匿名性是区块链技术的特征之一，用户的身份受不可逆的哈希函数加密保护，除非有私钥，否则无法知道用户的具体身份，这导致即使存在垄断行为，监管者可能无法定位行为主体。② 退一步讲，即使我们能定位大致的主体范围，如何分配反垄断责任同样是难解之题。比如，聚集大量矿工的矿池如果实施了垄断行为，那么对垄断行为有贡献的芸芸矿工该如何定责？对此，可以采用

---

① 黄运康：《从代码到法律：区块链平台数字竞争规则的建构》，https://kns.cnki.net/kcms/detail/50.1023.C.20220309.1022.002.html，最后访问时间：2023年3月20日。

② 不过区块链匿名化带来的监管困惑也不是无解的，追踪技术的发展将允许监管者进行穿透式监管。在丝绸之路区块链案中，美国的监管部门就刺穿了区块链的假名，找到了行为主体。

"代码即法律"的监管策略，将"区块链技术设施中立原则""公平、合理、无歧视交易原则""反对区块链排除、限制竞争"等导源必需设施理论的公平竞争规则和责任规范作为底层代码写入区块链。如果违反代码，监管者将收到信号并启动穿透式监管。此外，可以考虑让区块链向监管者开放个别节点，监管者可以访问流经节点的交易数据。尽管这样随机抽检式监管无法涵盖全链交易，但是产生的巨大事前威慑力能预防很多垄断行为。

以上讨论主要针对公有链这一典型区块链场景，如果我们将目光限于私有链和联盟链，那么相关分析就要容易得多，因为私有链和联盟链不像公有链那样具有高度开放性、匿名性。私有链被单一主体控制，该主体可以轻而易举地改变验证模式或共识机制，而且拒绝授予一般性访问权限是私有区块链的一个基本特征。一旦私有链具有了必需设施属性，访问该私有链对下游竞争又是必不可少的，那么大量的私有链拒绝交易行为需要被规范。这些拒绝交易行为的样态丰富，包括阻止用户读取区块链上的信息、禁止用户在区块链上提出新的交易或者阻止用户验证区块。某种意义上，我们可以把私有链理解为一个大型私人数据库，通过关键私有链实施的拒绝交易行为的危害性可能与必需数据库设施拒绝交易行为的危害性并无二致，不过由于数据库可能受到版权法保护①而需要遵循反垄断法必需知识设施的分析框架，私有链则要依循反垄断法必需数字设施的分析理路。尽管单一私有链阉割了公有链的匿名性等特征，但是这种前沿技术在信任机制的建立、数字资产的交易、数字身

①　参见王伟：《学术期刊数据库的反垄断监管》，载《现代法学》2022 年第 4 期，第 131—144 页；章凯业：《版权保护与创作、文化发展的关系》，载《法学研究》2022 年第 1 期，第 205—224 页。

份的识别等方面仍能带来巨大的效率提升。在平台时代向区块链时代演化的过程中，我们要关注超级平台依托自己的流量优势打造单一链超级应用，让海量用户入链并接受自己的全息统御。

除了私有链，联盟链的拒绝交易问题也需要监管者予以高度关注。由于全开放性的公有链在数据安全、隐私保护和国家利益维护方面存在短板，因而对于政府公共机构、大型企业集团、金融公司而言，联盟链更具吸引力。甚至就目前的商业化应用而言，联盟链反而比公有链获得了更多展示和实践的机会，金融领域尤其如此。节点较少、处理速度快、交易成本低、对算力基础设施要求不高、能解决成员交互信任问题等优点让联盟链与实体企业建立了广泛联系，获得了更多的应用场景。但是联盟链是由少数联盟内企业来控制的，仍然采取中心化的思维来管理，也比较容易发生联合拒绝交易行为。更为严峻的是，不同于一般性必需数字设施实施的拒绝交易，联盟链中的拒绝行为更容易实现，几乎不需要任何成本。联盟链的联合控制者通过修改共识协议、验证机制等方式须臾之间就能惩罚、排挤链上参与者；链上一些超级验证节点公司可能通过拒绝授权、拒绝验证、不兼容等多种方式阻止竞争对手进入联盟链。2019年6月，Facebook 宣布将与 Visa、MasterCard 等跨国公司共同推出加密数字货币 Libra，这就是一种极为强大的联盟链。相关企业要想进入该数字货币联盟链，需要满足较高的成员条件。有超过 1500 个实体表示想加入 Libra 货币联盟，然而其中仅有大约 180 个实体符合初始成员的标准。[①] 一些参与联盟链的金融企

[①] 参见袁煜明、王蕊：《Libra 的运营、监管与"类 Libra"功能预判》，载《财经问题研究》2020 年第 4 期，第 47—55 页。

业也有巨大激励将衍生品交易的竞争对手排除在联盟链之外，使其处在不利地位。① 如果联盟链成为下游竞争的必需设施，那么联盟链核心成员拒绝其他竞争者入链的行为本质上与 Terminal Railroad 案中共同控制铁路设施的若干公司拒绝竞争者合理访问的行为并无二致，都具有显著的竞争危害性。私有链拒绝交易、联盟链拒绝交易的分析其实和本书提及的单一设施拒绝交易、联合设施拒绝交易行为的分析是对应的。更为严峻的是，联盟链还非常便利成员企业的信息交流，更容易达成共识，这就可能引发严重的垄断协议限制竞争风险。未来，随着联盟链在具体细分行业的广泛应用，包容、审慎、有为的反垄断监管是非常有必要的。布拉德·芬尼指出，当对大型合资企业开发的区块链的访问变得如此普遍和有影响力，以至于不是合资企业成员的公司如果没有访问权限就无法有效竞争时，可能会出现 Terminal Railroad 案中的情况。②

必需设施理论并不会损害区块链的投资激励，因为该理论尊重旧市场而主要聚焦新市场的监管。元宇宙时代，区块链技术蕴藏着无限的市场潜能，可能开启无数个衍生新市场，防止一些大型企业利用区块链封锁这些新市场是推动区块链技术繁荣和发展的关键。2021 年 12 月，根据《关于组织申报区块链创新应用试点的通知》，中央网信办信息化发展局、最高人民法院信息中心、最高人民检察院检察技术信息研究中心等 17 个部门

---

① See David C. Kully & Josias N. Dewey, "Blockchain Collaborators Should Be Attuned to Potential Antitrust Issues," https://legalsolutions.thomsonreuters.com/aw − products/news − views/corporate − counsel/blockchain − collaborators − attuned − to − potential − antitrust, last visited on 2023 − 03 − 15.

② See Brad Finney, "Blockchain and Antitrust: New Tech Meets Old Regs," *Transactions: The Tennessee Journal of Business Law*, Vol. 19, No. 2, 2018, pp. 709 − 736.

和单位联合公布了国家区块链创新应用试点入选名单，名单覆盖综合性试点与特色领域试点两大板块。其中，特色领域试点范围广泛，包括区块链＋法治、审判、检察、版权、民政、人社、教育、政务服务、政务数据共享、制造、能源、税费服务、卫生健康、贸易金融、风控管理、股权市场、跨境金融等 10 多个特色领域。如此广阔的应用场景蕴含了巨大的商业前景，大型企业也对能实现区块链技术货币化的新市场有巨大的垄断延伸动机。假设一个案例，某超级平台在其业务生态中引入了一个私有区块链，该平台可以随时更改共识协议，可以选择哪些用户有权限访问区块链，可以决定相关用户在区块链上执行哪些操作。依托已经形成的网络效应的流量优势，某超级平台开发了自己的职业社交应用，作为私有链技术的具体应用场景。该职业社交应用采用智能合约的方式运转，求职者的面试次数、表现、求职成功、拒绝录用等事实都会生成被加密的智能合约，相关数据一旦被验证就无法被更改，猎头或招聘企业需要用代币支付寻找候选人的成本。由于这种私有区块链模式解决了传统职业社交网络信息不对称、虚假招聘、假履历、隐私泄露等最困扰参与者的顽瘴痼疾，在市场上大获成功，甚至成为一种行业技术标准。如果该超级平台拒绝竞争对手使用该私有链技术，限制它们的竞争，那么此种场合中反垄断法下的必需设施拒绝交易行为就有可能成立。当然，适用必需设施理论并不会没收或破坏该私有链技术，而是期望当它成为竞争必不可少的投入时相关控制企业能够以公平、合理、无歧视的条件对下游市场开放。

应当承认，区块链技术对科层式的反垄断执法体系形成颠覆性影响，诸如相关市场的界定、假名化垄断主体的识别、必需设施救济的设计等难题需要投入大量的研究智慧。本书仅做了抛砖引玉的探讨，旨在说明区块链技术本身就是一种底层基础技术设施，很容易获得必需设施属性，如何在不损伤这项技术的创新和发展的前提下获得最佳的反垄断监管绩效是我们需要进一步探讨的论题。除了云计算、区块链技术，未来一些元宇宙技术、星链技术等新兴数字技术设施会进入我们的产业世界并变得愈发关键，这要求监管者和研究者应当保持敏锐的洞察力。在技术垄断史上，反垄断法必需设施理论这一古老的法学理论工具已被一次次证明能够适应信息时代、互联网时代、知识经济时代的技术变革，我们也有理由继续相信该理论工具的这种灵活性、延展性在区块链等更为前沿的技术领域中会继续存在。①

---

① See Samuel N. Weinstein, "Blockchain Neutrality," *Georgia Law Review*, Vol. 55, No. 2, 2021, pp. 499 – 592.

结　语

　　阿曼多·奥尔蒂斯曾提出一个疑问：运行 100 多年的反垄断法，一个始于标准石油时代的法律领域，能否被用来监管今天这些看不见的经济？① 答案是显而易见的。在监管者和研究者的推动下，反垄断法纠正了价格中心主义和机械的静态效率观，在数字经济领域继续发挥着不可替代的保护竞争机制、维护竞争秩序的功能。起源于 1912 年的必需设施理论至今已存在逾一个世纪，但是由于蕴含开放市场、分配正义、平等地位、参与式竞争等不会过时的经典正义理念，从铁路经济时代、电信经济时代、信息经济时代、知识经济时代再到今天的数字经济时代、人工智能时代，该理论都承担着重要的市场秩序治理功能。为了让这项用于打破制造业设施垄断和物理基础设施垄断的经典反垄断理论工具依然能够应用于网络时空、更好地适配动态的数字经济②，我们仍需要坚持推动理论革新，为必需设施理论搭建更为精确的适用标准。尽管必需设施理论涵盖了各类投入，

---

　　① See Armando A. Ortiz, "Old Lessons Die Hard: Why the Essential Facilities Doctrine Provides Courts the Ability to Effectuate Competitive Balance in High Technology Markets," *Journal of High Technology Law*, Vol. 13, No. 1, 2012, pp. 170 – 214.

　　② Joshua Nelson, "Tech Platforms Are Essential Facilities," *Nevada Law Journal*, Vol. 22, No. 1, 2021, p. 388.

但是不同的投入之间存在不容忽视的区别。如果对之视而不见，坚持一体化机械适用、强制通约，那么可能会导致干预不足或威慑过度。为了避免此两类错误，应当坚持区分适用逻辑，对不同的市场封锁、设施瓶颈垄断等问题"巡诊把脉"，确保"对症下药"。

　　MCI案和IMS案是两个里程碑式的案件。MCI案为充满主观模糊性的必需设施认定过程搭建了客观化、具有自洽性的标准体系，具体包括必需性、不可复制性、拒绝开放行为认定、正当理由测试四方面内容。这四个子要件之下还存在更丰富的细分要件，呈现出一个丰富的系统化的认定标准体系，直到今天仍有较强的理论生命力。但是产生于电信经济学的MCI标准在应对知识产权设施分析时，出现了不适配的适用问题。发生在欧洲的IMS案中，相关法院敏锐地察觉边界清晰的实体物理设施和无形的知识产权设施存在难以忽视的区隔，创造性地将新产品要件纳入必需设施理论的认定标准体系中，理想地解决了静态竞争利益和动态创新利益的平衡协调问题，捍卫了知识产权排除模仿产品竞争的权利。新产品要件的提出也说明欧盟的行政监管者和司法者对必需实体设施的认定和必需知识产权设施的认定进行了区分对待。遗憾的是，美国联邦最高法院对必需设施理论采取了排斥的做法，在Trinko案中直接表明拒绝适用必需设施理论，这也导致这项理论工具长期萎靡不彰。实际上Trinko案也涉及区分适用问题，具体体现为有接入规定的管制设施和无接入监管规范的非管制设施之间的区分。联邦最高法院只注意到行业监管部门的接入管制规定之存在导致了必需设施理论的必要性被削弱，但是忽视了其他的无接入管制规定的瓶颈性商业设施仍然需要通过这项反垄断法秩序疏通理论工具进行审慎合理的监管。

新产品要件的提出具有重要的理论价值。一方面，该要件的提出并不意味与经典标准完全割裂，而且主张一般标准与特殊标准相结合。MCI 标准中的合理成分应当被保留，并将新产品要件作为知识产权这一特殊设施的特殊标准，从而让必需设施理论在知识经济时代再次焕发生命力。另一方面，新产品要件主张从需求侧进行分析，判断拒绝许可行为是否会阻止有潜在消费者需求的新产品，这对边界模糊的知识产权设施是有重要意义的。数字经济时代，大量的虚拟设施成长为市场竞争必不可少的瓶颈，有学者就发现了新产品要件的优点，主张对数字设施继续适用该要件。但是，如同知识产权与物理设施存在区隔，追求网络效应而非创新效应、无期限制约、确权困难的数字设施与有时效性约束的知识产权设施同样存在不可忽视的差异。数字经济中虚拟市场、数字平台、数字技术与不同数字产品群呈现出复杂的套嵌结构，不同数字技术或数字知识的边界模糊，数字产品的迭代更新异常迅速，不同的数字产品还彼此融合与集成，这导致监管者和法官可能愈发不容易区分旧产品和新产品的界限。如果仅仅依凭某数字企业阻止了有潜在需求的单一新数字产品出现，就采取让该企业开放平台、分享核心算法、剥离关键技术等结构性救济，可能在定制化、个性化消费时代产生过度干预的风险。

对此，本书提出了新市场要件。具体而言，在数字经济中必需设施理论所关注的市场并不是设施所在的市场（即旧市场），而是设施所在市场的相邻市场（即新市场）。一方面，对于具有网络效应、"赢者通吃"特征的初级市场（设施所在的市场），必需设施理论的介入要保持克制性。因为大量产业经济学证据表明这种熊彼特式市场中过严的监管会带来过度威慑、压制投资、损伤创新等危险。通过引入开放义务将网络效应碎片

化，对消费者并不是效率最大化的做法。① 另一方面，对于必需
设施所在市场的相邻市场，必需设施理论要保持积极能动性。
当垄断企业通过拒绝开放平台、关闭大数据、关闭 API 接口、
拒绝分享核心数字技术等方式封锁相邻新市场时，那么这些拒
绝行为应当成为重点监管对象，防止互联网巨头通过跨界市场
封锁打造垄断循环生态。当前的数字经济呈现出超级平台垄断
主营业务、中小型互联网企业在主营业务的相邻市场进行激烈
竞争的分层式垄断竞争结构。② 新市场要件呼吁对旧市场包容、
对新市场审慎，这种谦抑逻辑高度适配于"长尾效应"显著的
数字经济市场，能够在保留网络效应的经济激励和经济效率的
同时最大化激活新市场的发展，最终保障数字经济的可持续性，
实现创新和竞争的妥当平衡。

　　在新市场要件下，分析应用商店平台拒绝开放行为是否违
反了反垄断法的关键就是判断 App Store 这类关键性的应用分发
设施是否通过拒绝交易行为封锁了应用程序的支付业务市场这
类新市场的竞争。分析搜索引擎平台拒绝交易违法性的关键并
不在搜索引擎所在市场的垄断和集中状况，而在于判断支配性
平台是否利用搜索引擎的流量把关权向其他相邻市场延伸垄断
势力。③ 大数据是否构成必需设施的分析关键不在于数据的边界
确权、数据的性质等问题，而是从需求端去监测拒绝开放相关

---

① See Inge Graef, "Tailoring the Essential Facilities Doctrine to the IT Sector: Compulsory Licensing of Intellectual Property Rights after Microsoft," *Cambridge Student Law Review*, Vol. 7, No. 1, 2011, pp. 1 – 20.

② 参见苏治、荆文君、孙宝文：《分层式垄断竞争：互联网行业市场结构特征研究——基于互联网平台类企业的分析》，载《管理世界》2018 年第 4 期，第 80—100 页。

③ 参见唐要家、唐春晖：《搜索引擎平台反垄断规制政策研究》，载《产业组织评论》2020 年第 2 期，第 1—19 页。

大数据是否会封锁依赖该数据的数据分析市场、数据监测市场等次级新市场。区块链拒绝交易行为中，判断违法性的关键是私有链是否通过拒绝验证、拒绝读写等行为封锁区块链应用层方面的竞争以及联盟链是否通过联合拒绝交易行为封锁职业社交、金融衍生品交易等下游市场的竞争。

　　新市场要件同样坚持一般标准与特殊标准相结合的原则。MCI标准作为一般标准仍能指导数字设施的反垄断执法，而新市场要件作为特殊标准，能够让数字设施拒绝交易行为的分析更加审慎稳健。而新市场要件的提出也意味着本书坚持了必需有体设施、必需知识设施和必需数字设施的三元建构，设置了MCI标准、MCI标准+新产品要件和MCI标准+新市场要件三套不同的适用标准，让必需设施理论更科学与安全地开放不同类型的市场、打开相邻市场的竞争通道、提高市场可参与性。长期以来必需设施理论备受争议，但其蕴含开放市场、打破封锁、注入竞争活性的理念，这意味着其在我国有可能成为一项被广泛适用的制度理论工具。本书对必需设施理论的认定标准做了一些有意义的研究，但是很多分析属于抛砖引玉，仍然留下了很多理论难点和争点。未来，应当继续对该理论投入更多的研究智慧。

表4　数字时代必需设施理论的区分适用

设施类型	必需实体设施	必需知识设施	必需数字设施
典型代表	交通设施、能源设施、邮电通讯设施、体育设施、重要建筑设施、水利设施	4G/5G标准必要专利、胚胎干细胞专利、基因专利、核心数据库、重要商业方法、研究工具专利等、关键软件接口版权、数据专利	数字平台、云基础架构服务（IaaS）、搜索引擎、区块链、大数据

续表

设施类型	必需实体设施	必需知识设施	必需数字设施
设施特性	设施寿命较长、存在容量限制和折旧问题、物理边界清晰、提供接口可能存在经济成本过高等情况（如地域限制、管道建立成本等）	受到有效期的限制，非竞争性使用，权利边界模糊，提供许可一般不存在经济障碍，需要兼顾知识产权政策	非竞争性使用，存在网络效应、正反馈循环效应、规模经济效应，需要兼顾数据安全、隐私保护、搜索中立等政策
分析方法	供给侧分析	需求侧分析为主、供给侧分析为辅	需求侧分析
认定标准	MCI 标准	MCI 标准 + 新产品要件	MCI 标准 + 新市场要件

参考文献

一、中文文献

1. ［德］约瑟夫·德雷克舍：《市场支配地位的滥用与知识产权法——欧洲最新发展》，吴玉岭译，载《环球法律评论》2007 年第 6 期。

2. ［美］A. 道格拉斯·梅拉梅德、［美］卡尔·夏皮罗：《提高 FRAND 承诺有效性的反垄断途径》，苏华译，载《竞争政策研究》2019 年第 1 期。

3. ［美］戴维·格伯尔：《二十世纪欧洲的法律与竞争》，冯克利、魏志梅译，中国社会科学出版社 2004 年版。

4. ［美］丹·L. 伯克、［美］马克·A. 莱姆利：《专利危机与应对之道》，马宁、余俊译，中国政法大学出版社 2013 年版。

5. ［美］赫伯特·霍温坎普：《反垄断事业：原理与执行》，吴绪亮、张兴、刘慷等译，东北财经大学出版社 2011 年版。

6. ［美］赫伯特·霍温坎普：《联邦反托拉斯政策：竞争法律及其实践（第 3 版）》，许光耀、江山、王晨译，法律出版社 2009 年版。

7. ［美］杰奥夫雷 G. 帕克、［美］马歇尔 W. 范·埃尔斯泰恩、〔美〕桑基特·保罗·邱达利：《平台革命》，志鹏译，机械工业出版社 2017 年版。

8. 〔美〕克里斯蒂娜·博翰楠、〔美〕赫伯特·霍温坎普：《创造无羁限：促进创新中的自由与竞争》，兰磊译，法律出版社 2016 年版。

9. 〔美〕罗伯特·P. 墨杰斯等：《新技术时代的知识产权法》，齐筠等译，中国政法大学出版社 2003 年版。

10. 〔美〕史蒂芬·霍尔姆斯、〔美〕凯斯·R. 桑斯坦：《权利的成本——为什么自由依赖于税》，毕竞悦译，北京大学出版社 2004 年版。

11. 〔美〕亚当·杰夫、〔美〕乔西·勒纳：《创新及其不满：专利体系对创新与进步的危害及对策》，罗建平、兰花译，中国人民大学出版社 2007 年版。

12. 〔日〕富田彻男：《市场竞争中的知识产权》，廖正衡、金路、张明国译，商务印书馆 2000 年版。

13. 〔英〕维克托·迈尔 – 舍恩伯格、〔英〕肯尼思·库克耶：《大数据时代：生活、工作与思维的大变革》，盛阳燕、周涛译，浙江人民出版社 2013 年版。

14. 蔡莉妍：《基于区块链技术应用的反垄断法律规制研究》，载《大连理工大学学报（社会科学版）》2021 年第 4 期。

15. 蔡宁、王节祥、杨大鹏：《产业融合背景下平台包络战略选择与竞争优势构建——基于浙报传媒的案例研究》，载《中国工业经济》2015 年第 5 期。

16. 曹阳：《垄断法下的相关数据市场研究》，载《科技与法律（中英文）》2021 年第 1 期。

17. 曾彩霞、朱雪忠：《必要设施原则在大数据垄断规制中的适用》，载《中国软科学》2019 年第 11 期。

18. 陈爱飞：《区块链共谋的反垄断监管》，载《现代法学》2022 年第 4 期。

19. 陈永伟：《数据是否应适用必需设施原则？——基于"两种错误"的分析》，载《竞争政策研究》2021 年第 4 期。

20. 方军、程明霞、徐思彦：《平台时代》，机械工业出版社 2018 年版。

21. 方翔：《论数字经济时代反垄断法的创新价值目标》，载《法学》2021 年第 12 期。

22. 葛安茹、唐方成：《基于平台包络视角的平台生态系统竞争优势构建路径研究》，载《科技进步与对策》2021 年第 16 期。

23. 郭禾：《专利权无效宣告制度的改造与知识产权法院建设的协调——从专利法第四次修订谈起》，载《知识产权》2016 年第 3 期。

24. 何国华：《论平台必需设施的认定标准》，载《西北工业大学学报（社会科学版）》2022 年第 4 期。

25. 侯利阳、王继荣：《欧盟必需设施原则考析：兼论对我国的启示》，载《竞争法律与政策评论》2015 年第 1 辑。

26. 黄武双：《竞争法视野下的关键设施规则在知识产权领域的运用——以欧盟判例为主线》，载《电子知识产权》2008 年第 7 期。

27. 黄勇、蒋潇君：《互联网产业中"相关市场"之界定》，载《法学》2014 年第 6 期。

28. 蒋岩波：《互联网行业反垄断问题研究》，复旦大学出版社 2019 年版。

29. 焦海涛：《平台互联互通义务及其实现》，载《探索与争鸣》2022 年第 3 期。

30. 匡文波：《新冠肺炎疫情改变人们的新闻阅读习惯了吗?》，载《编辑之友》2021 年第 10 期。

31. 李剑：《标准必要专利许可费确认与事后之明偏见：反思华为诉 IDC 案》，载《中外法学》2017 年第 1 期。

32. 李剑：《反垄断法核心设施理论研究》，上海交通大学出版社 2015 年版。

33. 李剑：《反垄断法中核心设施的界定标准——相关市场的视角》，载《现代法学》2009 年第 3 期。

34. 李世佳：《论数据构成必需设施的标准——兼评〈关于平台经济领域的反垄断指南〉第十四条之修改》，载《河南财经政法大学学报》2021 年第 5 期。

35. 李停、陈家海：《从"市场内竞争"到"为市场竞争"：创新型行业的反垄断政策研究》，载《上海经济研究》2015 年第 2 期。

36. 李扬：《FRAND 承诺的法律性质及其法律效果》，载《知识产权》2018 年第 11 期。

37. 林平、马克斌、王轶群：《反垄断中的必需设施原则：美国和欧盟的经验》，载《东岳论丛》2007 年第 1 期。

38. 刘孔中：《论标准必要专利公平合理无歧视许可的亚洲标准》，载《知识产权》2019 年第 11 期。

39. 刘权：《数字经济视域下包容审慎监管的法治逻辑》，载《法学研究》2022 年第 4 期。

40. 刘权：《网络平台的公共性及其实现——以电商平台的法律规制为视角》，载《法学研究》2020 年第 2 期。

41. 刘铁光：《商标显著性：一个概念的澄清与制度体系的改造》，载《法学评论》2017 年第 6 期。

42. 刘彤：《欧美对于拒绝知识产权许可的反垄断审查标准及其对

我国的启示》，载《学术交流》2009 年第 11 期。

43. 刘云：《互联网平台反垄断的国际趋势及中国应对》，载《政法论坛》2020 年第 6 期。

44. 柳经纬主编：《厦门大学法律评论》，厦门大学出版社 2004 年版。

45. 吕明瑜：《知识产权人拒绝交易中的垄断控制——知识经济视角下的分析》，载《法学论坛》2008 年第 5 期。

46. 马辉：《互联网平台纵向一体化的反垄断规制研究——基于需求侧视角的分析》，载《南大法学》2022 年第 2 期。

47. 马金仪：《区块链应用中的反垄断风险与规制研究》，载《上海法学研究》2020 年第 2 期。

48. 宁立志、喻张鹏：《平台"封禁"行为合法性探析——兼论必需设施原则的适用》，载《哈尔滨工业大学学报（社会科学版）》2021 年第 5 期。

49. 彭学龙：《商标显著性新探》，载《法律科学（西北政法学院学报）》2006 年第 2 期。

50. 秦玉琦：《必要设施原则在数据垄断规制中的适用性研究》，载《中国市场监管研究》2021 年第 7 期。

51. 苏敏、夏杰长：《数字经济中竞争性垄断与算法合谋的治理困境》，载《财经问题研究》2021 年第 11 期。

52. 苏治、荆文君、孙宝文：《分层式垄断竞争：互联网行业市场结构特征研究——基于互联网平台类企业的分析》，载《管理世界》2018 年第 4 期。

53. 孙晋、袁野：《区块链技术应用的反垄断隐忧及应对》，载《学习与实践》2019 年第 9 期。

54. 孙瑜晨：《国企改革引入竞争中性的正当性及实现路径——以新兴经济体的实践经验为镜鉴》，载《北方法学》2019

年第 6 期。

55. 孙瑜晨：《互联网共享经济监管模式的转型：迈向竞争导向型监管》，载《河北法学》2018 年第 10 期。

56. 孙瑜晨：《数字平台成瘾性技术的滥用与反垄断监管》，载《东方法学》2022 年第 6 期。

57. 唐要家、唐春晖：《搜索引擎平台反垄断规制政策研究》，载《产业组织评论》2020 年第 2 期。

58. 王宏：《知识产权保护与维护自由竞争——由欧洲法院的 IMS 案为探讨基点》，载《知识产权》2006 年第 3 期。

59. 王健、李星：《论反垄断法与共同富裕的实现》，载《法治社会》2022 年第 3 期。

60. 王健、吴宗泽：《论数据作为反垄断法中的必要设施》，载《法治研究》2021 年第 2 期。

61. 王迁：《论汇编作品的著作权保护》，载《法学》2015 年第 2 期。

62. 王先林、曹汇：《平台经济领域反垄断的三个关键问题》，载《探索与争鸣》2021 年第 9 期。

63. 王先林：《略论统一市场监管格局下的知识产权保护和反垄断执法》，载《中国市场监管研究》2018 年第 7 期。

64. 王中美：《必要设施原则在互联网反垄断中的可适用性探讨》，载《国际经济法学刊》2020 年第 1 期。

65. 吴白丁：《必需设施理论研究》，对外经济贸易大学博士学位论文，2017 年。

66. 徐朝锋、秦乐、忻展红：《从微软与摩托罗拉案例看 RAND 许可费率计算方法》，载《电子知识产权》2014 年第 4 期。

67. 许光耀：《欧共体竞争法通论》，武汉大学出版社 2006 年版。

68. 许光耀：《著作权拒绝许可行为的竞争法分析——欧洲法院

IMS 案判决研究》，载《环球法律评论》2007 年第 6 期。

69. 许可：《数据爬取的正当性及其边界》，载《中国法学》2021 年第 2 期。

70. 阳东辉：《搜索引擎操纵搜索结果行为的反垄断法规制》，载《法商研究》2021 年第 6 期。

71. 杨东、周鑫：《数字经济反垄断国际最新发展与理论重构》，载《中国应用法学》2021 年第 3 期。

72. 杨东：《论反垄断法的重构：应对数字经济的挑战》，载《中国法学》2020 年第 3 期。

73. 叶明：《互联网经济对反垄断法的挑战及对策》，法律出版社 2019 年版。

74. 叶卫平：《反垄断法分析模式的中国选择》，载《中国社会科学》2017 年第 3 期。

75. 殷继国：《大数据市场反垄断规制的理论逻辑与基本路径》，载《政治与法律》2019 年第 10 期。

76. 于东正：《系统内不兼容行为的反垄断法分析——以必需设施理论为视角》，载《中财法律评论》2022 年第 1 辑。

77. 袁波：《标准必要专利禁令救济立法之反思与完善》，载《上海财经大学学报》2018 年第 3 期。

78. 袁波：《大数据领域的反垄断问题研究》，上海交通大学博士学位论文，2019 年。

79. 袁煜明、王蕊：《Libra 的运营、监管与"类 Libra"功能预判》，载《财经问题研究》2020 年第 4 期。

80. 张吉豫：《标准必要专利"合理无歧视"许可费计算的原则与方法——美国"Microsoft Corp. v. Motorola Inc."案的启示》，载《知识产权》2013 年第 8 期。

81. 张江莉、张镭：《平台经济领域的消费者保护——基于反垄断法理论和实践的分析》，载《电子政务》2021 年第 5 期。

82. 张江莉：《互联网平台竞争与反垄断规制——以 3Q 反垄断诉讼为视角》，载《中外法学》2015 年第 1 期。

83. 张钦昱：《数字经济反垄断规制的嬗变——"守门人"制度的突破》，载《社会科学》2021 年第 10 期。

84. 张世明、孙瑜晨：《知识产权与竞争法贯通论》，中国政法大学出版社 2020 年版。

85. 张世明：《大道贵中：制度思维与竞争法学建构》，载《财经法学》2019 年第 6 期。

86. 张素伦：《竞争法必需设施原理在互联网行业的适用》，载《河南师范大学学报（哲学社会科学版）》2017 年第 1 期。

二、英文文献

1. AllenKezsbom & Alan V. Goldman, "No Shortcut to Antitrust Analysis: The Twisted Journey of the 'Essential Facilities' Doctrine," *Columbia Business Law Review*, Vol. 1996, Issue 1, 1996.

2. Amy Rachel Davis, "Note, Patented Embryonic Stem Cells: The Quintessential 'Essential Facility'?" *The Georgetown Law Journal*, Vol. 94, No. 1, 2005.

3. Anja Lambrecht & Catherine Tucker, "When Does Retargeting Work? Information Specificity in Online Advertising," *Journal of Marketing Research*, Vol. 50, No. 5, 2013.

4. Armando A. Ortiz, "Old Lessons Die Hard: Why the Essential Facilities Doctrine Provides Courts the Ability to Effectuate Competitive Balance in High Technology Markets," *Journal of High Technology Law*, Vol. 13, No. 1, 2012.

5. Ashish Bharadwaj, Vishwas H. Devaiah & Indranath Gupta, *Multi –*

dementional Approaches Towards New Technology: Insights on Inno-vations, Patents and Competition, SpringerOpen, 2018.

6. Ashwin VanRooijen, "The Role of Investments in Refusals to Deal," *World Competition,* Vol. 31, Issue 1, 2008.

7. Brad Finney, "Blockchain and Antitrust: New Tech Meets Old Re-gs," *Transactions: The Tennessee Journal of Business Law,* Vol. 19, No. 2, 2018.

8. Brett Frischmann & Spencer Weber Waller, "Revitalizing Essential Facilities," *Antitrust Law Journal,* Vol. 75, No. 1, 2008.

9. Brian J. Smith, "Vertical vs. Core Search: Defining Google's Market in a Monopolization Case," *New York University Journal of Law and Business,* Vol. 9, Issue 1, 2012.

10. Bruno Lasserre & Andreas Mundt, "Competition Law and Big Da-ta: the Enforcers' View," *Italian Antitrust Review,* Vol. 4, Issue 1, 2017.

11. Carl Shapiro, "Antitrust Limits to Patent Settlements," *RAND Jour-nal of Economics,* Vol. 34, 2003.

12. Carol M. Rose, "Romans, Roads, and Romantic Creators: Tradi-tions of Public Property in the Information Age," *Law and Contem-porary Problems,* Vol. 66, Issue 1&2, 2003.

13. Carol M. Rose, "The Comedy of the Commons: Custom, Com-merce, and Inherently Public Property," *The University of Chicago Law Review,* Vol. 53, No. 3, 1986.

14. Catherine Tucker, "Digital Data, Platforms and the Usual [Anti-trust] Suspects: Network Effects, Switching Costs, Essential Facili-ty," *Review of Industrial Organization,* Vol. 54, 2019.

15. Christopher B. Seaman, "Reconsidering the Georgia – Pacific

Standard for Reasonable Royalty Patent Damages," *Brigham Young University Law Review*, Vol. 2010, Issue 5, 2010.

16. Christopher M. Seelen, "The Essential Facilities Doctrine: What Does It Mean to Be Essential," *Marquette Law Review*, Vol. 80, No. 4, 1997.

17. Claus Dieter Ehlermann & Isabela Atanasiu(ed.) , *European Competition Law Annual* 2003: *What is an Abuse of a Dominant Position?*Hart Publishing, 2005.

18. Cyril Ritter, "Refusal to Deal and Essential Facilities: Does Intellectual Property Require Special Deference Compared to Tangible Property, "*World Competition*, Vol. 28, Issue 3, 2005.

19. D. Daniel Sokol & Roisin E. Comerford, "Antitrust and Regulating Big Data, "*George Mason Law Review*, Vol. 23, Issue 5, 2016.

20. Damien Geradin & Dimitrios Katsifis, "The Antitrust Case Against the Apple App Store, "*Journal of Competition Law and Economics*, Vol. 17, Issue 3, 2021.

21. Daniel A. Crane, "Search Neutrality as an Antitrust Principle, " *George Mason Law Review*, Vol. 19, Issue 5, 2012.

22. Daniel E. Troy, "Unclogging the Bottleneck: A New Essential Facility Doctrine, "*Columbia Law Review*, Vol. 83, No. 2, 1983.

23. Daniel L. Rubinfeld & Michal S. Gal, "Access Barriers to Big Data, "*Arizona Law Review*, Vol. 59, Issue 2, 2017.

24. Daniel Sokol & Roisin Comerford, "Antitrust and Regulating Big Data, "*George Mason Law Review*, Vol. 23, Issue 5, 2016.

25. Daralyn J. Durie & Mark A. Lemley, "A Structured Approach to Calculating Reasonable Royalties, " *Lewis & Clark Law Review*, Vol. 14, Issue 2, 2010.

26. David McGowan, "Regulating Competition in the Information Age: Computer Software as an Essential Facility under the Sherman Act," *Hastings Communications and Entertainment Law Journal (Comm/Ent)*, Vol. 18, No. 4, 1995 – 1996.

27. David S. Evans & Richard Schmalensee, *Matchmakers: the New Economics of Multisided Platforms,* Harvard Business Review Press, 2016.

28. Deirdre Ryan, "Big Data and the Essential Facilities Doctrine: A Law and Economics Approach to Fostering Competition and Innovation in Creative Industries," *UCL Journal of Law and Jurisprudence,* Vol. 10, 2021.

29. Donna M. Gitter, "The Conflict in the European Community between Competition Law and Intellectual Property Rights: A Call for Legislative Clarification of the Essential Facilities Doctrine," *American Business Law Journal*, Vol. 40, No. 2, 2003.

30. Elena Linde Raspaud, "Google as an Essential Facility: An Ill – Fitting Doctrine," *Common Law Review*, Vol. 13, 2014.

31. Eric A. Posner & E. Glen Weyl, "Property Is Only Another Name for Monopoly," *Journal of Legal Analysis*, Vol. 9, Issue 1, 2017.

32. Eric Schiff, *Industrialization Without National Patents: The Netherlands* 1869 – 1912, *Switzerland,* 1850 – 1907, Princeton University Press, 1971.

33. Erik Hovenkamp, "The Antitrust Duty to Deal in the Age of Big Tech," *Yale Law Journal*, Vol. 131, 2022.

34. Evan Miller, "Antitrust Live: The New Blockchain Era of Antitrust," *Columbia Science and Technology Law Review*, Vol. 24, Issue 1, 2022.

35. Giovanna Massarotto, "Antitrust in the Blockchain Era," *Notre Dame Journal on Emerging Technologies(JET)*, Vol. 1, No. 2, 2020.

36. Giuseppe Colangelo & Mariateresa Maggiolino, "Big Data as Misleading Facilities," *European Competition Journal*, Vol. 13, No. 2 − 3, 2017.

37. Greg Sivinski, et al. , "Is Big Data a Big Deal: A Competition Law Approach to Big Data," *European Competition Journal*, Vol. 13, No. 2 − 3, 2017.

38. Harry First, "Controlling the Intellectual Property Grab: Protect Innovation, Not Innovators," *Rutgers Law Journal*, Vol. 38, Issue 2, 2007.

39. Ian Ayres, "Pushing the Envelope: Antitrust Implications of the Envelope Theorem," *Mississippi College Law Review*, Vol. 17, Issue 1, 1996.

40. Inge Graef, "Rethinking the Essential Facilities Doctrine for the EU Digital Economy," *Revue Juridique Themis*, Vol. 53, No. 1, 2019.

41. Inge Graef, "Tailoring the Essential Facilities Doctrine to the IT Sector: Compulsory Licensing of Intellectual Property Rights after Microsoft," *Cambridge Student Law Review*, Vol. 7, No. 1, 2011.

42. Inge Graef, "Rethinking the Essential Facilities Doctrine for the EU Digital Economy," *Revue Juridique Themis*, Vol. 53, No. 1, 2019.

43. J. Gregory Sidak & Abbott B. Lipsky, "Essential Facilities," *Stanford Law Review*, Vol. 51, No. 5, 1999.

44. James D. Ratliff & Daniel L. Rubinfeld, "Is There a Market for Organic Search Engine Results and Can Their Manipulation Give Rise to Antitrust Liability?" *Journal of Competition Law and Eco-*

nomics, Vol. 10, Issue 3, 2014.

45. James Grimmelmann, "The Google Dilemma," *New York Law School Law Review*, Vol. 53, Issue 4, 2009.

46. James Grimmelmann, "The Structure of Search Engine Law, "*Iowa Law Review*, Vol. 93, No. 1, 2007.

47. James R. Ratner, "Should There Be an Essential Facility Doctrine, "*U. C. Davis Law Review*, Vol. 21, No. 2, 1988.

48. Jay P. Kesan & Carol M. Hayes, "FRAND's Forever: Standards, Patent Transfers, and Licensing Commitments, "*Indiana Law Journal*, Vol. 89, 2014.

49. John E. Lopatka & William H. Page, "Microsoft, Monopolization, and Network Externalities: Some Uses and Abuses of Economic Theory in Antitrust Decisionmaking, "*Antitrust Bulletin*, Vol. 40, Issue 2, 1995.

50. John Locke, *Two Treatises of Government* (1690), Peter Laslett (ed.), Cambridge University Press, 1988.

51. John M. Yun, "App Stores, Aftermarkets, and Antitrust, "*Arizona State Law Journal*, Vol. 53, No. 4, 2021.

52. John Temple Lang, "The Principle of Essential Facilities in European Community Competition Law – The Position since Bronner, "*Journal of Network Industries*, Vol. 1, No. 4, 2000.

53. Joseph M. Purcell, "The 'Essential Facilities' Doctrine in the Sunlight: Stacking Patented Genetic Traits in Agriculture, " *St. John's Law Review*, Vol. 85, No. 3, 2011.

54. Joseph Schumpeter, *Capitalism, Socialism, and Democracy*, 1st edn, Harper and Brothers, 1942.

55. Joshua Nelson, "Tech Platforms Are Essential Facilities, "*Nevada*

Law Journal, Vol. 22, Issue 1, 2021.

56. Julie E. Cohen, "Law for the Platform Economy," *U. C. Davis Law Review*, Vol. 51, Issue 1, 2017.

57. Kamila Benzina, "Cloud Infrastructure – as – a – Service as an Essential Facility: Market Structure, Competition, and the Need for Industry and Regulatory Solutions," *Berkeley Technology Law Journal*, Vol. 34, No. 1, 2019.

58. Keith K. Wollenberg, "An Economic Analysis of Tie – In Sales: Re – Examining the Leverage Theory," *Stanford Law Review*, Vol. 39, No. 3, 1987.

59. Kimberly A. Moore, "Judges, Juries, and Patent Cases: An Empirical Peek inside the Black Box," *Michigan Law Review*, Vol. 99, No. 2, 2000.

60. Laura J. Robinson, "Analysis of Recent Proposals to Reconfigure Hatch – Waxman," *Journal of Intellectual Property Law*, Vol. 11, No. 1, 2003.

61. Lawrence A. Sullivan & Warren S. Grimes, *The Law of Antitrust: An Integrated Handbook*, West Publishing Company, 2006.

62. Lawrence A. Sullivan, *Antitrust*, West Publishing (St Paul, MN), 1977.

63. Liliane Karlinger & Massimo Motta, "Exclusionary Pricing When Scale Matters," *The Journal of Industrial Economics*, Vol. 60, No. 1, 2012.

64. Lina M. Khan, "The Separation of Platforms and Commerce," *Columbia Law Review*, Vol. 119, Issue 4, 2019.

65. Lisa Mays, "The Consequences of Search Bias: How Application of the Essential Facilities Doctrine Remedies Google's Unrestricted

Monopoly on Search in the United States and Europe," *George Washington Law Review*, Vol. 83, Issue 2, 2015.

66. Louis Kaplow, "Extension of Monopoly Power through Leverage," *Columbia Law Review*, Vol. 85, No. 3, 1985.

67. M. Elaine Johnston, "Intellectual Property as an ' EssentialFacility' , "*The Computer & Internet Lawyer*, Issue 22, No. 2, 2005.

68. Marina Lao, "Networks, Access, and Essential Facilities: From Terminal Railroadto Microsoft," *SMU Law Review*, Vol. 62, No. 2, 2009.

69. Marina Lao, "Search, Essential Facilities, and the Antitrust Duty to Deal, "*Northwestern Journal of Technology and Intellectual Property*, Vol. 11, No. 5, 2013.

70. Mark A. Lemley & Philip J. Weiser, "Should Property Rules or Liability Rules Govern Information?" *Texas Law Review*, Vol. 85, No. 4, 2007.

71. Mark A. Lemley, "Economics of Improvement in Intellectual Property Law, "*Texas Law Review*, Vol. 75, Issue 5, 1996 – 1997.

72. Mark D. Janis, "Patent Abolitionism, " *Berkeley Technology Law Journal*, Vol. 17, Issue 2, 2002.

73. Mathias Dewatripont & Patrick Legros, "' Essential' Patents, FRAND Royalties and Technological Standards, " *The Journal of Industrial Economics*, Vol. 61, Issue 4, 2013.

74. Mats A. Bergman, "The Role of Essential facilities Doctrine, "*Antitrust Bulletin*, Vol. 46, Issue 2, 2001.

75. Matthew Poulsen, "Jurisprudential and Economic Justifications for Gene Sequence Patents, " *Nebraska Law Review*, Vol. 90, Issue 1, 2011.

76. Maximilian Bernhard Florus Kuhn, "Essential Facility: Free Riding on Innovation, "*Common Law Review*, Vol. 13, 2014.

77. Maxwell Meadows, "The Essential Facilities Doctrine in Information Economies: Illustrating Why the Antitrust Duty to Deal Is Still Necessary in the New Economy, "*Fordham Intellectual Property, Media & Entertainment Law Journal*, Vol. 25, No. 3, 2015.

78. Michael A. Heller & Rebecca S. Eisenberg, "Can Patents Deter Innovation? TheAnticommons in Biomedical Research, " *Science*, Vol. 280, Issue 5364, 1998.

79. Michael Jacobs, "Hail or Farewell? The Aspen Case 20 Years Later, "*Antitrust Law Journal*, Vol. 73, No. 1, 2005.

80. Michael L. Katz & Carl Shapiro, "Network Externalities, Competition, and Compatibility, "*The American Economic Review*, Vol. 75, No. 3, 1985.

81. Nicholas Elia, "Innovative Product, Innovative Remedy: Essential Facility as a Compromise for the Antitrust Charges against Google's OneBox in the United States and the European Union, "*Temple International & Comparative Law Journal*, Vol. 31, No. 2, 2017.

82. Nikolas Guggenberger, "Essential Platforms, "*Stanford Technology Law Review*, Vol. 24, Issue 2, 2021.

83. Nikolas Guggenberger, "The Essential Facilities Doctrine in the Digital Economy: Dispelling Persistent Myths, " *Yale Journal of Law and Technology*, Vol. 23, No. 2, 2021.

84. Oren Bracha & Frank Pasquale, "Federal Search Commission? Access, Fairness and Accountability in the Law of Search, "*Cornell Law Review*, Vol. 93, Issue 6, 2008.

85. Oscar Borgogno & Giuseppe Colangelo, "The Data Sharing Para-

dox: Big Techs in Finance, " *European Competition Journal*, Vol. 16, Issue 2 – 3, 2020.

86. Oscar Borgogno & Giuseppe Colangelo, "Platform and Device Neutrality Regime: The New Competition Rulebook for App Stores?" *The Antitrust Bulletin*, Vol. 67, Issue 3, 2022.

87. Oskar Liivak, "Maintaining Competition in Copying: Narrowing the Scope of Gene Patents, " *U. C. Davis Law Review*, Vol. 41, Issue 1, 2007.

88. Oskar Liivak, "The Forgotten Originality Requirement: A Constitutional Hurdle for Gene Patents, " *Journal of the Patent and Trademark Office Society*, Vol. 87, Issue 4, 2005.

89. Patrick F. Todd, "Digital Platforms and the Leverage Problem, " *Nebraska Law Review*, Vol. 98, Issue 2, 2019.

90. Paul A. Johnson, "Indirect Network Effects, Usage Externalities, and Platform Competition, " *Journal of Competition Law and Economics*, Vol. 15, Issue 2 – 3, 2019.

91. Paul D. Marquardt & Mark Leddy, "The Essential FacilitiesDoctrine and Intellectual Property Rights: A Response to Pitofsky, Patterson, and Hooks, " *Antitrust Law Journal*, Vol. 70, Issue 3, 2003.

92. Peter Lee, "The Evolution of Intellectual Infrastructure, " *Washington Law Review*, Vol. 83, Issue 1, 2008.

93. Peter S. Menell, "An Epitaph for Traditional Copyright Protection of Network Features of Computer Software, " *Antitrust Bulletin*, Vol. 43, Issues 3 – 4, 1998.

94. Philip J. Weise, "The Relationship of Antitrust and Regulation in a Deregulatory Era, " *Antitrust Bulletin*, Vol. 50, Issue 4, 2005.

95. Phillip Areeda, "Essential Facilities: An Epithet in Need of Limiting Principles," *Antitrust Law Journal,* Vol. 58, Issue 4, 1990.

96. Phillip E. Areeda, Herbert J. Hovenkamp & John L. Solow, *Antitrust Law*(3rd ed. , Vol. 2B) , New York: Wolter Kluwer, 2007.

97. Pierre Larouche, "European Microsoft Case at the Crossroads of Competition Policy and Innovation: Comment on Ahlborn and Evans," *Antitrust Law Journal,* Vol. 75, Issue 3, 2009.

98. Rebecca Haw Allensworth, "Adversarial Economics in Antitrust Litigation: Losing Academic Consensus in the Battle of the Experts, " *Northwestern University Law Review,* Vol. 106, Issue 3, 2012.

99. Richard A. Posner, "A Statistical Study of Antitrust Enforcement, " *The Journal of Law & Economics,* Vol. 13, No. 2, 1970.

100. Richard J. Rosen, "Research and Development with Asymmetric Firm Size, " *The Rand Journal of Economics,* Vol. 22, Issue 3, 1991.

101. Richard Whish & David Bailey, *Competition Law*(7th ed.) , Oxford University Press, 2012.

102. Robert Pitofsky, Donna Patterson & Jonathan Hooks, "The Essential Facilities Doctrine under United States Antitrust Law," *Antitrust Law Journal,* Vol. 70, Issue 2, 2002.

103. Roger D. Blair & D. Daniel Sokol(ed.) , *The Cambridge Handbook of Antitrust, Intellectual Property, and High Tech*, Cambridge University Press, 2017.

104. Rok Dacar, "Is the Essential Facilities Doctrine Fit for Access to Data Cases? The Data Protection Aspect, " *Croatian Yearbook of European Law and Policy,* Vol. 18, 2022.

105. Samuel N. Weinstein, "Blockchain Neutrality,"*Georgia Law Review*, Vol. 55, No. 2, 2021.

106. Sandeep Vaheesan, "Reviving an Epithet: A New Way Forward for the Essential Facilities Doctrine," *Utah Law Review*, Vol. 2010, Issue 3, 2010.

107. Scott D Makar, "The Essential Facility Doctrine and the Health Care Industry,"*Florida State University Law Review*, Vol. 21, Issue 3, 1994.

108. Lawrence A. Sullivan, *Antitrust*, West Publishing (St Paul, MN) , 1977.

109. Steven C. Salop, "Dominant Digital Platforms: Is Antitrust Up to the Task?"*Yale Law Journal Forum*, Vol. 130, 2021.

110. Sunny Woan, "Antitrust in Wonderland: Regulating Markets of Innovation, Temple Journal of Science," *Technology & Environmental Law*, Vol. 27, Issue 1, 2008.

111. Thibault Schrepel, "Is Blockchain the Death of Antitrust Law? The Blockchain Antitrust Paradox," *Georgetown Law Technology Review*, Vol. 3, No. 2, 2019.

112. Thomas F. Cotter, "Intellectual Property and the Essential Facilities Doctrine,"*Antitrust Bulletin*, Vol. 44, No. 1, 1999.

113. Thomas G. Krattenmaker & Steven C. Salop, "Analyzing Anticompetitive Exclusion," *Antitrust Law Journal*, Vol. 56, Issue 1, 1987.

114. Thomas Sullivan & Herbert J. Hovenkamp, *Antitrust Law – Policy and Procedure: Cases and Materials*(5th ed.) , LexisNexis, 2003.

115. Toshiaki Takigawa, "Antitrust Intervention in Intellectual Property Licensing and Unilateral Refusal to License,"*Antitrust Bulle-

tin, Vol. 48, Issue 4, 2003.

116. Tyler Angelini, "Reviving the Essential Facilities Doctrine: Revisiting Verizon Communications, Inc. v. Law Offices of Curtis V. Trinko, LLP to Assert an Essential Facilities Claim against Apple and the App Store, "*Chapman Law Review*, Vol. 25, No. 1, 2021.

117. Walton H. Hamilton, Affectation with Public Interest, *The Yale Law Journal*, Vol. 39, No. 8, 1930.

118. William B. Tye, "Competitive Access: A Comparative Industry Approach to the Essential Facility Doctrine, "*Energy Law Journal*, Vol. 8, Issue 2, 1987.

119. Zachary Abrahamson, "Essential Data, " *Yale Law Journal*, Vol. 124, Issue 3, 2014.

致　谢

　　本书是我主持的教育部人文社会科学研究青年基金项目"数字经济时代反垄断法必需设施理论的类型化适用研究"（21YJC820036）的最终研究成果，也感谢该基金的扶持，让我有动力和压力去完成本书。不过由于研究能力和学术水平有限，虽然我确实付出了艰辛，但是本书也只是做到了"完成"。很多研究论证还是浅尝辄止、不够深入，一些创新性的观点还需要进一步推敲，一些想法能否对实践有些许助益也有待考察，不过"完成"项目的想法还是战胜了追求"完美"的初心。本书写作过程中，我常常用两句话鞭策或是说宽慰自己。一句是"无错不成书"，一句是我父亲经常告诫我的"年轻人不要怕犯错"。敢于犯错、敢于展示可能才会让我成长得更快，可能也只有年轻时的我才有这样的试错勇气和展示勇气。当我更成熟年长些，恐怕我会胆怯，但是相信我依然会感恩年轻时自己的勇气。残缺与遗憾也是一种别样的风景。

　　感谢我的导师张世明教授。我已经离开母校、参加工作满三年了，但是张老师一直都关注我的成长。师恩似海，难以回报。张老师经常会和我探讨他的最近力作，我总是会和他分享自己的研究心路，也总是能从老师处获得理论原料和养分。当我把这本书稚嫩的初稿呈阅给张老师时，功底深厚的他并没有苛责太多，更多的是包容与肯定，提出了很多建议，甚至协助我找到满意的出版社。

感谢刘继峰教授、李蕊教授、焦海涛教授、薛克鹏教授、孙颖教授、张钦昱教授、刘丹教授、范世乾和张东副教授、王磊博士等，就不一一列明了。他们既是我的前辈和同事，也是值得我终身学习的榜样。入职三年来，他们给了我太多的关照、太多的思想指导，给我提供了非常宽容的成长环境。也正是在这种良好的工作氛围中，我才有精力、有可能性出版自己独撰的第一本学术专著。家人为我提供了现实世界的"家"，而民商经济法学院经济法所给我提供了教研世界的"家"。

书中参阅了大量前辈和同行的著作和论文，在这里表示感谢。其中李剑教授所著的《反垄断法核心设施理论研究》和王先林教授所著的《知识产权与反垄断法：知识产权滥用的反垄断问题研究》，由于和本书主题相关性较高，我翻阅较多，近半年来几乎每天都随身携带，受益匪浅。其他还有诸位前辈的相关力作对我启发很大，这里就不一一列明了。坐冷板凳是枯燥的，但正是因为很多前辈和同行们赏心悦目的才华与智识，如熠熠星光般不断给我温暖的思想力量，也激励我一步步前行。

这本书的完成特别要感谢广东人民出版社古籍文献分社陈其伟社长、李沙沙编辑以及其他各位编辑的辛苦付出，他们并没有因为我只是一名"90后"讲师而区别对待，而是从封面设计、装订、排版到细节的修改都一直在为我考虑。我一直是一个"随便主义者"，但是他们一次次征求我的建议，让我备受感动。感谢我的研究生和其他参与本书校对的学生，他们是郑诗彦、陈益聪、王驰传、马元征、周涵娇等。郑诗彦同学对本书关于应用商店平台必需设施分析的部分在资料收集整理、书稿校对等方面作出重要贡献，其他同学对本书的文字校对作出重要贡献。我还想感谢一批批法大学子，课堂上他们求知的热情也激励我奋楫笃行，让我明白教学相长的道理。

最后，我想感谢我的妻子、两个女儿和父母。"青椒"时代是苦涩的，但是我的女儿就是一束束照亮我生活的光。这本书写作期间，我总是等女儿们熟睡后起来泡一杯咖啡，伏案打字写作，很多夜晚咖啡的飘香、键盘的敲击声和小孩子熟睡的呼吸声在温暖的空间交织，形成一幅能给我无穷无尽的心灵力量的画面。

尽管本书付梓出版前我有一定焦虑和压力情绪，但是完成一个对我有重要有意义的阶段成果仍然给我带来喜悦。虽经过再三校对，但书中不当或错误定然不在少数，盼各位读者海涵并惠予指正。今后我会再接再厉，精益求精。

孙瑜晨

2023 年 3 月写于北京